AF329743

BIBLIOTHÈQUE PROFESSIONNELLE

MANUEL

DE

LA MODE

Mᵐᵉ JÉGOUDEZ

J. B. BAILLIÈRE & FILS

La Mode

A LA MÊME LIBRAIRIE

Manuel de Coupe et de Couture par Mme GUERRE-LAVIGNE. 1925, 1 vol, in-18 de 294 pages avec 230 figures, cartonné.. 14 fr.

Broderies et Dentelles, par Mlle V. PAULIN. 1926, 1 vol. in-18 de 400 pages, avec 473 figures, cartonné... 16 fr.

Les Industries d'Amateurs. Le papier et la toile, la terre, la cire, le cuir, le verre et la porcelaine, le bois, les métaux par H. de GRAFFIGNY. 2e *édition*, 1907, 1 vol. in-16 de 365 pages, avec 306 figures............ 12 fr.

Les Secrets de l'Économie domestique à la ville et à la campagne par le Professeur HÉRAUD Recettes, formules d'une application journalière. 1889, 1 vol. in-16 de 384 pages et 241 figures................... 12 fr.

Les Secrets de l'Alimentation à la ville et à la campagne, par le Professeur HÉRAUD. Recettes, formules d'une application journalière. 1890. 1 vol. in-16 de 423 pages, avec 225 figures .... 12 fr.

Nouveau Dictionnaire des Plantes médicinales, par le Professeur HÉRAUD. 5e *édition*, 1920, 1 vol. in-8 de 653 pages, avec 292 figures, broché, 25 francs ; cartonné... 35 fr.

— Le même 1 vol. in-8, avec 292 figures coloriées, d'après les aquarelles de Millot, cartonné.......... 70 fr.

La Science Moderne, revue mensuelle illustrée (80 pages, 19 × 27) paraissant en France, en Belgique, en Suisse et au Canada. Directeur-fondateur : L. DALBIS ; secrétaire de la rédaction : R. CEILLIER ; collaborateurs : ACHARD. Prix de l'abonnement : France et Belgique : un an, 40 fr. ; 3 mois : 11 fr. — Autres Pays : un an, 12 shillings ; 3 mois, 3 sh. 3. — Prix du numéro : France et Belgique, 4 fr. ; autres Pays, 1 sh. 3 d.

Les abonnements peuvent partir du 1er de chaque mois.

BIBLIOTHÈQUE PROFESSIONNELLE

Publiée sous la direction de M. René DHOMMÉE

Inspecteur général de l'Enseignement technique

La Mode

PAR

Mme JÉGOUDEZ

AVEC 327 FIGURES INTERCALÉES DANS LE TEXTE

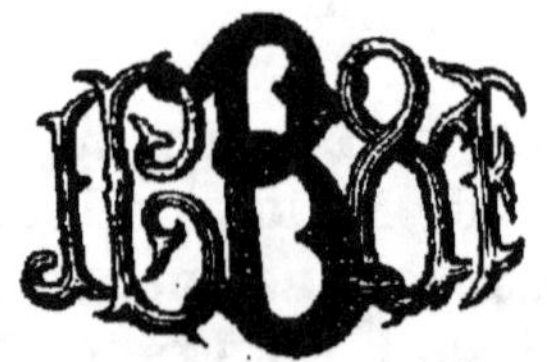

PARIS

LIBRAIRIE J.-B. BAILLIÈRE ET FILS

19, rue Hautefeuille, 19

—

1926

LA MODE

CHAPITRE PREMIER

LES FORMES

LES LAITONS

Nous commencerons par la forme en laiton qui est l'« A B C » du chapeau. Il est facile de la réussir en prenant bien les dimensions ; en effet, quand on sait faire une forme, on sait les faire toutes. Il n'est pas plus difficile de faire une « cloche » qu'une « capeline » ou un « breton ».

Pour faire les formes, il existe différentes sortes de laitons que l'on appelle aussi barrette. Un autre laiton plus gros et plus dur que les autres s'appelle « du bord » ; il est réservé généralement pour les contours.

Les laitons sont entourés soit de soie, soit de papier, soit de coton. Ils sont numérotés suivant leur grosseur.

On emploie la barrette de soie pour les chapeaux transparents, tulle et dentelle. Ceux du soir, souvent en tissu lamé, demandent des formes en laiton d'or et d'argent. Il existe aussi la coulisse de soie qui est une minuscule barrette servant à laitonner la dentelle ou les nœuds de ruban.

Le « bord » et la barrette de papier se mettent au bord des formes de sparterie. Le bord de papier sert aussi à faire les solides types ou moules bien consolidés pour exécuter les formes de sparterie moulées.

Le laiton de coton, d'un usage plus commun que le laiton de soie et moins ferme que le papier, est pourtant très employé à présent et assez apprécié à cause de son prix peu élevé.

Manière de faire les formes

Pour exécuter une forme, il faut avoir des pinces à mode que l'on choisira de longueur moyenne avec un bout fin et allongé (fig. 5). Ces pinces-

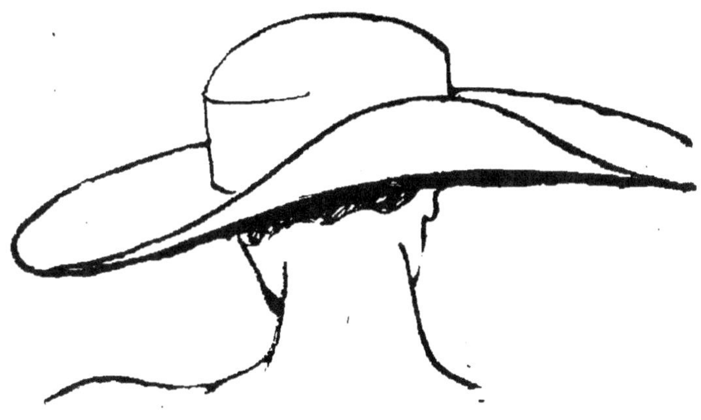

Fig. 1

là seront commodes à manier et fixeront bien les laitons. Rien n'est en effet plus incommode que les grosses pinces carrées du bout ou même les trop petites qui blessent les mains.

Il faut aussi de préférence un bon fil solide et brillant, le « fil à mode » n° 40 ou n° 100, pour

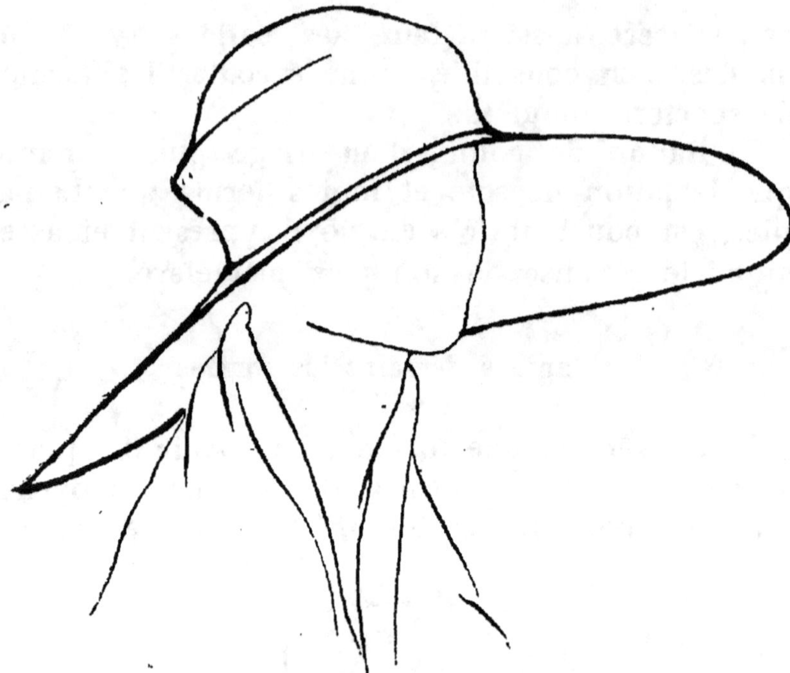

Fig. 2

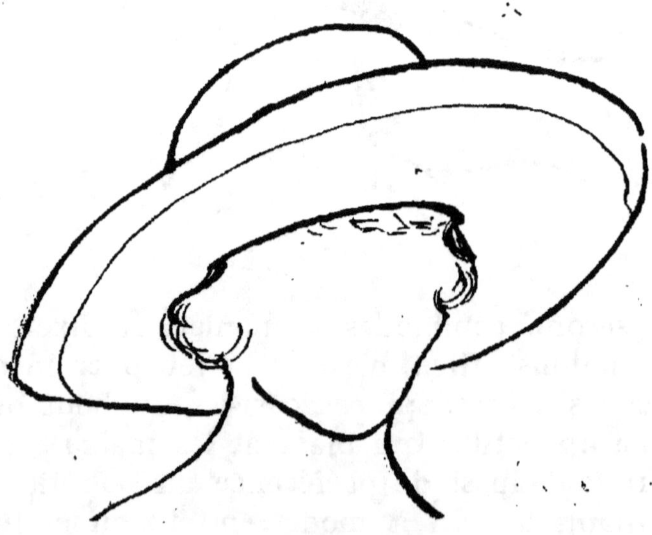

Fig. 3

faire les points noués et munies d'un centimètre, nous pourrons commencer la forme, une cloche par exemple.

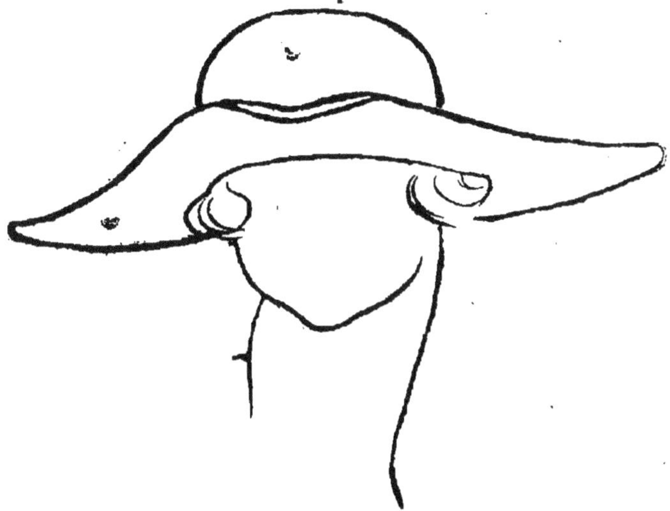

Fig. 4

Il y a beaucoup de genres de formes, les cloches, les Louis XVI (fig. 1), les Capelines fig. 2),

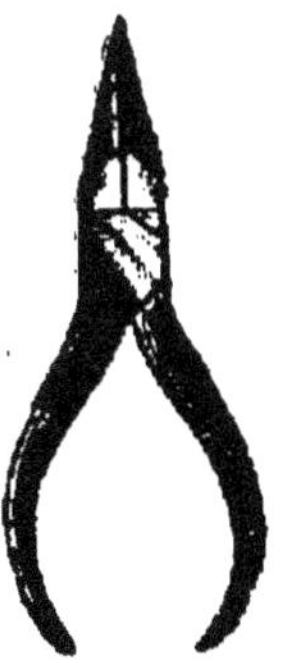

Fig. 5

les Bretons (fig. 3), les Marquis (fig. 4) etc...

Nous en choisissons un spécimen pour vous

permettre de l'exécuter d'après les mesures que nous vous donnons.

Les entrées de tête varient de 58 à 62 centi-

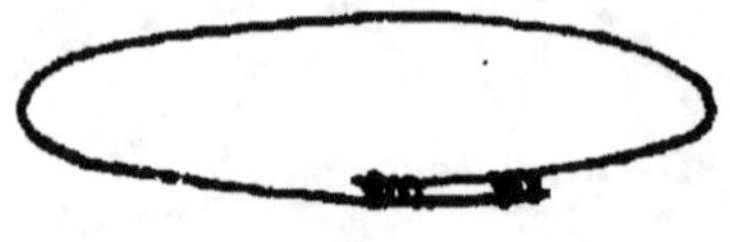

Fig. 6

mètres. Mesurons 60 la bonne moyenne. Coupez d'un petit coup sec avec le tranchant de la pince (fig. 5) en laissant 5 centimètres environ en plus

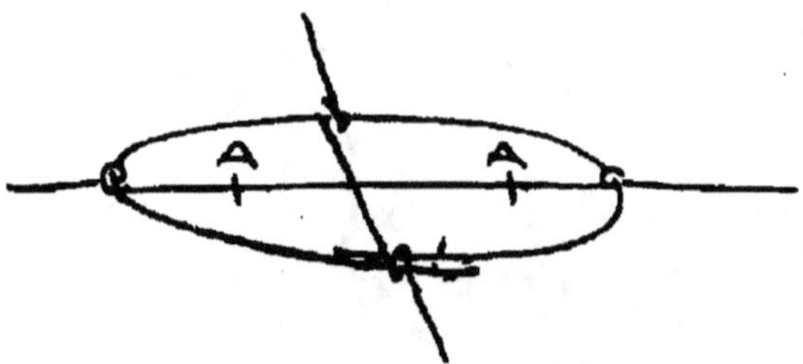

Fig. 7. — La croix.

pour la fermeture que vous crochetez ou que, beaucoup mieux encore, vous nouez simplement et solidement aux deux bouts (fig. 6). Faites

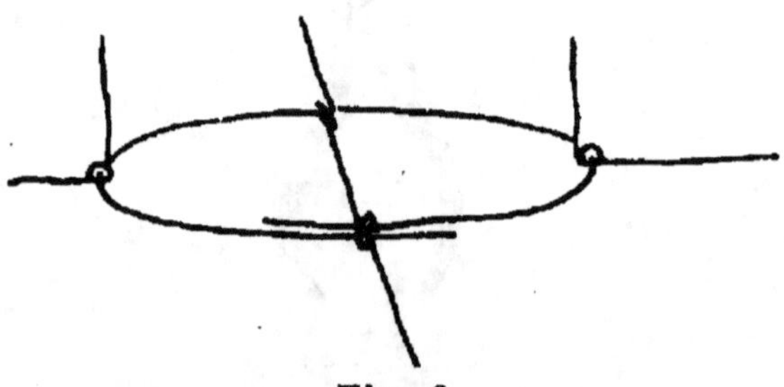

Fig. 8

encore un ovale tout pareil ; ce sera le haut de la « galerie ».

Divisez exactement l'un de ces deux ovales en

quatre parties égales. Placez-y une croix de laiton comme vous l'indique la figure 7, puis les quatre laitons d'angle.

Quand tous vos laitons sont solidement pincés,

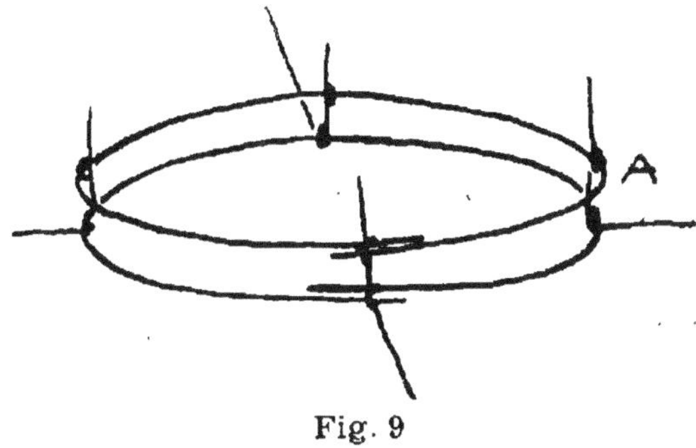

Fig. 9

coupez à 3 centimètres environ au-dessus de l'entrée de tête (fig. 8) et accrochez-les au deuxième rond, de la même grandeur que votre entrée de

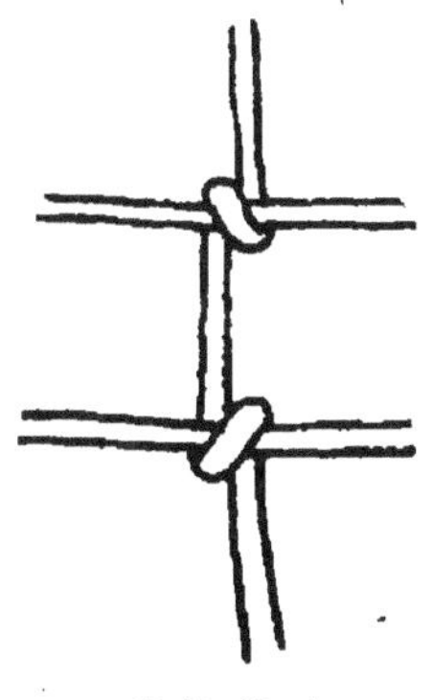

Détail A

tête. La Galerie est alors terminée (fig. 9). Il faut veiller à ce qu'elle soit bien solide, bien droite.

Mesurez à présent la longueur des laitons ou « fourchettes » (fig. 10).

.Les laitons intermédiaires arrière sont appelés
« òreille » et ceux de devant « œil ».

Placez votre contour avec une fermeture bien

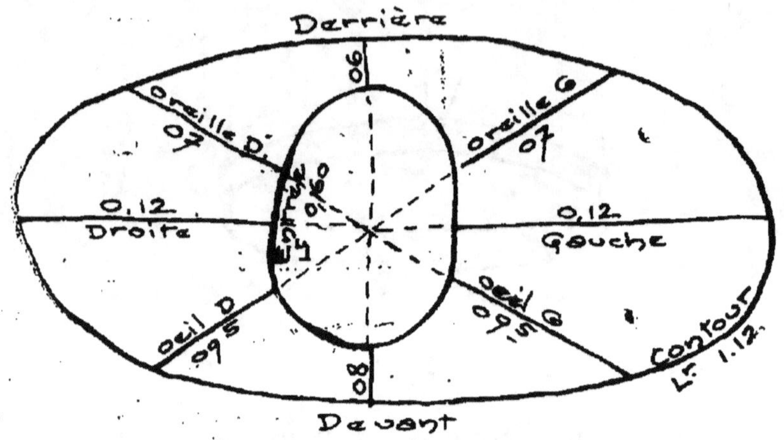

Fig. 10. — Mesures pour une cloche en largeur.

nouée. Que vos laitons soient bien droits. Arrêtez
et fermez bien tous vos crochets (fig. 11-12-13).
Coupez-les à ras (fig. 14).

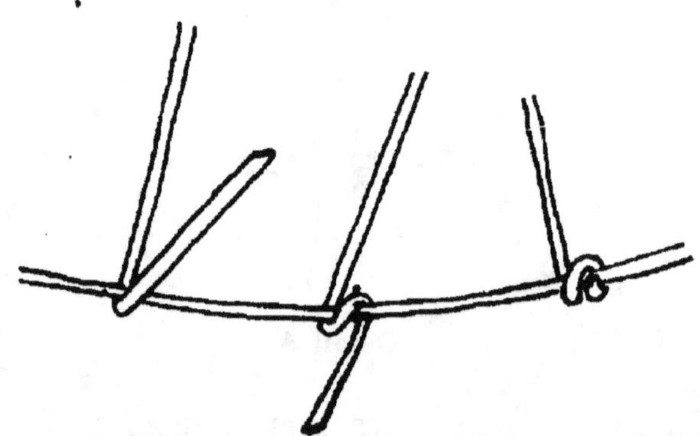

Fig. 11, 12, 13. — Manière de faire un crochet en laiton.

Voilà terminée l' « Araignée » (fig. 15).

Si vous voulez, placez un laiton circulaire au
centre de la « passe » ceci pour plus de solidité

et arrêtez-le avec de solides points noués. Le point noué est un fil que vous entourez en forme de

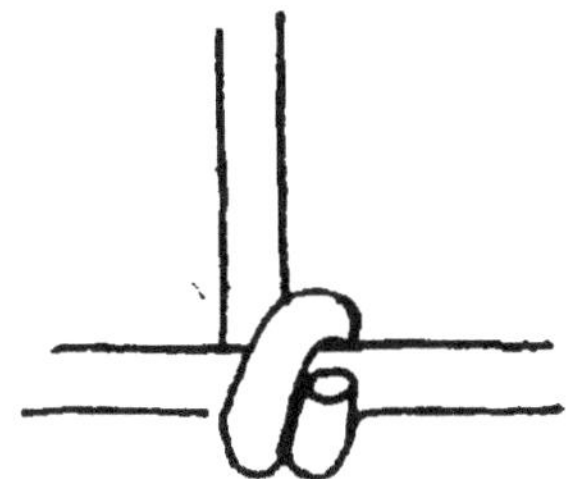

Fig. 14. — Crochet terminé.

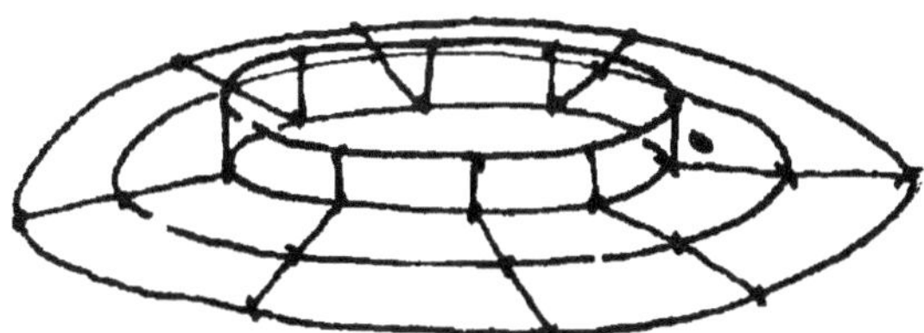

Fig. 15. — La forme finie.

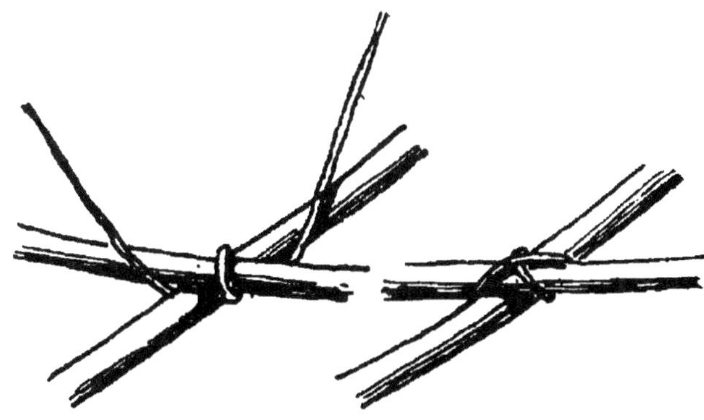

Fig. 16 et 17. — Points noués.

croix au moins trois fois autour de chaque croisement de laitons et que vous nouez solidement deux fois et coupez court (fig. 16 et 17).

Pour toutes les formes, le principe de la galerie
reste le même, mais on dispose tout de suite les
laitons de la passe, baissés, relevés ou plats, selon
qu'il s'agit de faire une cloche, un breton ou un
canotier plat. Le laiton du bord de la passe est
resserré ou droit suivant le mouvement des laitons.
Mais si on désire copier un modèle que l'on a,
forme de paille, de sparterie ou de feutre, etc...,

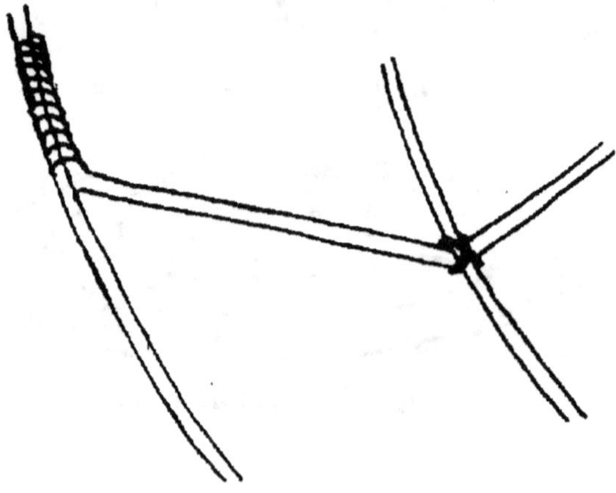

Fig 18

cela simplifie tout. Il n'y a qu'à en relever exactement les mesures et les reproduire bien fidèle-
ment. La tâche devient ainsi très facile car on
peut épingler la forme de laiton sous le modèle,
en enfonçant les deux entrées de tête l'une dans
l'autre, les mesures et le mouvement en seront
bien pareils et l'on aura une forme impeccable.

Dans les grandes maisons de modes, les formes
se font souvent nouées au lieu d'être crochetées,
cela fait des bords très unis qui sont nécessaires
quand il s'agit de tendre des lames de tulle ou des
biais de soie emboîtant le bord ; aucun crochet
de laiton ne pointe.

Pour exécuter ces formes nouées, on se sert d'une entrée de tête ou galerie de gros tulle raide et double, laitonnée en haut et en bas. C'est infiniment plus doux et coiffant que la galerie de lai-

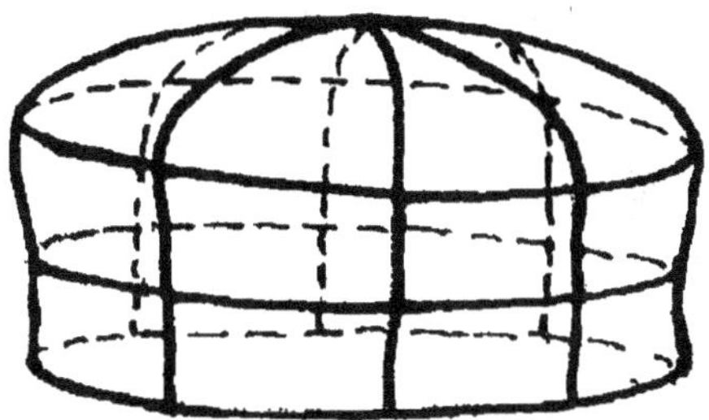

Fig. 19. — Le moule ébauché.

ton. Les laitons s'y cousent en croix et en diagonale avec un bon retour bien cousu en haut et très bien maintenu à l'entrée de tête par de bons

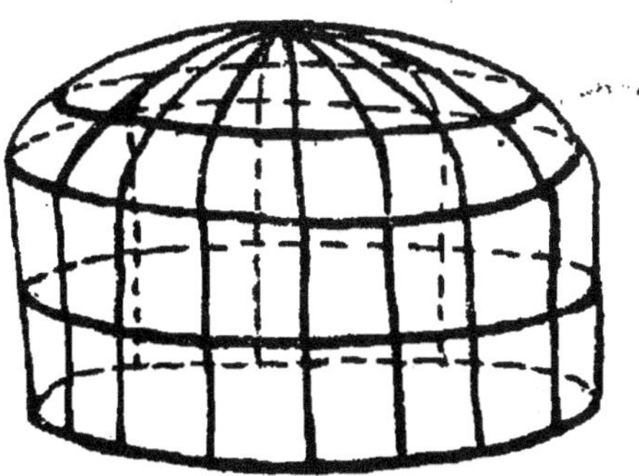

Fig. 20. — Le moule terminé.

points croisés au bord. Les arrêts du bord seront fixés par des points de boutonnière très serrés, ce qui est la manière de laitonner. On peut aussi ne nouer les laitons qu'au bord et se servir de la galerie ordinaire de laiton pour l'entrée de tête (fig. 18).

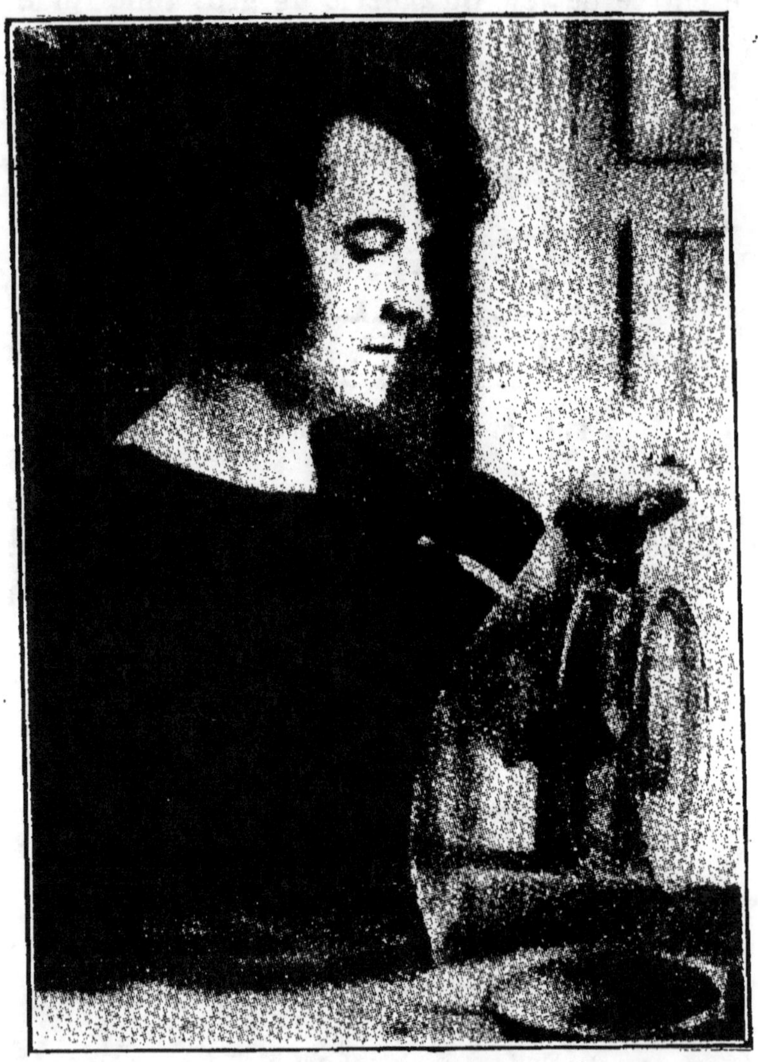

Fig. 21. — Comment on moule une forme de tulle de coton ou de sparterie (Extrait du journal *Nos Loisirs*).

Pour les chapeaux de tulle on enroule souvent une petite bande de tulle tout autour du bord de la forme en laiton. Celle-ci tient parfaitement ainsi, même si on n'y met qu'une seule croix de

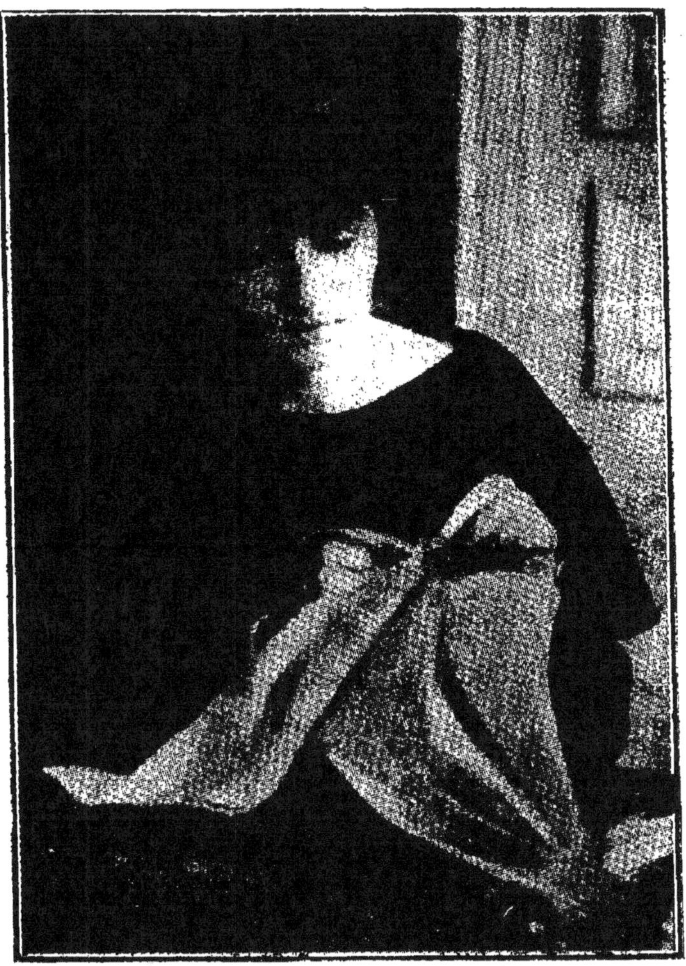

Fig. 22. — Choisissez du tulle de coton très raide pour le mouler sur le " type " (*Nos Loisirs*).

laiton nouée, comme il arrive souvent pour les chapeaux transparents.

Pour les formes de capotes très peu utilisées à
présent, le modèle qui est courant et presque le

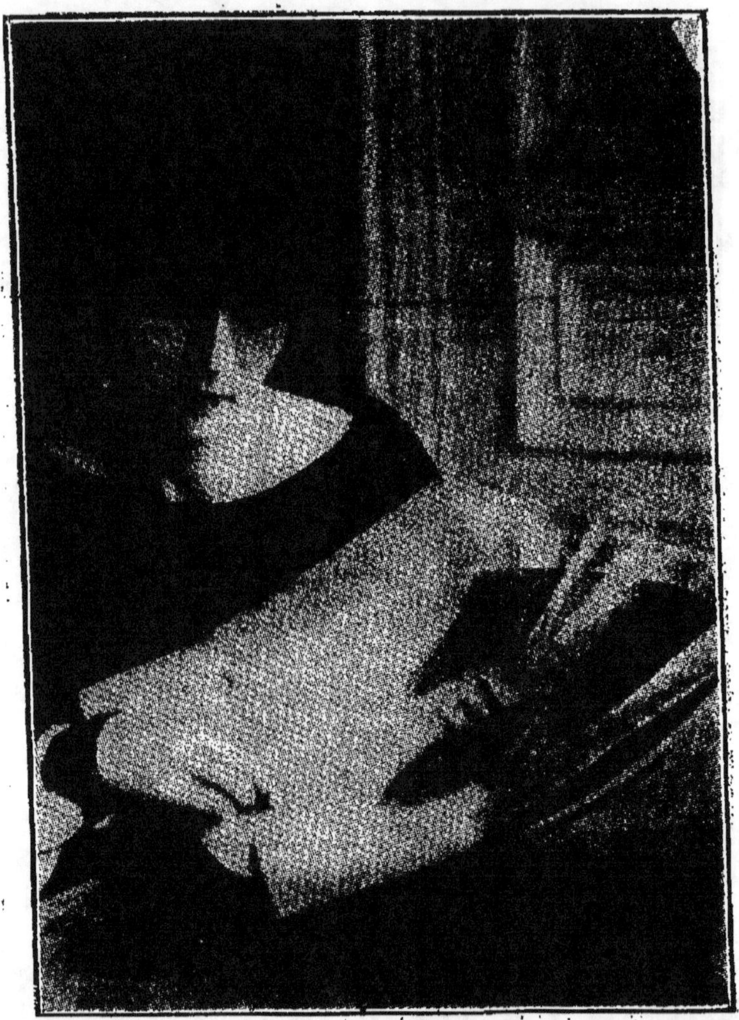

Fig. 23.— Appliquez un grand carré de tulle mouillé sur le "type"
de la passe (*Nos Loisirs*).

seul dont on se sert rappelle la forme Marie Stuart.
Les garnitures surtout rendent ces formes de capotes différentes les unes des autres.

Pour les chapeaux d'enfants on ne fait pas de forme en laiton, ce serait trop rigide. Il est préférable d'employer la sparterie souple ou la mousseline à patron.

Pour les calottes, on n'en fait plus guère en

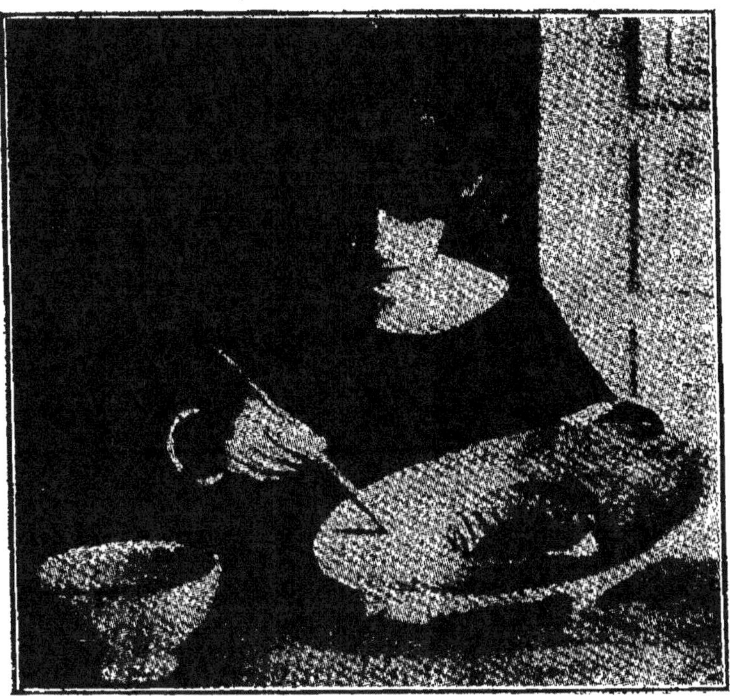

Fig. 24. — Quand le tulle est sec, passez dessus à l'aide d'un pinceau une légère couche de vernis.

(Nos Loisirs)

laiton, sauf pour tendre dessus la sparterie afin d'en faire des moules. Elles doivent être alors très consolidées afin de n'être pas déformées sous le poids de la sparterie mouillée et tendue qui fera, une fois sèche, une légère et jolie calotte (fig. 19 et 20).

Peu de personnes se rendent compte de l'importance que l'on accorde dans la belle mode aux formes de laiton ou de sparterie, à leur netteté et à leur coiffant. Il semble, et c'est d'ailleurs vrai, que sur une belle forme bien faite la paille,

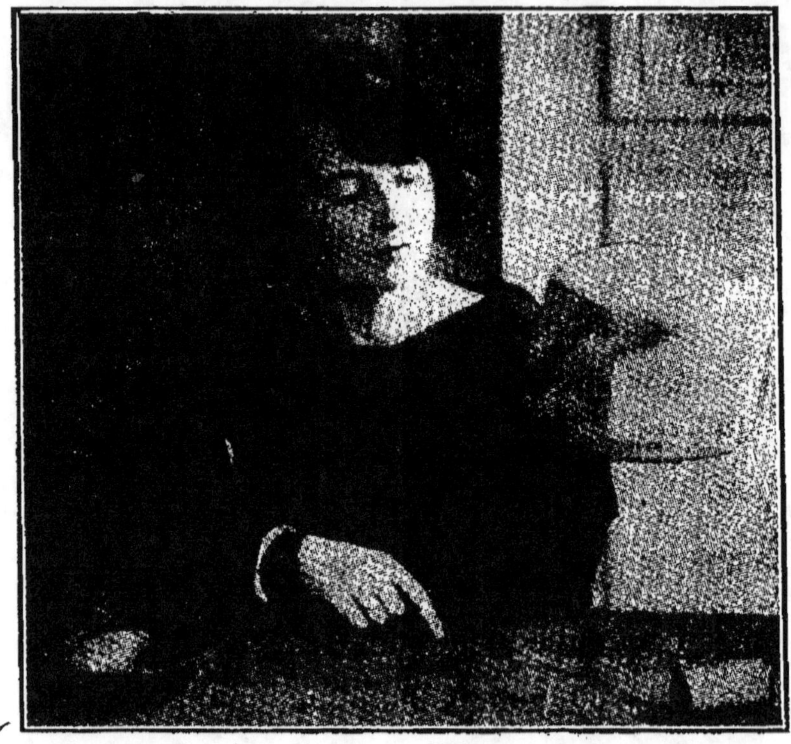

Fig. 25. — Pour la calotte, appliquez très exactement un carré de tulle de coton comme vous l'avez fait pour la passe.

(Nos Loisirs)

le ruban ou les tendus vont se coudre et se disposer beaucoup mieux. C'est pourquoi je crois absolument utile de m'y étendre un peu, me réservant de parler plus loin des jolis tissus et garnitures chatoyantes, tout ce qui est le côté charmant de la Mode.

Les formes de sparterie

Pour faire nos formes de sparterie moulée$,
nous consoliderons très bien nos formes de laiton,
de la même façon que nos moules de calottes.
Il faut ajouter au moins deux ou trois laitons

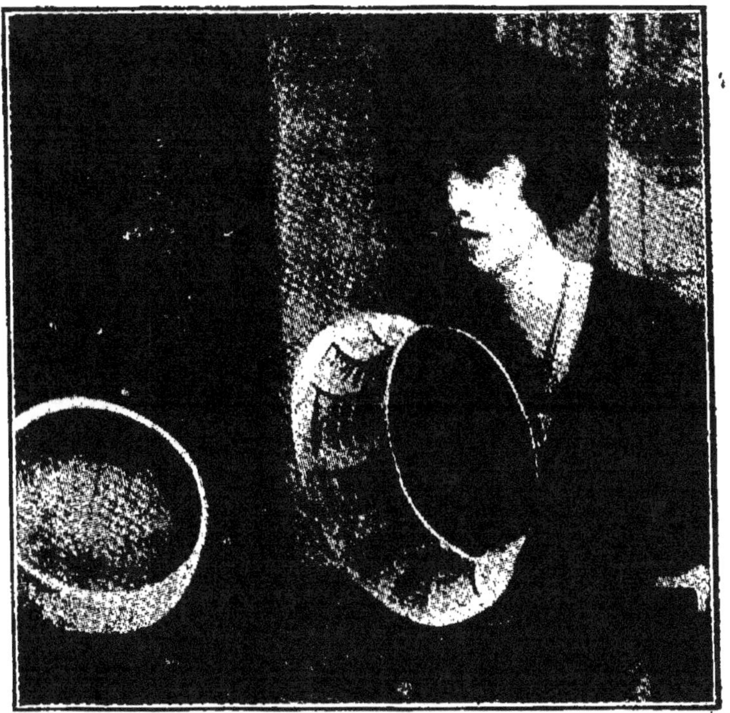

Fig. 26. — On prend aussi comme moule des formes de sparterie
fortement consolidées avec des pattes laitonnées (*Nos Loisirs*).

entre les fourchettes et six ou sept, circulaires, autour de la passe. Là-dessus, nous pourrons mouiller et tendre notre sparterie (fig. 21 à 25). Il
existe de la sparterie souple ou demi souple que
l'on emploie suivant que l'on désire la forme très

ferme ou molle. Cette sparterie est doublée de coton.

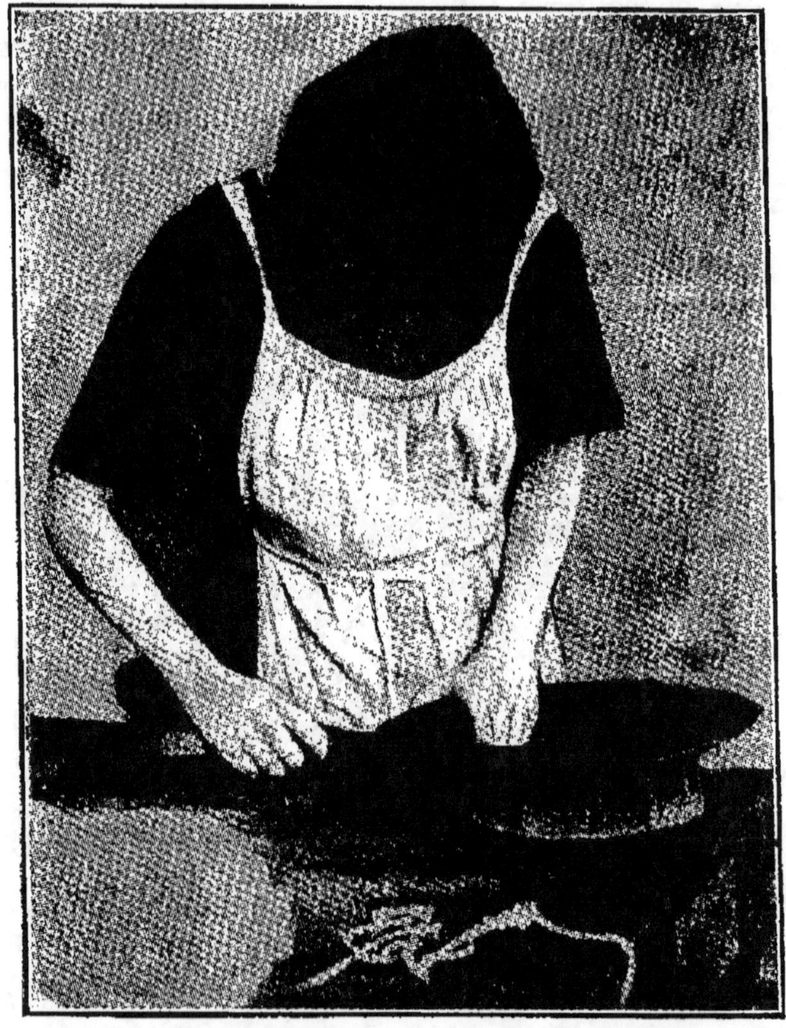

Fig. 27. — Quand la forme est sèche, enlevez-là du type en vous aidant de la pointe des ciseaux (*Nos Loisirs*).

Il existe aussi de la sparterie de toile, très rigide, qui devient aussi molle qu'un mouchoir, une fois mouillée, ce que l'on peut faire sans crainte. Sèche, elle fait des formes très résistantes, mais son repassage est plus difficile car elle

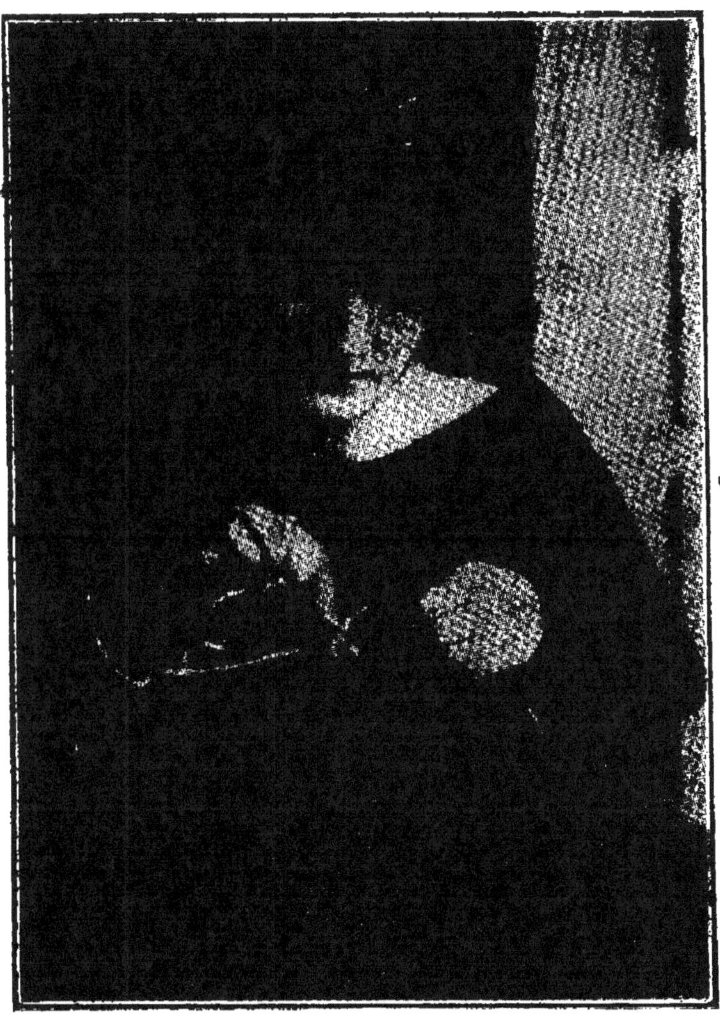

Fig. 28 (*Nos Loisirs*).

épouse si bien la forme sur laquelle elle est mouillée que les laitons du moule marquent davantage et s'y impriment, tandis que la forme de

sparterie souple s'humecte simplement (à l'envers)
et se repasse très bien avec un chiffon mouillé
et même sans l'aide de ce chiffon si la sparterie

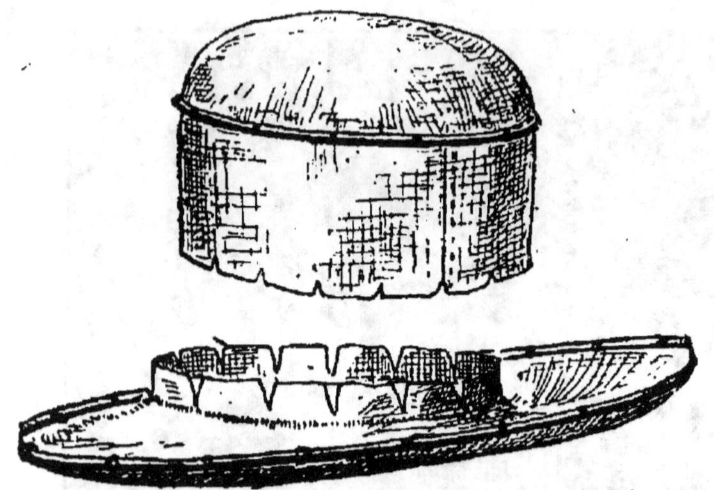

Fig. 29. — Préparation de la calotte et de la passe
en sparterie laitonnée.

est très molle et si le moule bien fait n'a pas
laissé de marque.

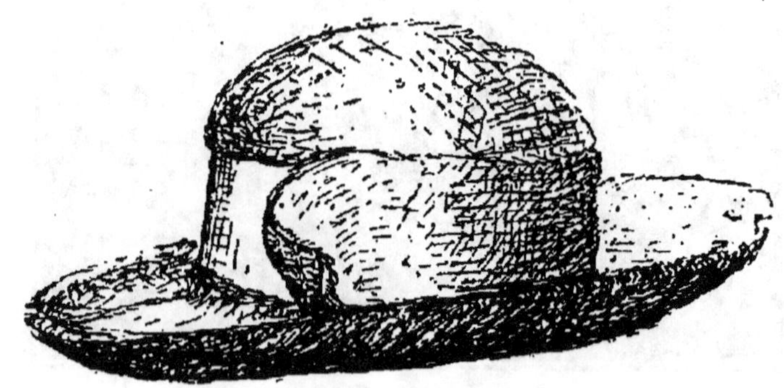

Fig. 30.

Voici comment nous allons faire notre forme
de sparterie moulée. La feuille de sparterie étant
coupée en carré, d'environ 5 à 7 centimètres plus

grand que notre forme, mettez la pointe ou biais, devant. Epinglez l'entrée de tête d'abord, sans la couper encore. Un chapeau plat ou à peine cloche n'a pas besoin de couture, mais tout autre forme en a généralement besoin d'une pour faire disparaître l'ampleur de la sparterie. Donc, après avoir épinglé le bord tout autour, en le tendant soigneusement sur la forme en laiton, vous fendez la sparterie derrière pour y faire la couture après avoir fait un rentré de 2 ou 3 centimètres. Vous pouvez aussi bâtir le bord et enlever les épingles, ce sera encore mieux tendu. Ayez soin de mettre le côté toile dessous si c'est une forme relevée elle sera plus unie et l'entrée de tête sera moins cassante. Puis faites bien sécher à l'air ou au-dessus du feu (fig. 26).

La sparterie est plus solide quand avant de la faire sécher on l'enduit de colle de pâte. Le tulle de coton qui se mouille aussi bien que la sparterie s'enduit de vernis quand il est encore mouillé, pour se solidifier ensuite.

Une fois bien sèche, ôtez épingles et bâtis et vous aurez une belle forme qui aura pris exactement celle du moule en laiton.

Pour ces types ou moules, on peut aussi bien se servir d'une forme de sparterie également très laitonnée et consolidée (fig. 27).

Un moule doit pouvoir servir très fréquemment sans se déformer. Dans les grands ateliers de Modes, on tend jusqu'à 80 et 100 formes dans le courant d'une saison sur le même modèle, quand il a du succès et se vend bien.

Pour en revenir à notre forme, avant de l'enlever, crayonnez les contours et marquez-en le

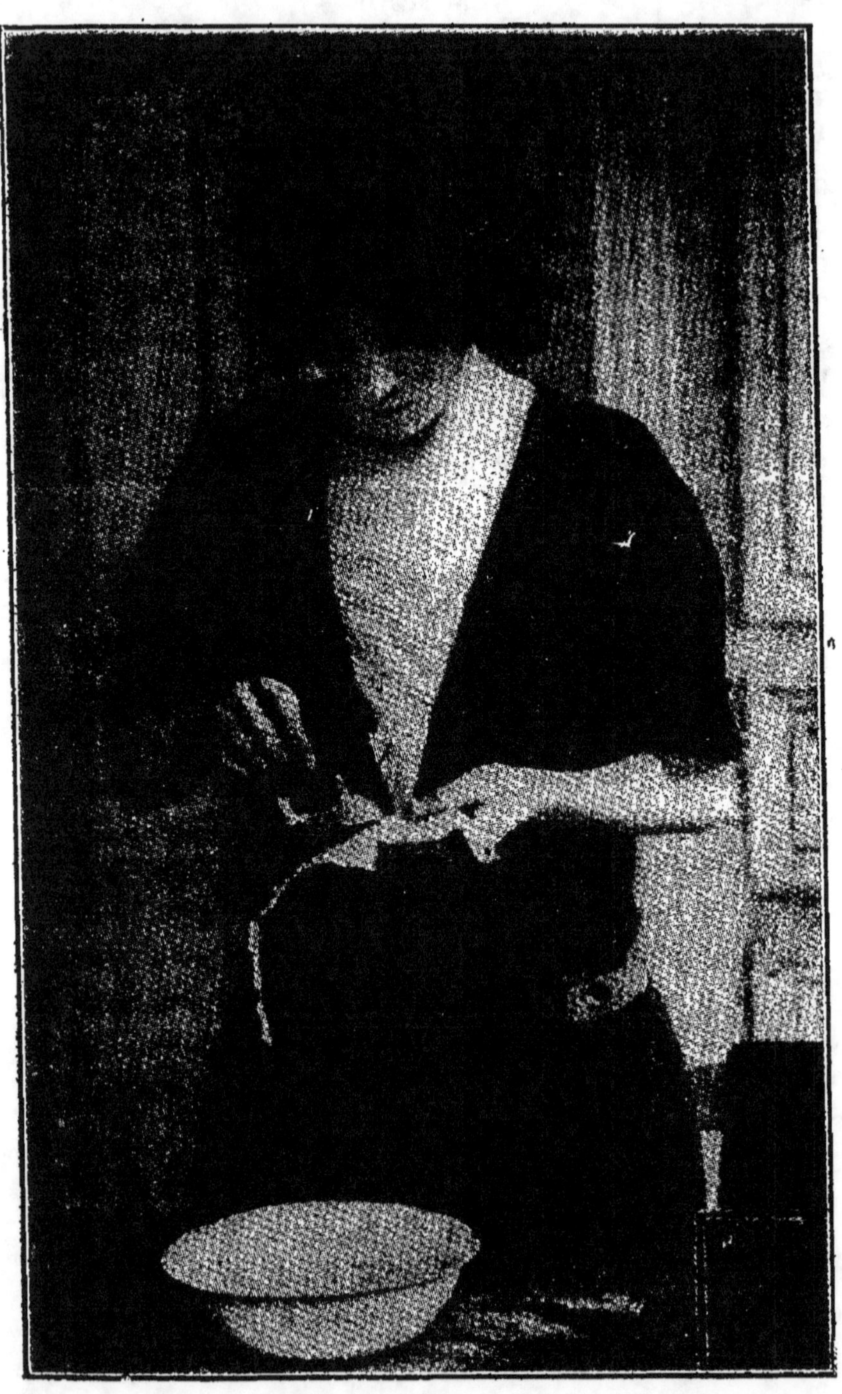

Fig. 31 (*Nos Loisirs*).

JÉGOUDEZ. — La mode.

devant. La forme, détachée du moule est prête à être laitonnée. Avant tout, faites l'entrée de tête à votre mesure. Cette entrée de tête sera faite d'un biais de sparterie fermé, laitonné en bas et s'adaptant bien, sur 3 centimètres de hauteur environ (fig. 28).

Coupez le contour de la passe en suivant le trait de crayon. Rectifiez les bosses qu'il peut avoir et veillez à ce que la forme ait une jolie ligne. Laitonnez-la au bord avec un point de boutonnière très serré mais un peu distancé. L'arrêt de laiton doit être bien croisé et maintenu.

Il faut à présent border la forme avec un petit biais en mousseline à patron, puis la repasser. C'est peu de chose à faire si le type a été bien fait. On passe le fer à repasser sous la forme en la soutenant d'une main avec un tampon de chiffon que l'on maintient sous l'endroit où l'on repasse. On peut humecter et repasser très chaud quand il y a une bosse à faire disparaître ou un relevé à arrondir. La sparterie de toile surtout a besoin d'être mouillée en la repassant.

Il existe aussi un fer en forme de boule appelé « coq » qui donne très bien l'arrondi aux roulés et aux relevés de la sparterie. Quand cette dernière n'est pas doublée, ce qui la rend très souple, elle sert à faire les petites toques et les calottes. On peut la resserrer en la laitonnant. Il est donc inutile de la mouiller pour la façonner.

Quand une forme a un mouvement fâcheux qu'il faut rectifier, il est tout indiqué d'y coudre une « fourchette » (petite fourche de laiton) que l'on fixe à l'entrée de tête mais non en dedans, de façon à ne pas gêner. Les canotiers plats dits

Marins doivent se repasser très bien et très à plat de façon à n'avoir aucune ampleur, ce qui leur donnerait du jeu dans le contour.

On peut mouler les formes, non seulement en sparterie mais encore en mousseline à patron mouillée et triplée, en gros tulle raide de coton. Ce dernier donne de jolies formes légères. Il

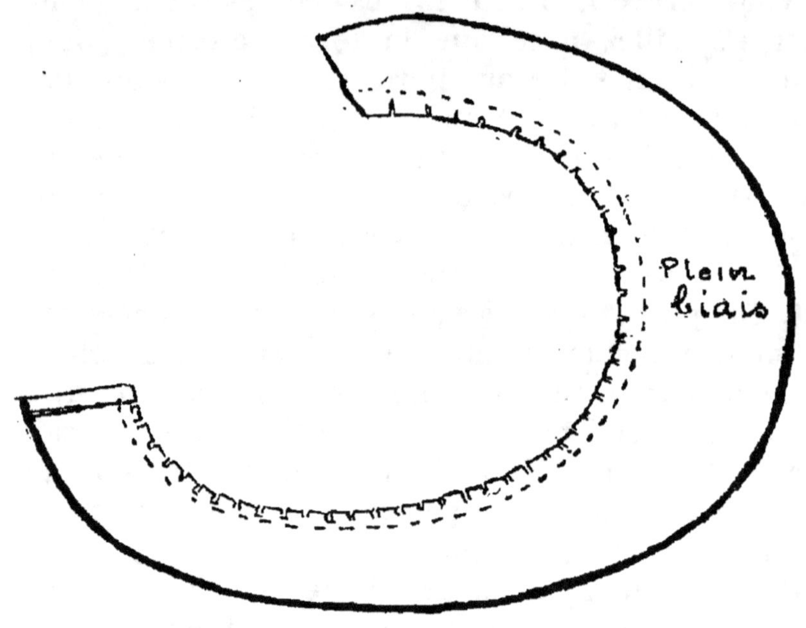

Fig. 32

existe en toutes teintes, ce qui est très commode pour tendre les tissus transparents auxquels on peut les assortir. Ces formes se repassent comme celles de sparterie.

Les calottes moulées se tendent pareillement, mais on pose le droit fil devant ; on les mouille et on les tire aux quatre coins où se trouvent les biais. L'ampleur est ramassée en petites fronces que l'on tend et épingle bien.

Ceci pour les calottes boules ; celles qui ont un mouvement plus difficile, un peu béret ou évasé, se tendent, plateau et bandeau séparément. On les réunit après le séchage en les cousant soigneusement après les avoir bien raccordées (fig. 29 et 30).

Le bandeau se prend en biais ou en forme, c'est-à-dire au patron. Le plateau, généralement bombé, a toujours le biais devant. On repasse la calotte comme les formes, s'il en est besoin (fig. 31).

Il se vend aussi des calottes de linon toutes faites. C'est une sorte de sparterie. Leur netteté est telle que l'on peut faire dessus de beaux tendus, mais elles sont un peu trop dures et cassantes. La sparterie souple est quand même préférable aux linons.

Le coiffant des calottes en linon que l'on fabrique en séries n'est pas certainement aussi étudié que celui des formes moulées ou prises au patron. Nous allons parler à présent de ces dernières.

J'avoue cependant que ces formes de linon rendent de grands services aux personnes inexpérimentées qui veulent tout de suite recouvrir le chapeau sans s'être donné le mal de faire la forme, mais cette façon de procéder revient plus cher et il est si facile, pour les débutantes, de faire au moins une forme au patron.

Formes au patron

Avec un papier un peu fort, on prend le relevé d'un chapeau en en crayonnant les contours. L'ampleur que le patron peut avoir se perdra dans la couture que l'on place derrière, puis on découpe l'entrée de tête et le bord, après avoir marqué le devant et le dessous, ce qui a beaucoup d'importance. Il ne reste plus qu'à le placer sur la sparterie, la toile dessous. Cousez la couture.

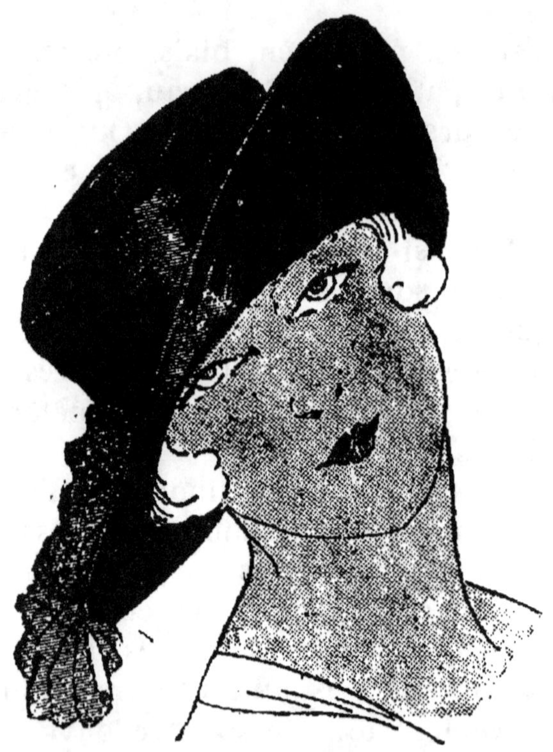

Fig. 33. — Forme donnée par le patron de la figure 32.

Posez un biais laitonné en bas à l'entrée de tête. Rabattez les petits crans de la passe en dedans. Cousez le laiton du bord et bordez-le (fig. 32 et 33).

Les formes simples comme les cloches les francs relevés de côté et les canotiers, se font très bien ainsi. Pour les formes plus compliquées, comme les Marquis ou les Bretons que l'on peut rouler au fer, on fait des pinces au patron en papier, et on les relève sur la sparterie. Quand vous serez devenus plus habiles, vous verrez que pour ces derniers chapeaux il est préférable de les faire moulés, bien repassés, avec de beaux arrondis. Quoi qu'il en soit, toutes ces façons sont bonnes si l'on a un joli résultat car les tendus, les étoffes, se placent tout seuls sur une belle forme bien nette. On sent que le chapeau va tout de suite y prendre de l'allure.

**Manière de faire des formes
sans s'aider d'un type en laiton**

Voici (fig. 34) une forme de tricorne un peu mouvementée qui est pourtant classique et très coiffante, le devant et les côtés sont coupés et se croisent légèrement.

Ce tricorne sera tendu de velours, le bord emboîté d'un galon, et la calotte également tendue, petite et bien emboîtante, restera bien dans la note et le style de ce genre de forme qui varie peu et est toujours d'une grande distinction.

Nous savons que pour faire cette forme moulée, il faudrait d'abord en confectionner le type ou moule en laiton, solidement renforcé comme on procède habituellement et tendre dessus la sparterie humectée, que l'on retire quand elle est sèche.

Pour faire ce tricorne en laiton on éprouverait quelque difficulté à former ces ailes coupées et croisées. C'est pourquoi je conseille plutôt de

faire un moule de sparterie laitonnée, ce qui sera
infiniment plus commode.

Assurément si la forme est réussie au premier
coup d'essai, elle peut servir elle-même sans qu'on
soit obligé d'en prendre le patron où de la mouler
pour la refaire, mais il faut avouer qu'il faut une
certaine habitude pour réussir du premier coup
ou presque, ces formes taillées sans patron dans
une feuille de sparterie en se laissant guider par
sa seule inspiration ! pourtant en s'aidant d'une

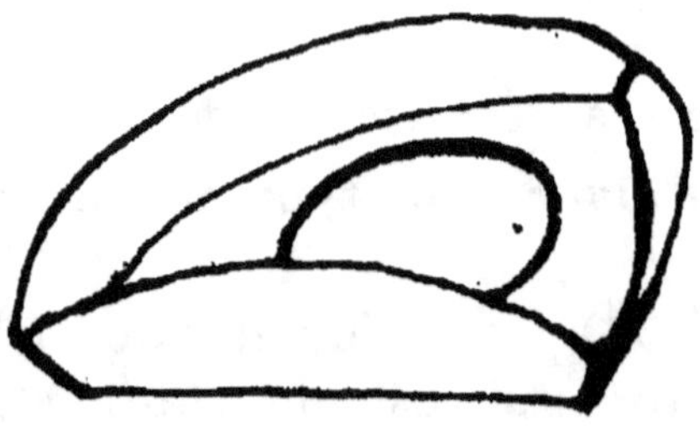

Fig. 34.

entrée de tête laitonnée et fermée à la mesure de
la tête, il est étonnant de voir comme on peut arriver à un bon et prompt résultat.

Quoi qu'il en soit, que notre tricorne de sparterie soit la vraie forme destinée à être tendue ou
le moule pour la faire voici comment nous nous
y prendrons pour la tailler :

Il faut prendre un bon carré de sparterie de la
grandeur de la forme que l'on veut et même un
peu plus grand, disposez bien la pointe devant
le beau côté toile *dessous*, c'est-à-dire du côté
destiné à être relevé, placez et épinglez bien au
milieu du carré l'entrée de tête que vous avez
fait, c'est-à-dire le biais de sparterie laitonné du

bas et fermé à votre entrée de tête, il doit avoir 3 centimètres de hauteur environ, donnez-lui bien une jolie forme ovale, découpez le rond de l'entrée de tête en y faisant de tout petits crans, que vous rabattez en les cousant en dedans et tout autour dans l'entrée de tête.

Vous avez votre tour de tête bien posé et cousu à points de laiton au milieu de votre feuille de sparterie qui reste naturellement encore absolument plate, pratiquons des fentes devant et sur les côtés, et nous donnons déjà à ces coupures en les croisant l'une sur l'autre, le mouvement désiré, les ailes seront repliées et formées avec le petit fer terminé par une boule et qui est appelé coq, qui sera passé très fortement dans les relevés de manière à leur donner un bel arrondi.

Si la sparterie est très souple, il faut l'étirer dans le biais, cela peut donner de bons résultats sans même que l'on soit obligé de se servir du fer, les apprêteuses frottent souvent, tout bonnement et très fortement leur dé dans les creux des formes souples pour leur donner un mouvement relevé et bombé.

Notre forme est en bonne voie, elle a le mouvement désiré, mais elle n'est pas encore coupée au bord, selon les dimensions que nous voulons lui donner.

Il faut l'essayer dès à présent sur la tête pour en juger les proportions et arriver à lui donner au ciseau la belle ligne désirée.

Le dos sera d'un seul mouvement relevé se terminant en éventail à la pointe des côtés, les devants seront bien taillés en ailes fines que le laiton du bord maintiendra roulées, on aura soin de bien faire « soutenir » l'ampleur qu'il pourra y avoir au contour en le laitonnant bien solidement ; le laiton devra remonter à chaque aile jusqu'à l'entrée de tête, où il sera coupé et arrêté fortement *sur* le biais du tour de tête et non pas en dedans, où il pourrait naturellement gêner et faire mal à la tête.

La calotte se taillera en deux morceaux dans une sparterie bien souple, bandeau en biais et plateau séparés.

Le bandeau sera bien adapté et fermé sur le tour de tête de la passe, afin de ne pas donner s'il est trop large, une grosse calotte toujours disgracieuse quand elle est tendue.

Le biais ou bandeau laitonné du bas aura environ 14 centimètres de haut devant et 12 et demi derrière, on le diminuera doucement par le haut, là un laiton le resserrera légèrement pour lui donner l'arrondi nécessaire, afin qu'il puisse se réduire à la dimension d'un fond légèrement ovale de 16 centimètres de long environ, on laissera un peu plus tout autour pour faire la couture qui réunira le tout et qui sera bien repassée et cousue à points arrière.

Pour donner au fond un léger arrondi on se servira du coq si possible, mais on pourra aussi donner au fond la forme bombée en s'aidant de la pointe du fer ordinaire.

Voici notre tricorne prêt à être recouvert de tissu, velours, ou satin ; pour rendre cette opération plus facile, il faut auparavant tailler un patron avec le tissu même, à *l'envers* de l'étoffe, sur le dessous du tricorne, en disposant bien la pointe devant, le patron est soigneusement adapté et taillé, il faudra avant de l'enlever bien marquer le devant afin que retourné ensuite et tendu sur le dessus du tricorne, il s'y adapte parfaitement.

Point n'est besoin là de faire une couture pour supprimer l'ampleur inévitable du tendu, cette ampleur se perdra d'elle-même dans les fentes pratiquées sur le devant et les côtés de la forme.

Ceci est une manière très pratique de tendre le dessus d'un tricorne, ou toute autre forme mouvementée, le tissu pris à l'envers en-dessous se trouve absolument à sa place sur le dessus de la forme sans que l'on soit, pour y arriver, obligé de tâtonner ou de tirailler le tissu.

Le dessous ensuite se tendra toujours plus facilement, les trois morceaux de la passe pris bien en forme. Il est assez difficile de bien adapter le tissu dans les creux formés par le dessus du relevé, mais on aura soin de l'y coudre à petits points perdus dans ces endroits en se servant de soie et d'une aiguille très fine, il peut être aussi collé à la gutta. De toute façon il est bien nécessaire de le bâtir avant l'une ou l'autre de ces opérations.

J'expliquerai comment on colle à la gutta, un peu plus loin, à propos de la façon de travailler le velours.

Le dessus devra avoir tout autour un bon centimètre d'étoffe qui dépassera et sera rabattu en-dessous à points de côté sans qu'aucun point fâcheux ne vienne traverser le dessus. Pour cela l'aiguille ne s'accrochera qu'à la toile de la sparterie qui en est le dessous.

Les deux tendus se rencontreront bord à bord

en un point de renfilé avec ou sans laiton, qui fera l'objet d'une assez longue explication un peu plus loin.

Voici à présent la forme d'une toque parfaitement coiffante et qui conviendra très bien à une dame d'un certain âge (fig. 35).

Pour la faire prenez une demie feuille de sparterie bien souple dont vous coupez la pointe afin de la mettre en biais, vous en ferez une bande de 15 centimètres de haut environ derrière et de

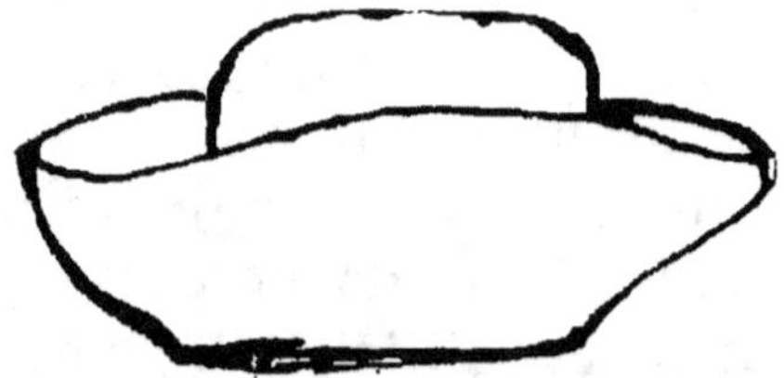

Fig. 35.

20 centimètres sur le devant qui sera plus haut. Du reste, il faudra l'étirer afin de lui donner l'évasé nécessaire et cela diminue toujours le biais, le côté toile sera en dessous.

Ce biais ayant pris une jolie forme ondulante, on le taille et laitonne à cet effet. Il faudra le fermer derrière par une couture en biais, le tour du bandeau aura environ 80 à 85 centimètres de contour, la hauteur se perdra encore dans une sorte de petite passe que l'on forme avec le dé ou le fer autour de l'entrée de tête, afin que la toque ne soit pas dure au visage ; il est en effet très disgracieux de voir un bandeau faire « serre tête ».

Cette petite passe est donc fort utile et n'est pas difficile à faire, puisque ce n'est en quelque sorte qu'un biais plié 3 ou 4 centimètres avant l'entrée de tête, qui, elle se compose toujours d'un biais de sparterie laitonné du bas et fermé au contour de la tête ; on le fait toujours sur 2 ou 3 centimètres de hauteur.

Voici donc notre forme finie montée et bordée au contour d'un biais de mousseline à patron, ce

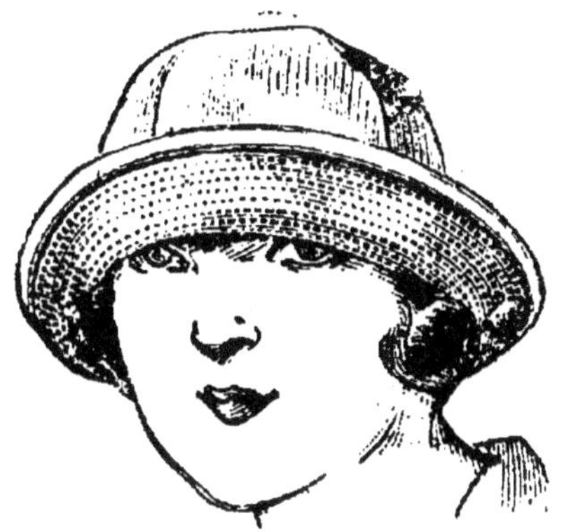

Fig. 36.

qui la rend toujours beaucoup plus solide et plus nette, la calotte emboîtante sera montée en deux parties, bandeau en biais, et plateau séparés comme à notre tricorne ; elle sera tendue de même, et cousue avec un simple renfilé sans laiton comme si c'était un joli biais souple qui vienne là se poser naturellement contre le plateau. Cette toque sera parfaite garnie de crosses, de numidie, ou de fantaisies d'autruche.

Il existe encore une autre manière de la faire elle pourra alors servir pour une jeune fille avec un petit bandeau bas et roulé (fig. 36).

On donnera alors le plus possible en s'aidant du fer, la forme roulée sur 12 centimètres environ de hauteur ; ce bord sera charmant emboîté d'un biais de velours aux tons vifs, on le coud à petits points, finement, dans le creux du dessus avant de rabattre le dessous dans l'entrée de

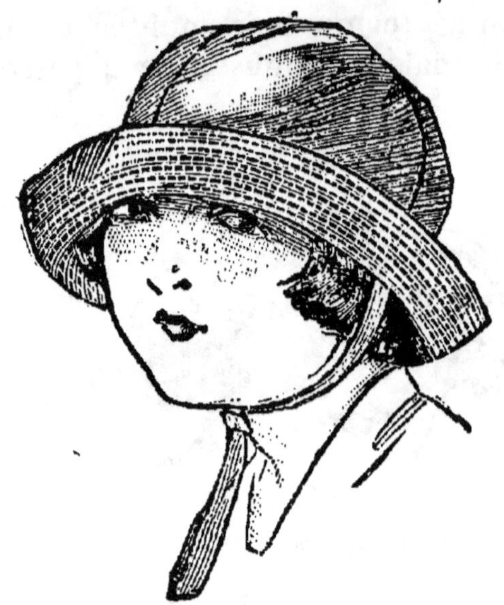

Fig. 37.

tête, il est nécessaire que le tissu soit en très bon biais afin qu'il s'y tende bien avec le moins de fronces possibles, elles se perdront du reste dessus et dessous dans l'entrée de tête. Ce travail sera facilité en y passant d'abord un fil solide à cet endroit et en tirant bien tout autour de l'entrée de tête avant de le coudre solidement à bons points arrière, il faut avoir soin auparavant de bien bâtir le bord qui pourrait se déformer pendant que l'on tend le tissu.

Une calotte à tranches est toute indiquée avec
ce genre de forme, cela est si jeune et si seyant.
Elle peut être soulignée de broderies, de liserés,
ou de ganses aux tons vifs, des rubans réunis au
sommet peuvent partager la calotte, et se retrou-
ver en garniture sur le bord. Toutes ces garnitures
simples sont charmantes de jeunesse. Le bord

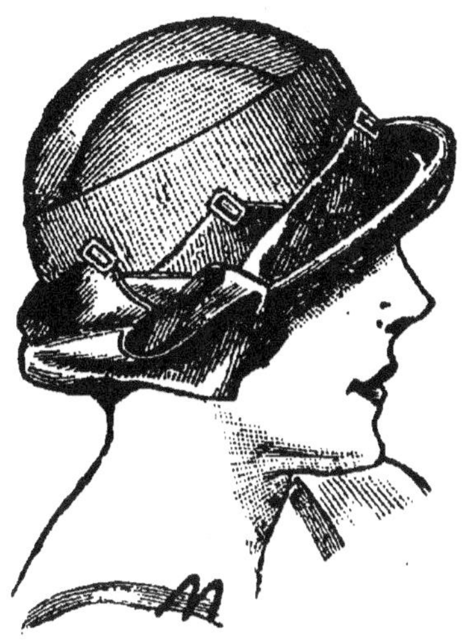

Fig. 38.

peut également être cranté, ces créneaux seront
bordés de ruban ou de biais de velours.

Pour la calotte à tranches (voy. fig. 37) elle
sera faite avec de la mousseline à patron d'abord
et quand chaque tranche bien taillée, sera assem-
blée et formera un ensemble, on pourra l'essayer
sur la tête afin d'en voir l'effet. Il suffit d'abord
de bien prendre le patron d'une seule tranche et
de la répéter six fois, on laissera 2 centimètres
en plus pour les coutures.

On peut également faire la calotte en quatre tranches, il suffit de les tailler beaucoup plus larges, le résultat sera aussi très joli, mais peut-être moins commode à exécuter. Les tranches plus petites et plus nombreuses prennent mieux la forme de la tête.

Il sera très facile de recouvrir l'ébauche de la calotte en mousseline à patron, chaque tranche sera recouverte séparément et reliée aux autres par une couture à l'intérieur ; cette couture ne doit pas froncer en aucune façon, pour cela on la repasse à l'intérieur avec la pointe du fer.

Ces genres de chapeaux s'accordent très bien avec les jugulaires, nouées sous le menton.

On ne leur met point de garnitures ou presque, simples cocardes, ou nœuds chapeliers, suffisent à les rendre ce qu'ils doivent être, c'est-à-dire d'une charmante simplicité.

Enfin on peut varier à l'infini la façon de couper et rendre différent ce bord de toque fait d'un simple biais de sparterie comme point de départ. Nous allons voir encore comment on pourra en faire à présent une forme relevée de côté, très seyante, ou en faire un breton très coiffant.

Pour en faire un relevé de côté (fig. 38), ce genre de forme qui coiffe d'une façon si pratique les dames plutôt que les jeunes filles, il faudra recouper de beaucoup le côté droit qui ne devra plus mesurer que 10 ou 11 centimètres, et on pourra à partir de « l'œil » droit commencer légèrement un petit relevé qui ira en augmentant et en s'accentuant à gauche et se terminera en mourant vers l'oreille gauche, et derrière.

Le milieu du côté droit sera rigoureusement

baissé, le laiton du contour devra l'y maintenir solidement.

Ces formes sont ravissantes tendues de satin noir et garnies de couteaux ou d'aigrettes, de draperies, de ruban. On peut aussi les entourer

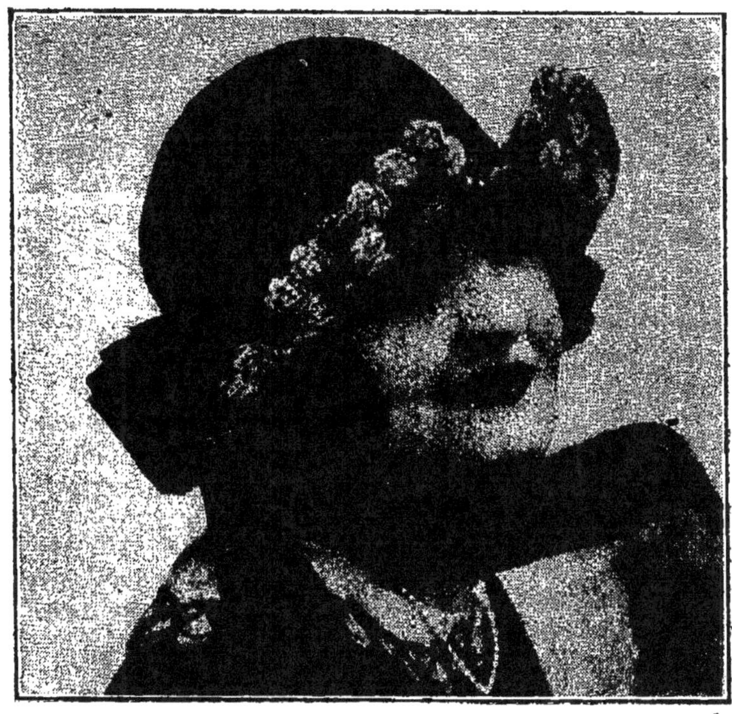

Fig. 39 (*Eve*).

d'une écharpe de dentelle qui dépasse tout autour et vient se nouer gracieusement sur le côté droit en un pan retombant qui peut s'enrouler autour du cou.

Pour faire le breton on fera un bord régulier sur 10 centimètres, en laissant la petite passe autour de l'entrée de tête, ce qui rendra le breton plus coiffant, mais le bord devra être évasé fortement au moyen du fer très chaud que l'on passe après avoir humecté la sparterie.

Ce petit breton sera garni d'un rouleau de ruban au bord, ou de cocardes en ruban ou en fleurs.

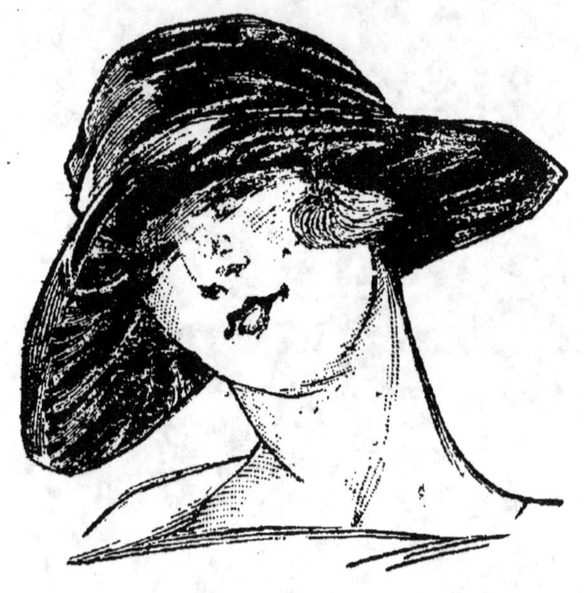

Fig. 40

Un grand breton serait plus habillé, il faudrait alors laisser le bord beaucoup plus long devant sur 18 centimètres par exemple, le dos peut n'avoir que 9 ou 10 centimètres, c'est suffisant et ainsi on ne sera pas fâcheusement engoncée par un grand bord. Ces grands bretons se garnissent peu, ils sont habituellement tendus mais ils peuvent avoir des lames et biais souples au bord ou des volants à peine ondulés.

En hiver on y met des franges de plumes

comme l'autruche, ou de la fourrure comme le singe, qui malgré sa bizarrerie retombe si gracieusement tout autour d'un bord de breton.

Une grande cocarde, très haute et très froncée, peut emboîter le bord au milieu du devant et donner beaucoup d'allure au chapeau.

Mais quel délicieux chapeau de jeune fille sera celui-ci, en crantant simplement le devant de la forme, la calotte est en picot fin, le dessous en roses de tons dégradés, des pans flottants accompagnent ce charmant ensemble (fig. 39).

CHAPITRE II

LES APPRÊTS

———

Nous allons parler de toutes les façons de recouvrir une forme.

S'il est vrai que souvent la beauté d'un cha-

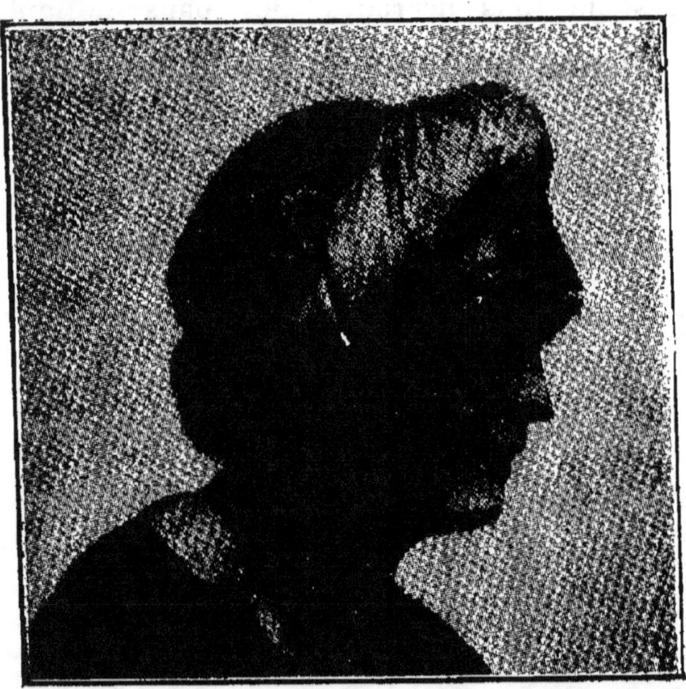

Fig. 41. — Turban en velours et tissu métallique taupe,
garni de motifs broderie multicolore (*Eve*).

peau est dans la ligne, dans un joli mouvement ou dans le coiffant, il faut aussi que le tendu ou le renfilé soit impeccable.

Un chapeau souple, lui, possède tout son chic dans sa façon d'être flou et la forme importe moins.

Nous allons d'abord voir le chapeau net et sobre, tendu et renfilé au bord.

Voici par exemple une cloche de sparterie qui est une des formes les plus faciles à tendre.

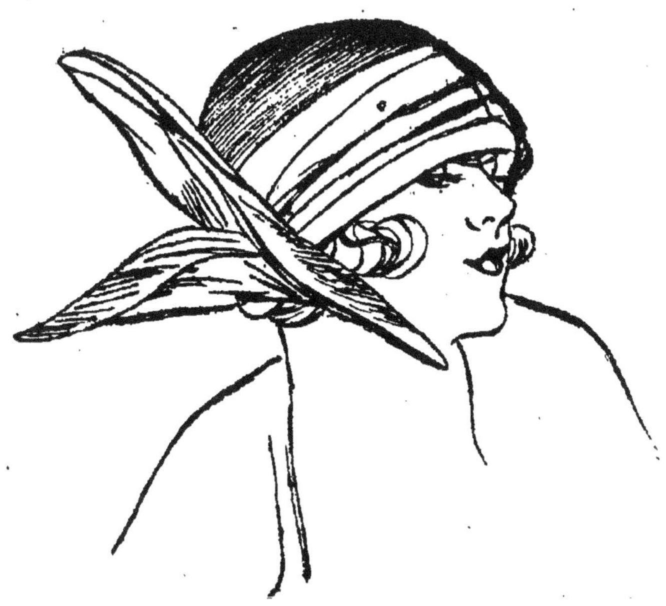

Fig. 42.

Prenez bien le métrage nécessaire. On mesure toujours dans le sens le plus long de la forme. Par exemple, une cloche empire, plus longue devant, sera mesurée dans le sens de la longueur. On laisse 3 ou 4 centimètres de plus pour les rentrés. Placez bien la pointe devant. Occupez-vous d'abord du dèssus (fig. 44). Coupez l'entrée de tête, épinglez-la et tendez tout autour du bord (fig. 45). Faites disparaître les fronces qu'il peut y avoir en tirant dans le biais. Si la cloche est très fermée, il faut faire une couture derrière ou à l'endroit où on pense mettre la garniture. Dans ce cas, ne coupez l'entrée de tête que peu à peu et en tendant en même temps le tissu et en poussant l'ampleur qui finit par se trouver à l'endroit où on désire faire la couture.

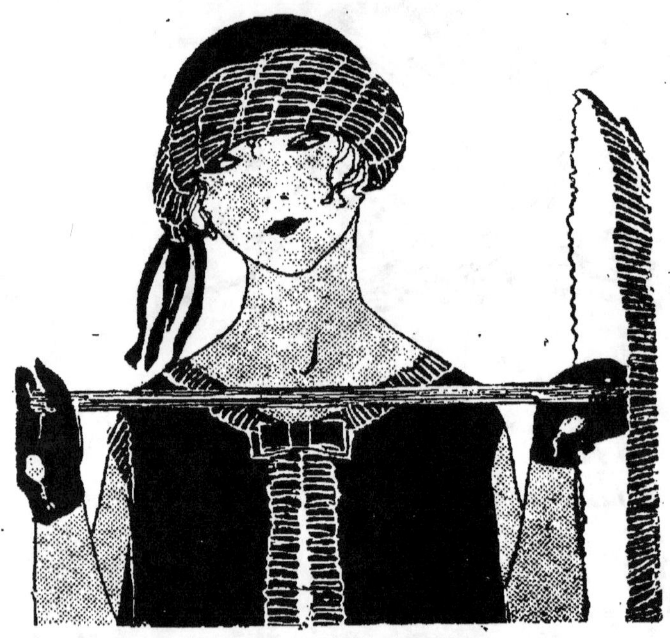

Fig. 43 (*Les Modes de la Femme de France*).

Quand le chapeau est en satin fragile, ou en velours d'une nuance claire, servez-vous pour l'épingler de toutes petites épingles appelées « camion ». Ainsi vous n'accrocherez pas la soie et vous ne marquerez pas le velours.

Voici notre tissu tendu. Coupez l'étoffe à un

bon centimètre du bord et cousez-la en-dessous
à la toile de la sparterie qui doit toujours se trou-

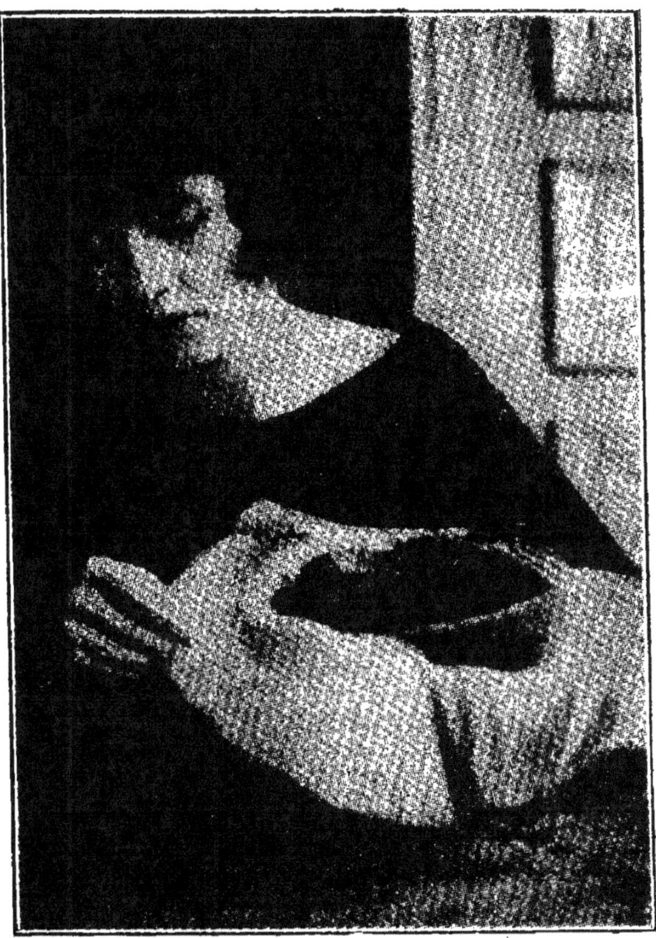

Fig. 44. — Il est surtout difficile de répartir l'ampleur de façon
que le chapeau tendu n'ait pas de plis (*Nos Loisirs*).

ver de ce côté, mais cela sans traverser. Il faut
naturellement qu'aucun point fâcheux ne vienne
apparaître sur notre dessus.

Ensuite, taillez le dessous où la couture est presque toujours obligatoire. Laissez bien aller

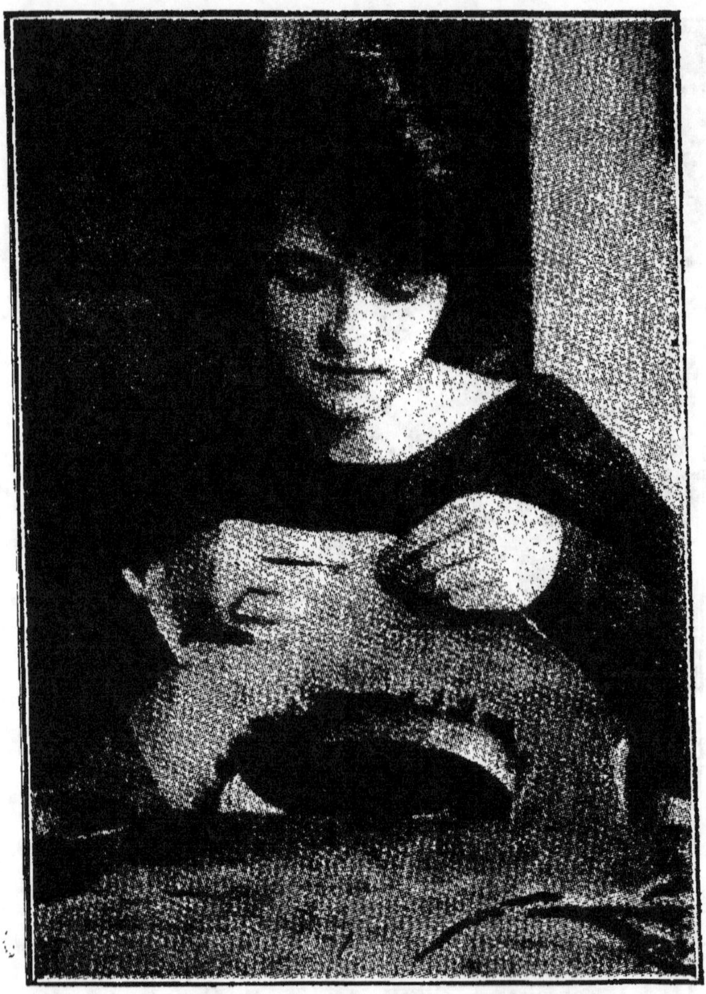

Fig. 45 (*Nos Loisirs*).

l'étoffe sans la tirer. Passez au besoin un point de bâti à la soie avec une aiguille fine au milieu de la passe et à la couture. Cousez l'entrée de tête que vous avez coupée en petits crans à un bon centimètre à l'intérieur. Passez un point invisible, un point de renfilé, à la couture pour la fermer, afin de réunir les deux bords de l'ouverture, bien épinglés l'un à côté de l'autre et non l'un sur l'autre et nous allons nous occuper du renfilé du bord que nous ferons au laiton comme on fait presque toujours, et qui est très facile à faire.

Coupez un laiton un peu plus grand que le contour de la cloche, afin de pouvoir y faire un bon arrêt croisé. Placez à l'intérieur du tissu, en laissant un centimètre de tissu en dedans afin que le laiton ne s'échappe pas (fig. 46). Cousez ce laiton en piquant votre aiguille bien au-dessous du laiton. Prenez un peu de tissu au-dessus (fig. 47). Repiquez votre aiguille un millimètre plus loin et faites un point de un centimètre environ au-dessous du laiton (fig. 48).

Le laitonné doit ressortir légèrement du chapeau comme un fin petit liseré très net (fig. 49).

Le renfilé sans laiton est très joli quand il est impeccable, mais il est franchement plus difficile et plus long à faire que le premier. Il se fait beaucoup moins que l'autre qui donne de si bons et si prompts résultats.

Pour exécuter avec succès un renfilé sans laiton, il faut d'abord que l'ampleur qui ne sera pas « bue » par le moindre laiton soit très bien casée, répartie, épinglée. Le point de renfilé se fera finement entre les deux bords, ne perçant aucunement des deux côtés. Ceci est un vrai travail de première apprêteuse, ces travaux délicats et longs lui étant réservés.

Pour revenir à notre tendu, ayez soin de bien

faire adhérer l'étoffe à la forme, autrement cela
est fort disgracieux et forme « tambour ».

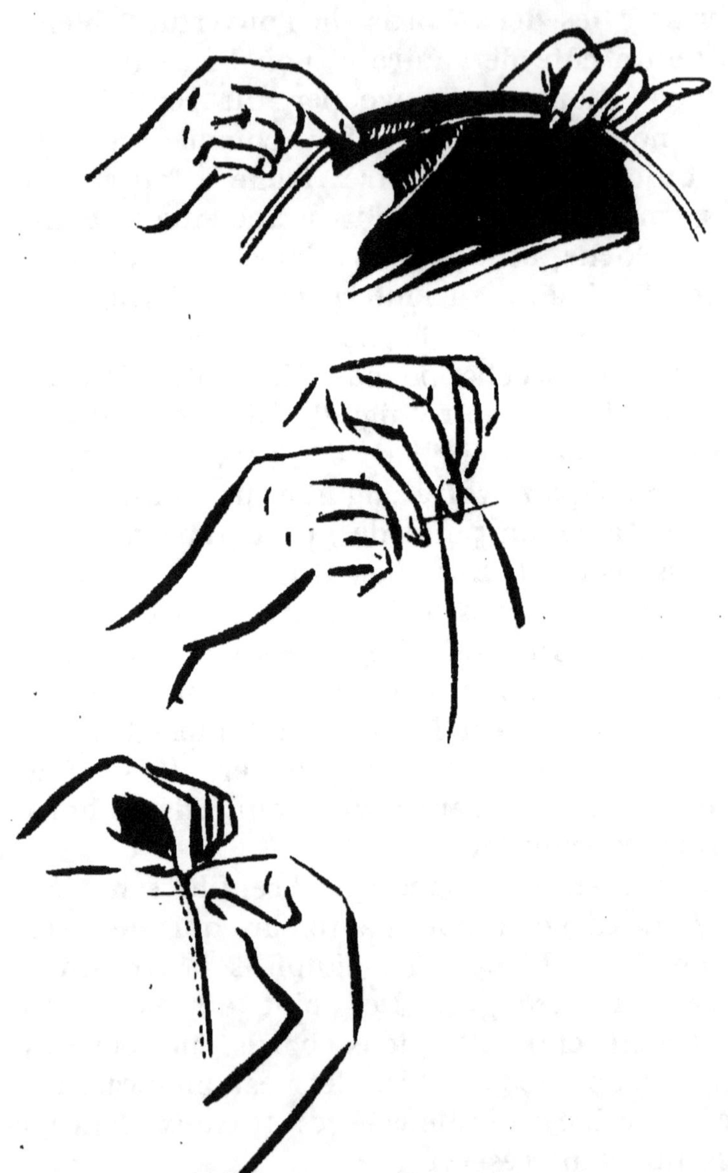

Fig. 46, 47 et 48.

. Si on n'emploie pas la colle dont nous expliquerons l'usage, il faut, quand le tissu ne tombe pas assez bien dans les creux, passer un point très rapproché et presque invisible, que l'on appelle « bagage ». On le fait avant de mettre le dessous afin de pouvoir traverser sans dommage. Généralement, quand un chapeau n'a pas un mouvement très compliqué, le tissu peut très bien être maintenu par un simple bâti que l'on retire une fois le chapeau fini. Dans ce cas il faut avoir

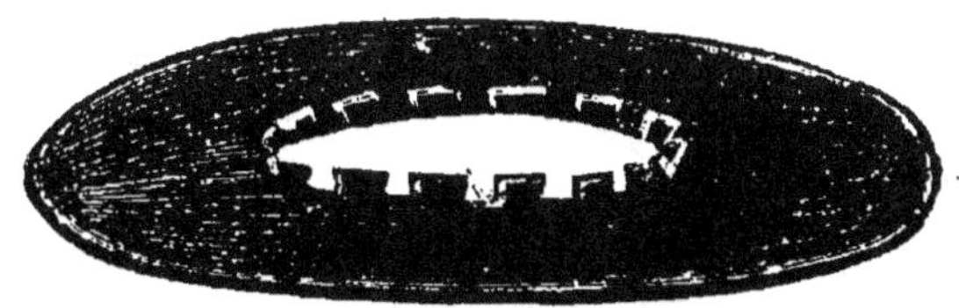

Fig. 49.

soin de ne pas déformer la forme en tirant trop sur le tissu.

Ceci est une condition essentielle pour bien faire un tendu et une deuxième condition est qu'il faut épingler autant qu'il est nécessaire et ne coudre que lorsque l'on est bien satisfaite de l'ouvrage et c'est vraiment un joli ouvrage que de faire un beau chapeau tendu (fig. 50)) quand on en prend un peu l'habitude.

Les marquis et les tricornes sont un peu plus difficiles à tendre, mais il existe le moyen bien simple que nous avons donné.

Prenez avec votre tissu le patron du dessous, à l'envers. Naturellement, il faudra toujours faire

une couture, cachée le plus possible dessus par
la garniture et que vous placerez derrière pour
le dessous.

Sous le satin, le taffetas, sous les tissus minces,
on tend auparavant sur la forme un dessous de

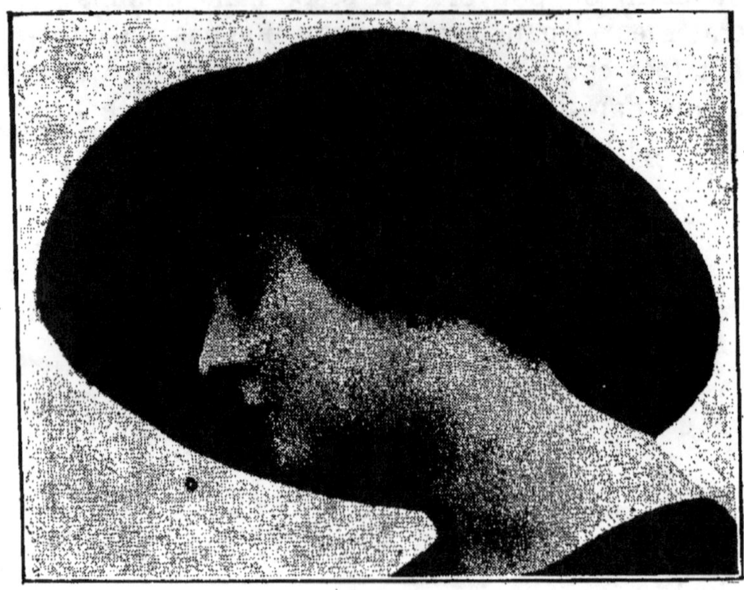

Fig. 50 (*Eve*).

barrège ou de molleton qui sert spécialement
pour les chapeaux et font les tendus moins secs
et plus jolis.

Les Lames

Le tendu peut aussi se composer de passes
coupées au milieu par des lames ou des biais
dont nous expliquerons l'exécution. Le biais emboîtant le bord et tiré à l'entrée de tête en petites

fronces se fait surtout en tissus légers tels que l'organdi et les mousselines. Ces biais ne sont guère jolis en velours ou en soie.

Voici comment on procède pour avoir de bons biais. Cela a une grande importance. La malheureuse apprêteuse essayant de tendre une lame qui ne demande qu'à froncer doit cela à son tissu mal coupé. Faites une pointe au tissu en le repliant bien à plat sur une table, de façon à ce que le droit fil se retrouve sur le même droit fil. Il faut couper bien droit en maintenant l'étoffe avec la main gauche, afin que le tissu ne bouge pas, pendant que la main droite coupe le biais épinglé et mesuré à la même largeur tout du long.

Quand vous demandez un biais, précisez bien que vous voulez un biais « lisière » ou « milieu », car les biais peuvent être mesurés sur la lisière ou sur le milieu. Dans ce dernier cas ils sont forcément plus étroits.

Maintenant, épinglez le biais en le tendant, tout autour du chapeau. Nous prendrons comme exemple pour commencer, la façon de poser un biais à cheval. Mesurons un peu plus que le contour pour avoir de quoi faire les coutures qui peuvent être au nombre de deux quand l'étoffe est en petite largeur comme dans le velours. On les place alors de chaque côté, un peu en arrière ou une derrière et l'autre sous la garniture. Les coutures se font à petits points arrière, sans fronces ou mieux encore à la machine. La lame s'épingle de la largeur que l'on veut. Le maximum est pourtant de 7 ou 8 centimètres. Au-dessus de cette dimension, elle risquerait de froncer. On renfile d'abord le dessus et on pique dans les

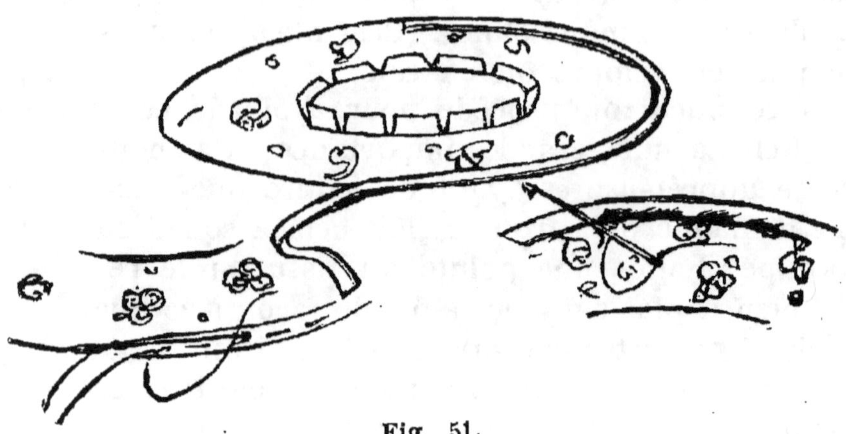

Fig. 51.

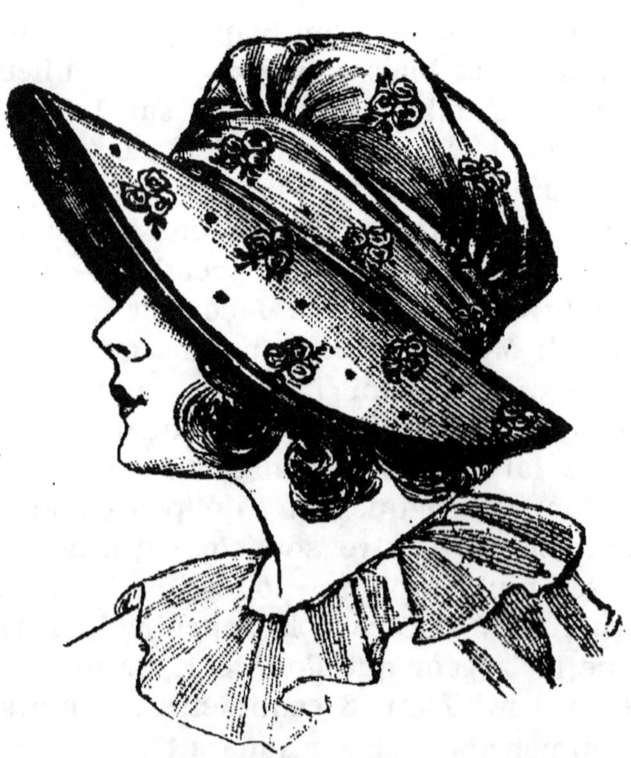

Fig. 52 (*Le petit Echo de la Mode*).

points de ce renfilé en faisant le dessous. Souvent la lame est minuscule. Elle remplace un ruban ou « Bourdaloue » (fig. 51 et 52). On coud alors le dessus tout au bord à grands points arrière.

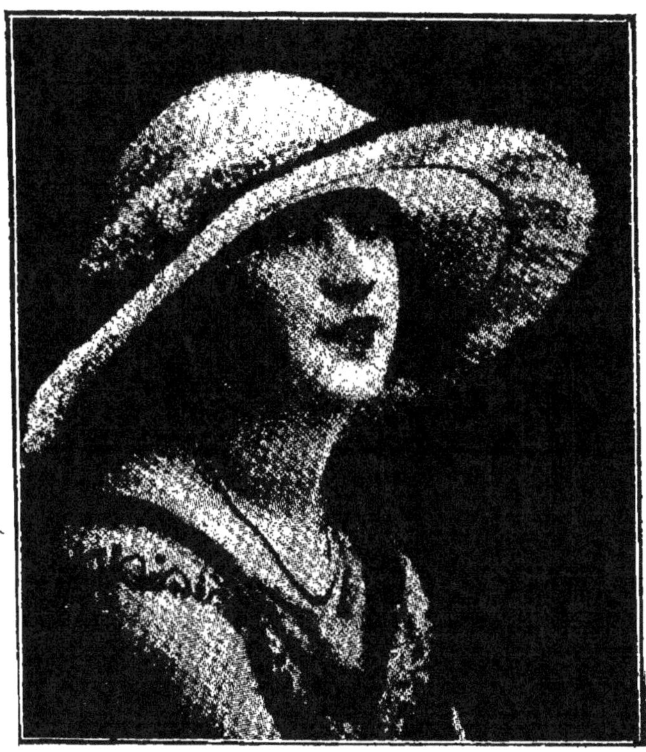

Fig. 53 (*Eve*).

En le retournant on obtient un joli roulotté qui se replie très facilement et se renfile en dessous presque tout seul sans laiton. Il ne doit pas avoir plus d'un centimètre de largeur.

La lame au patron se coupe en forme dans une passe entière que l'on sacrifie. Elle peut donc être très large sans risquer de fairre des fronces

comme le ferait la lame en biais. Elle se renfile
avec ou sans laiton et c'est généralement la lame

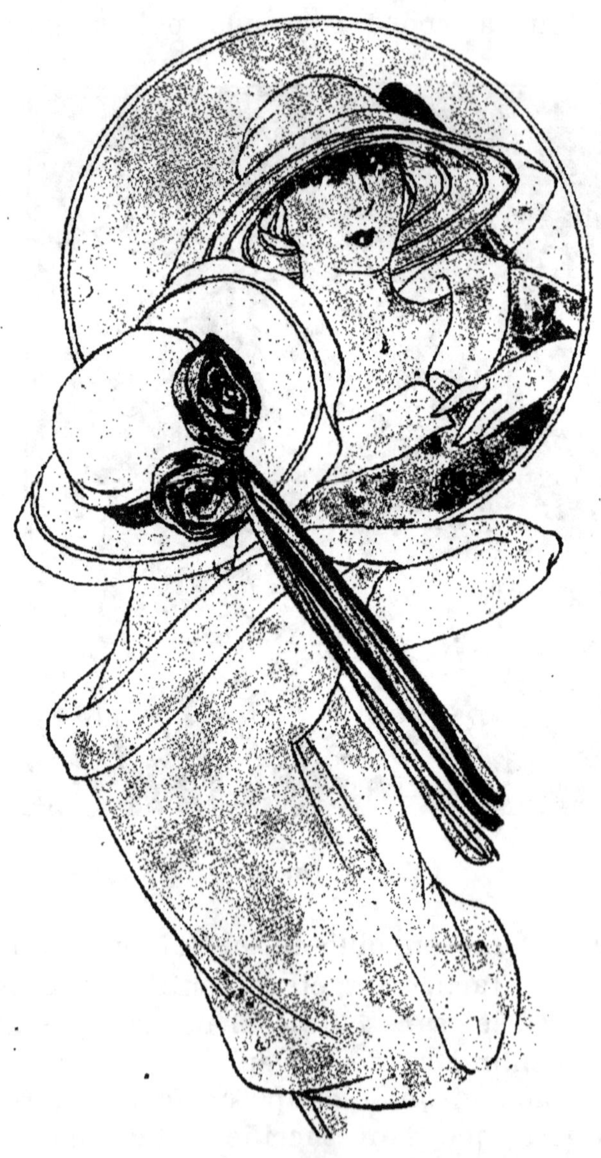

Fig. 54 (*Nos Loisirs*).

qui revient sur le dessus, le renfilé étant plus commode à faire ainsi. Les lames au laiton sont souvent utiles pour maintenir le tissu sur les formes relevées. Par exemple sur un Breton que l'on veut faire dans une étoffe qu'on ne pourrait coller et où des points de bagage trop apparents feraient un effet disgracieux. Quand on n'y met pas de lame, on est parfois obligé de poser sur ces formes-là un laiton circulaire recouvert d'un petit biais cousu en dessous à point de surjet qui simulera la lame. On le coud sur la passe à points coulés invisibles mais la vraie lame est préférable.

Il est bien entendu qu'il n'y a pas que les lames tendues. Nous parlerons plus tard des lames froncées, coulissées ou en rubans travaillés. Les lames peuvent encore être transparentes dans les tissus légers comme l'organdi (fig. 53), le tulle ou la mousseline. On les ferme et on les coud alors au bord du chapeau en faisant un peu soutenir le tissu pour qu'elles restent plates. On peut aussi tendre la lame et la fermer d'avance sur le moule ou le modèle du chapeau dont elle aura parfaitement pris la forme. Elle sera ainsi très souple, mais si on la tend à cheval sur un contour de laiton très ferme, qu'il n'est même pas nécessaire de coudre, la lame le tenant parfaitement, on peut même le retirer avant de coudre la lame au bord de la forme. Cela fera un joli bord très net et transparent. On tend alors les deux passes qui se renfileront dessus et dessous avec un laiton sur la lame (fig. 54).

Les bords dont nous venons de parler peuvent se faire doubles ou superposés surtout dans les

légers chapeaux d'organdi. Elles forment alors
des passes entières souples (fig. 55).

Les Passes souples

Les passes souples se composent de simples
tissus pris au patron et soutenus par une entrée

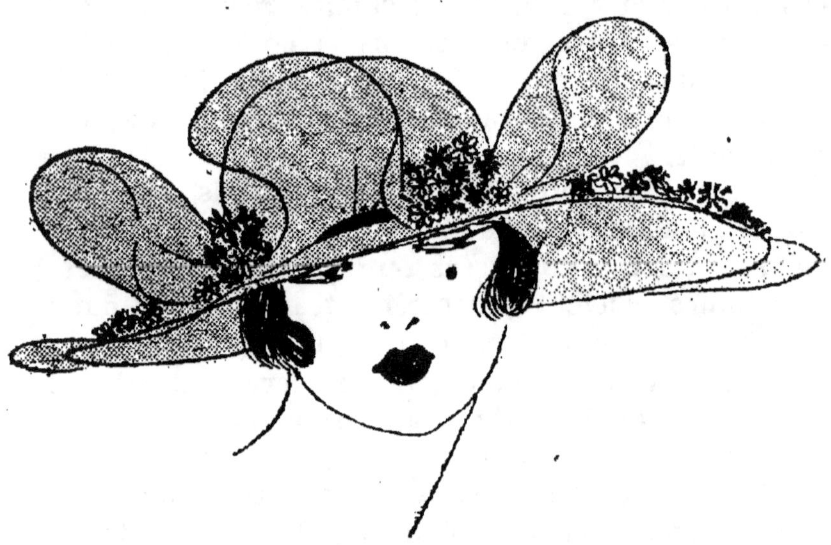

Fig. 55 (*Les Modes de la Femme de France*).

de tête en sparterie. Elles doivent être fortement laitonnées au bord. On se sert aussi pour
les soutenir d'un contour en jonc fermé par un
ferret. Le bord exécuté de cette façon est absolument indéformable. On prend aussi parfois une
bande en droit fil que l'on tend bien en la cousant
à un contour de jonc. L'entrée de tête la maintient. Cette passe peut être doublée d'une autre
passe, ce qui lui donne plus de soutien. On la

brode ou on la borde souvent d'un petit biais ou
d'un ruban d'un ton opposé. On voit du citron
bordé de marine, du blanc et bleu, du rose et
noir, etc...

La passe souple peut être recouverte de plissés ou de pétales qui sont roulottés à la main en
s'aidant de la pointe d'une aiguille (fig. 56 et 57).
Les cocardes font également très bien à plat sur
les passes. On coupe pour les faire des bandes

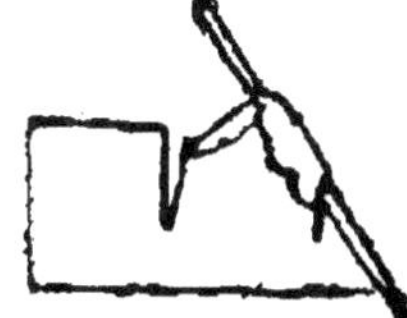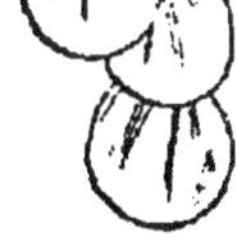

Fig. 56 et 57

d'organdi que l'on fait ajourer et couper en
picot comme un ruban.

Les Coulissés

Les chapeaux coulissés se font souvent en
taffetas. Ce tissu est trop dur au visage quand il
est tendu, mais les coulissés se font aussi bien en
satin, en panne ou en velours souple.

Voici une charmante capeline de taffetas pour
une fillette. Sur une toute petite passe de sparterie
non laitonnée recouverte de barège et par-dessus,
d'un biais de taffetas emboîté, vous monterez une
bande double de taffetas droit fil sur 20 centimètres environ de large. Cette bande devra avoir
environ 1 m. 80 de longueur. Vous la cousez à

l'envers tout du long, comme un fourreau et vous la retournez. Quand cette bande est fermée, elle doit former un ruban que l'on repasse bien. Du reste, un vrai ruban peut très bien servir aussi. Faites une petite tête ou pli à peu près au

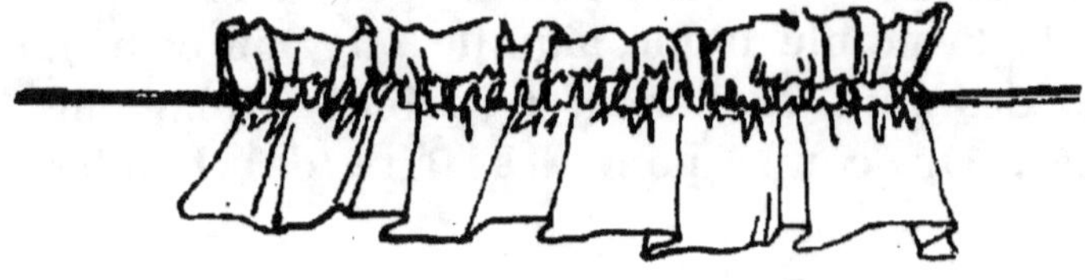

Fig. 58.

tiers de la hauteur et passez un laiton dedans (fig. 58 et 59). Fermez ce laiton au contour de votre petite passe, égalisez bien l'ampleur en tirant le fil et cousez sans traverser en dessous la passe.

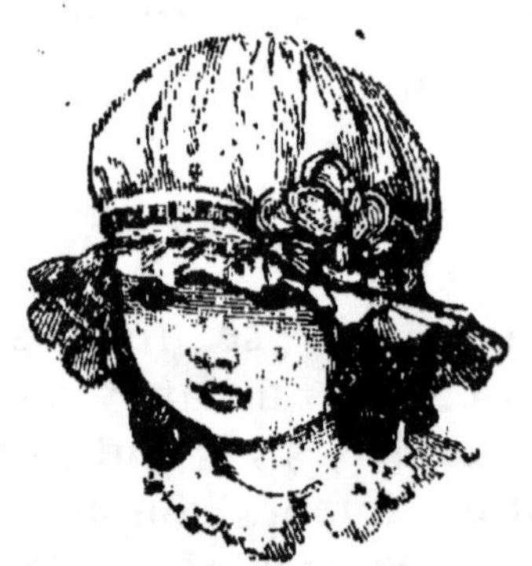

Fig. 59.

Cela doit donner un joli bord souple qui se relève à volonté. La bande doit remonter un peu sur la galerie de l'entrée de tête derrière afin d'être plus étroite à cet endroit-là.

Ajoutez une calotte plissée à la tête. Comme

garniture, faites une simple petite « jarretière » qui se compose d'un biais de taffetas roulotté, et faites simplement dépasser de ce biais un galon aux tons vifs.

Voici un autre genre de chapeau coulissé (fig. 60) :

Le coulissé peut reposer sur une forme et la

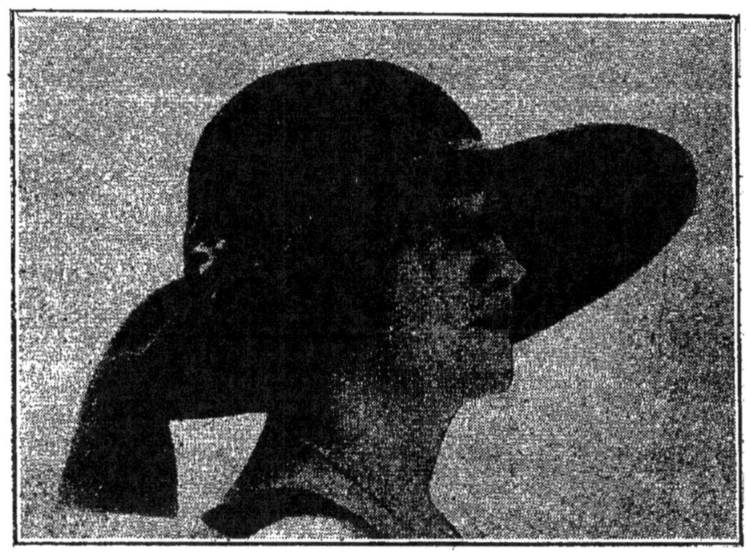

Fig. 60 (*Eve*).

lame seule peut être froncée et souple. La passe sera alors bien coulissée régulièrement par un petit point fin, tous les trois centimètres, par exemple, et même moins. On peut passer une ganse ou un laiton dedans.

Voici un bien ravissant chapeau qui se compose d'une fine paille grise doublée d'un beau coulissé cerise, faite avec quatre cercles de ganse passés régulièrement (fig. 61). Quand la forme est d'une largeur irrégulière, le coulissé doit se rétrécir suivant la forme. Il faut alors établir des points de repère avec des épingles et des bâtis et diminuer peu à peu, mais il faut toujours prendre les moitiés et les quarts du tissu avant de coulisser et en indiquer l'emplacement sur le

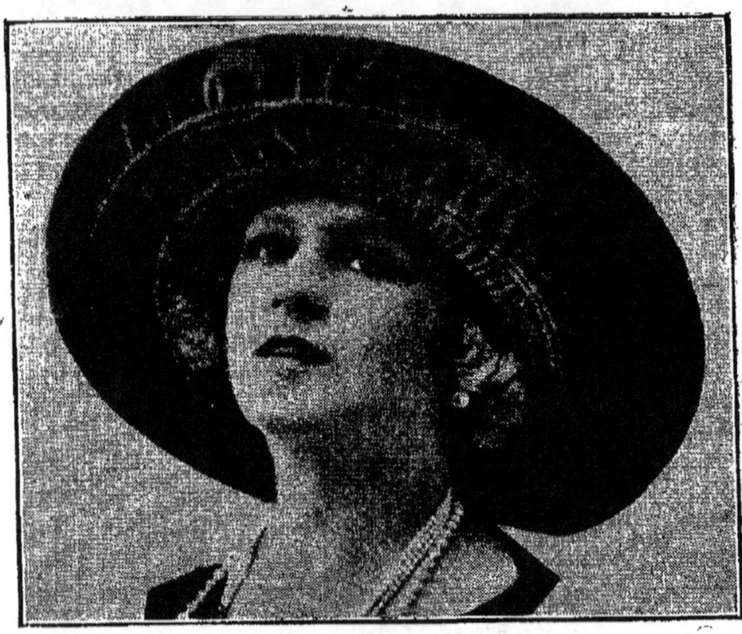

Fig. 61 (*Eve*).

chapeau, ce qui donnera un coulissé régulier. Il ne faut pas oublier que c'est là toute sa beauté.

De minuscules biais roulottés de taffetas ou de satin sont quelquefois posés sur les laitons circulaires des chapeaux coulissés et légers, comme ceux en tulle ou en mousseline.

Le coulissé dit « en arête de poisson » se tire en biais (fig. 62).

On obtient de jolis effets avec ce genre de coulissé, surtout dans les reflets clairs du velours. Beaucoup de toques se font de cette façon.

Enfin, pour terminer, je dirai qu'un travail un peu difficile mais très joli est de faire une passe

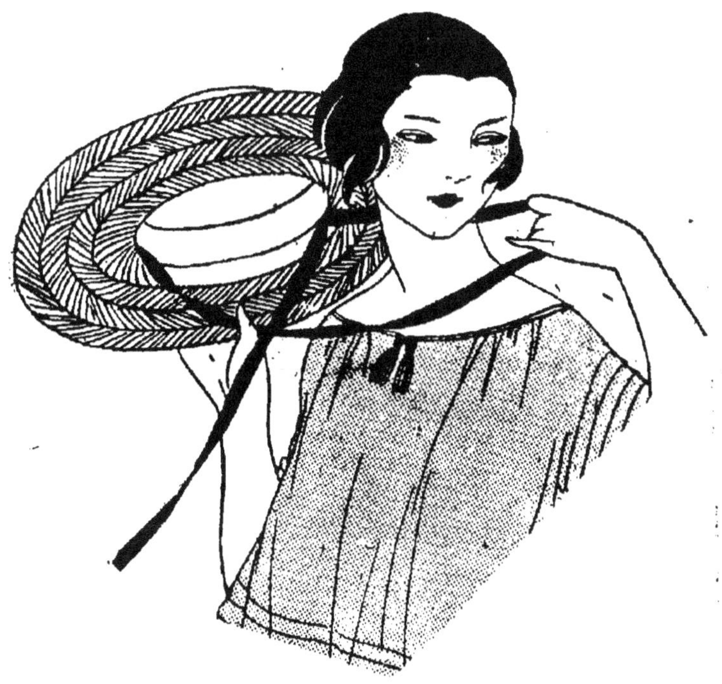

Fig. 62 (*Les Modes de la Femme de France*).

absolument souple coulissée entièrement de deux en deux centimètres en la fixant au bord d'un contour en laiton solide que l'on borde ensuite d'un petit biais emboîtant (fig. 63-64). L'entrée de tête qui retient toute l'ampleur est fixée à une galerie de sparterie laitonnée. On fait de cette façon de ravissantes capelines. On peut aussi les

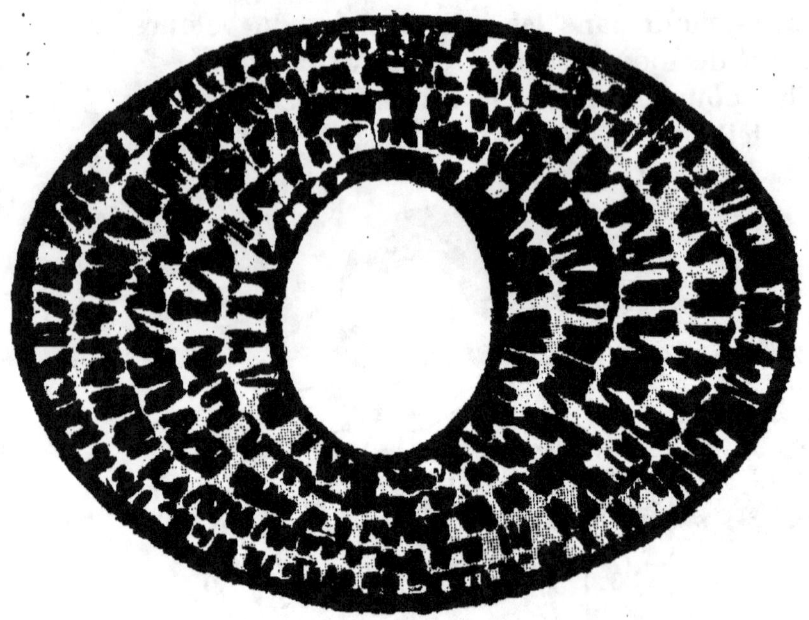

Fig. 63.

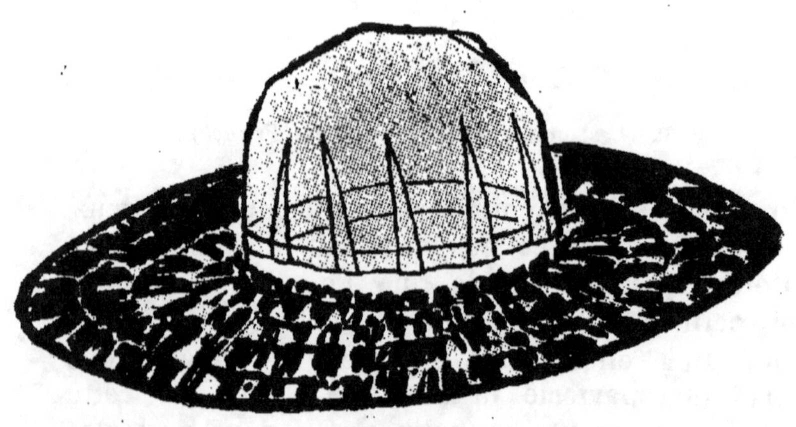

Fig. 64

bâtir sur un moule de breton ou de grand marin plat et les retirer quand les fronces arrêtées sur le moule lui en ont fait prendre exactement la forme. Pour l'ampleur à donner, on prend géné-

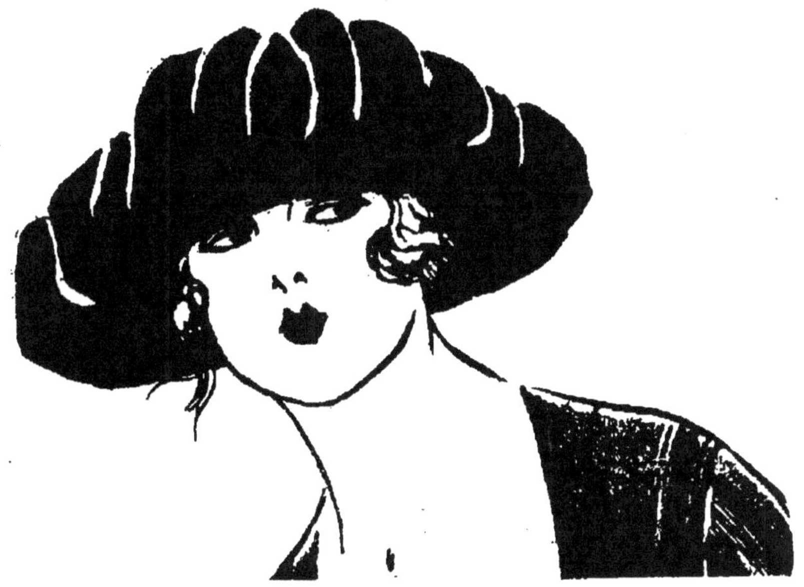

Fig. 65.

ralement deux fois et demie le contour d'un chapeau de satin ou de taffetas, et au moins quatre fois celui d'un chapeau de tulle.

Les Bouillonnés

Les bouillonnés font bien surtout dans le satin ou le taffetas (fig. 65). On en fait souvent des bords emboîtants.Il faut pour cela prendre au moins deux fois le contour de la forme et laisser le bouillonné bien dépasser et gonfler tout autour. Un fil sera coulissé dans le bas et l'on pourra coudre l'entrée de tête après avoir bien égalisé l'ampleur. On peut également y passer un laîton au milieu, dessus et dessous, ce qui sera d'un effet très net et simulera une sorte de lame.

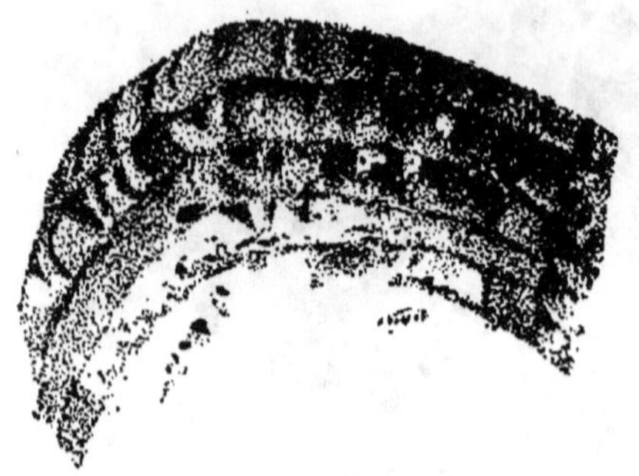

Fig. 66.

On glisse dans certains bouillonnés des pailles à réhausser (paille servant aux apprêts). On roule ces pailles en les cousant, ce qui donnera un bouillonné rond et étroit servant à faire des garnitures et des cocardes (fig. 66).

CHAPITRE III

LES DIFFÉRENTS GENRES DE CHAPEAUX

Chapeaux souples

En voici un tout simple en mousseline à patron recouvert de velours. On monte un grand biais double autour d'une entrée de tête, toujours en sparterie laitonnée et l'on fait prendre en étirant le biais la forme roulée qu'ont souvent les chapeaux souples (fig. 40).

Ces chapeaux ont souvent une calotte à tranches (fig. 37).

Pour la passe, piquée entièrement, elle sera plus jolie et plus résistante.

Il y a aussi la calotte molle en mousseline plissée ou froncée à la tête (fig. 67). C'est un carré de 38 à 40 centimètres que l'on arrondit aux quatre coins, puis on étire la mousseline dans le biais afin qu'elle soit plus souple. Vous avez maintenant un rond que vous allez plisser tout autour, sans difficulté, sur une forme de calotte boule ou sur la tête elle-même. Faites des plis que vous épinglez petits et réguliers devant, au milieu, derrière et des côtés ; puis, faites-en encore deux entre chaque. Cette calotte souple dite « calotte à la tête » se recouvrira de tissu plissé exactement de la même façon que la mousseline. On peut aussi passer un fil dans le bas du rond et le froncer.

Il existe aussi parmi tant de variétés, la calotte béret qui se taille exactement en plus petit comme

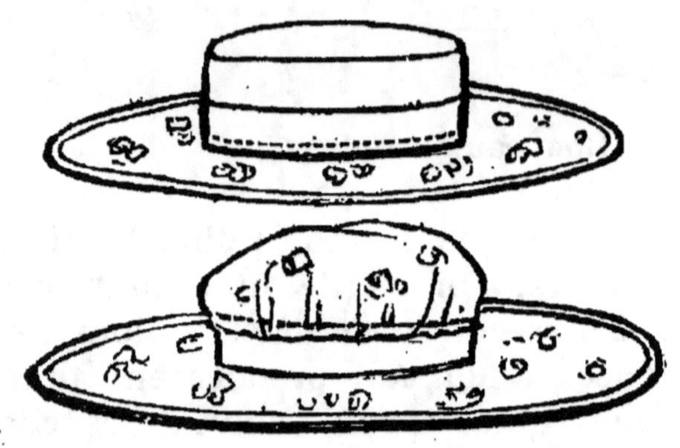

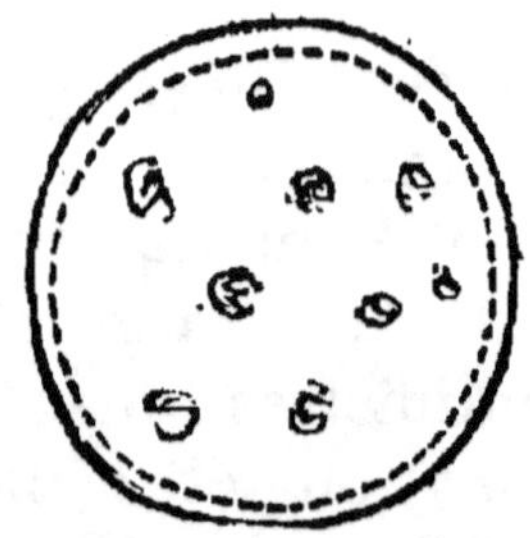

Fig. 67 (*Petit Echo de la Mode*).

le béret lui-même dont je vais parler. Une ganse se pose souvent à la couture qui relie les deux ronds du béret.

Le Béret

Il se double de mousseline à patron quand il est souple. Souvent ce sont deux grands ronds

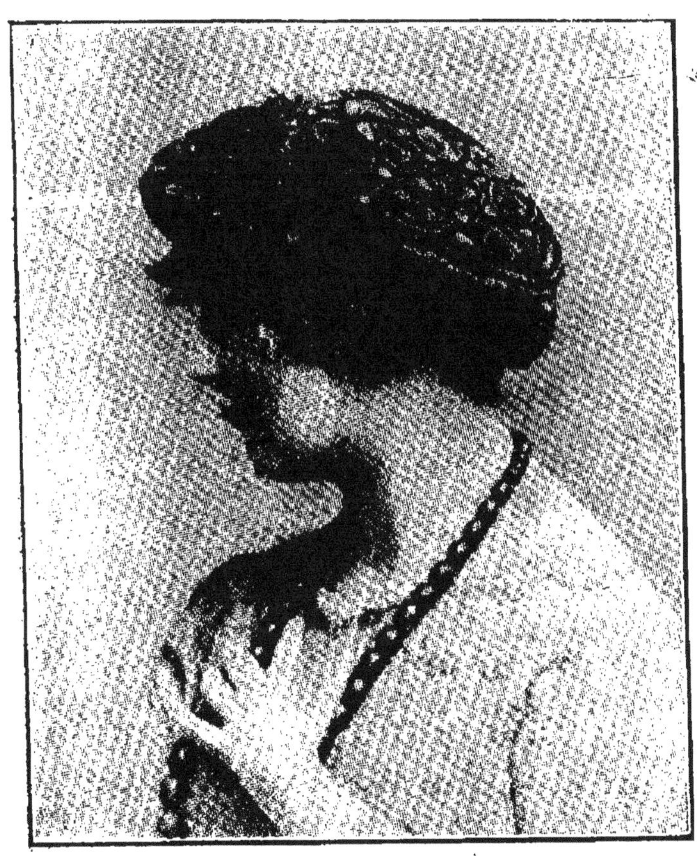

Fig. 68 (*Eve*).

de 35 à 40 centimètres que l'on assemble par une couture au bord, puis on découpe une entrée de tête dans un de ces deux ronds et par cette ouverture on les retourne à l'endroit pour les monter sur un biais de sparterie qui sera l'entrée de tête (fig. 68 à 70) ou sur une calotte de mousseline plissée ou en sparterie souple. En le montant, on drape et forme des plis. Les bérets se font en drap, velours ou satin. Ils sont souvent brodés. On en fait aussi en paille.

Si on veut un béret irrégulier, il suffit de laisser un côté plus grand en poussant plus loin le rond de l'entrée.

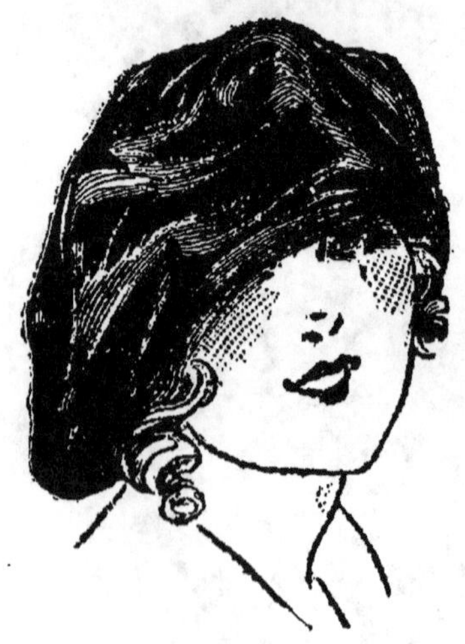

Fig. 69.

Monté sur une cloche, le béret est très coiffant quoique peut-être d'allure moins jeune. Le béret à visière fait un charmant chapeau d'auto (fig. 71).

Les Toques

Tout le chic des toques est dans la façon dont elles sont apprêtées ou drapées. On les monte sur une bonne forme coiffante, soit en sparterie souple, en tulle ou en mousseline raide.

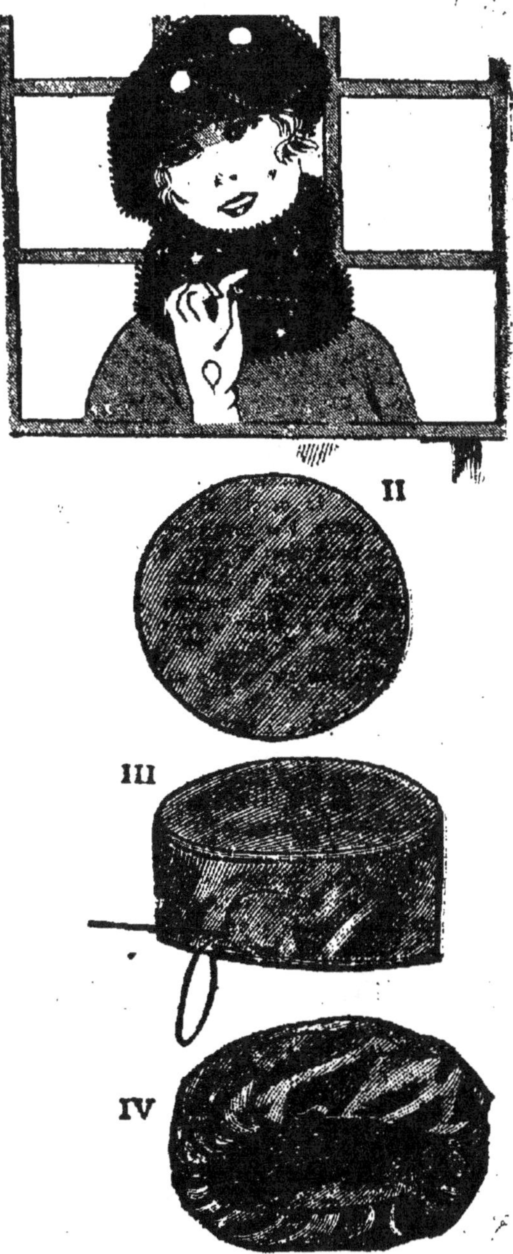

Fig. .70 — Béret monté sur une calotte souple.

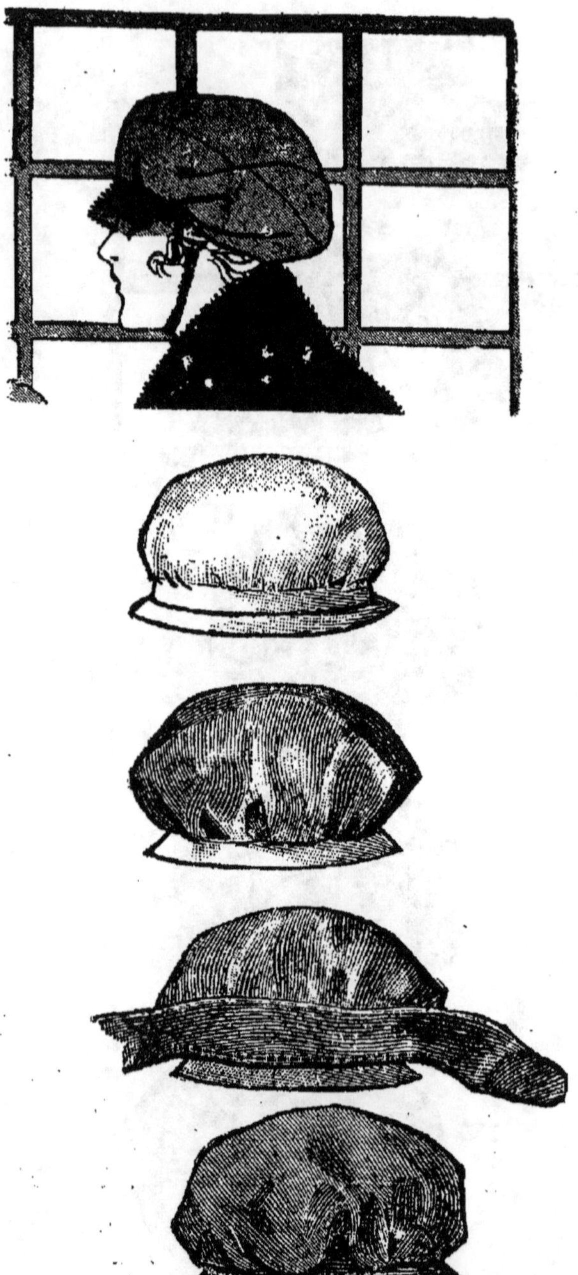

Fig. 71. — Béret monté sur une petite cloche.

On peut les mouler sur des calottes de laiton
ou les faire au patron à la main, plateau et bandeau séparés en les tendant sur le type. Ces
calottes légères supportent souvent des diadèmes
de fleurs ou de plumes. Le fond est quelquefois
en tulle.

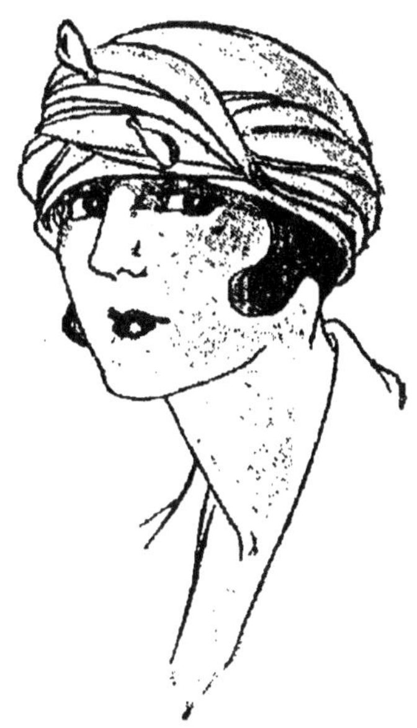

Fig. 72.

Pour les turbans (fig. 72), on se sert d'une
minuscule cloche très fermée sur laquelle on
posera une calotte souple à la tête.

Il y a encore le véritable bord de toque, un
bandeau évasé (fig. 73), droit (fig. 74) ou bombé
(fig. 75) que l'on utilise beaucoup pour coudre les pailles ou faire des toques de rubans
travaillés.

Chapeaux de rubans

Pour faire les chapeaux de rubans, le gros grain est très utilisé parce qu'il se tient de lui-même, étant très ferme. Cependant, cousu sur des formes, les rubans de faille ou de taffetas s'em-

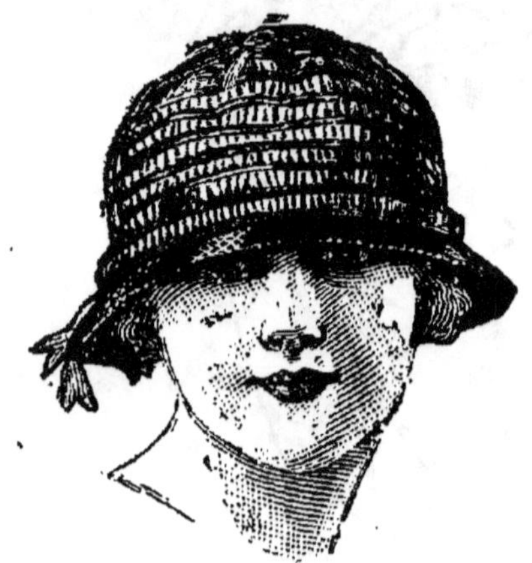

Fig. 73.

ploient très bien aussi. Que de jolies cloches en rubans minuscules ! de ravissants bretons souples en gros grain, des grands chapeaux aux triples lames de rubans froncés et souples auxquels on peut donner des mouvements de relevés, surtout quand c'est un large et beau ruban de moire ou de satin.

Pour le petit trotteur, il est très simple à exécuter en gros grain très large. Il faut coudre à une entrée de tête de sparterie un contour de

ruban de la grandeur du chapeau que l'on veut
et fermer derrière par une couture anglaise très
nette. Un fil passé en bas coulissera l'ampleur
dans le tour de tête. Le bord peut avoir un
mouvement relevé devant et derrière, ou faire un
breton rond. La calotte sera faite d'un ruban
monté à l'entrée de tête et froncée au sommet sur

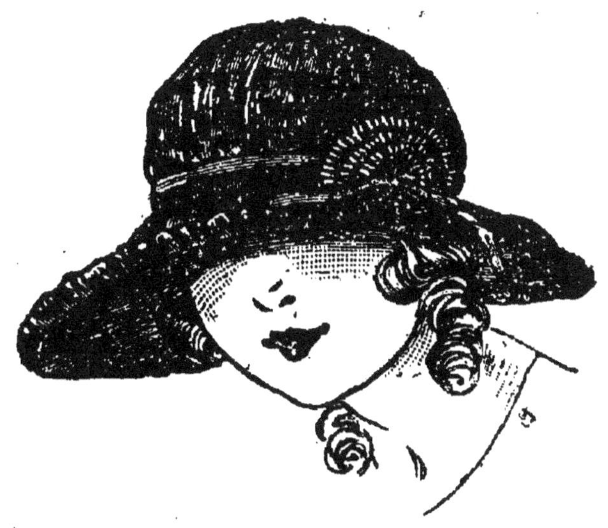

Fig. 74.

un petit rond de ruban. Ceci pour le très simple
chapeau souple que voici : (fig. 73).

On peut doubler le ruban de la passe pour
cacher la couture et rendre le bord plus solide.
On le maintient par des points invisibles dans
le picot du ruban.

Pour le faire en ruban plus étroit, on peut
mettre plusieurs rangs de ruban en les tournant
sans les couper. La calotte se fait de même. On
coud le ruban à petits points devant comme

pour coudre la paille. Après avoir passé un fil
pour froncer le bas du ruban, on fait le « rontonchon » (fig. 74).

La cloche de ruban froncé ou plissé se coud

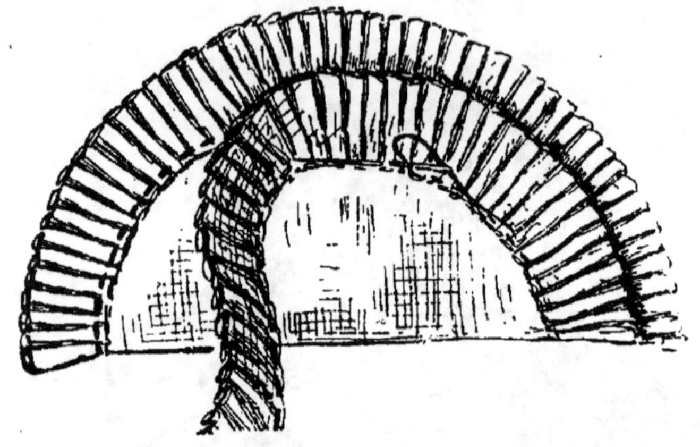

Fig. 75.

comme de la paille sur une forme. On passe un
fil dans le ruban pour le froncer à chaque rang.
Pour les bretons, ils sont charmants bordés de
toile cirée et ceinturées de même. On peut leur
mettre la calotte à tranches dont nous avons parlé
plus haut.

Les calottes des cloches se feront un peu béret
avec un joli mouvement en arrière. Elles repose-
ront sur une calotte à la tête en mousseline à
patron.

Enfin, il y a un grand nombre d'apprêts de
rubans très différents, les cocardes plissées qui
font des bords de cloches et des lames ainsi que
des garnitures (fig. 75 à 80).

Les ruches de ruban qui se posent souvent au bord des chapeaux et autour de la calotte.

Elles peuvent former un arrondi par des points faits au bord de place en place.

Les rubans très étroits, la comète, quelquefois à double face font, sur des lames de laiton, des sortes de résille et de treillages. Les dessins en sont très variés, une lame de laiton est laissée à

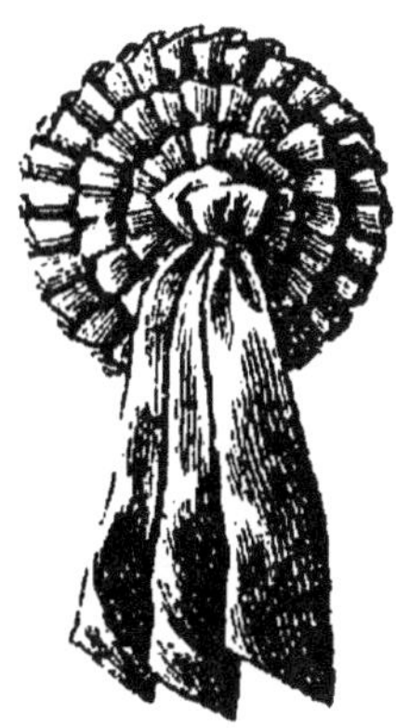

Fig. 76. — La cocarde peut être terminée par des pans.

jour à dessein au bord de la forme de sparterie.

Enfin, il se fait aussi des lames de ruban en coques et en rubans repliés, serrés et nattés, des toques en rubans entrelacés, croisés ou en roses (fig. 81 à 83). Voici la manière de faire les roses de ruban. Il y en a différentes variétés.

Nous indiquons dans cette page quelques-unes des façons les plus heureuses et les plus actuelles de faire des cocardes et des roses en ruban.

Si la cocarde (fig. 84) vous séduit, procurez-vous des rubans rappelant plusieurs coloris de

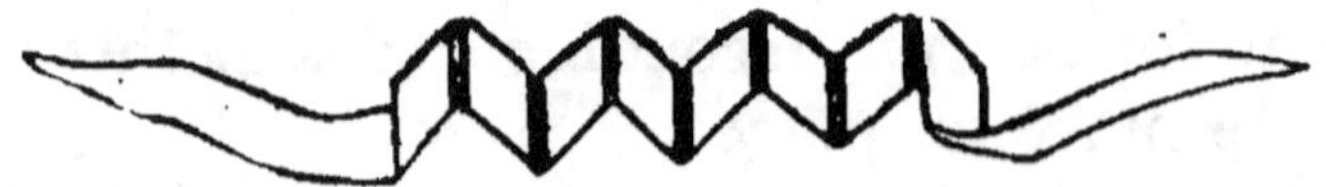

Fig. 77.

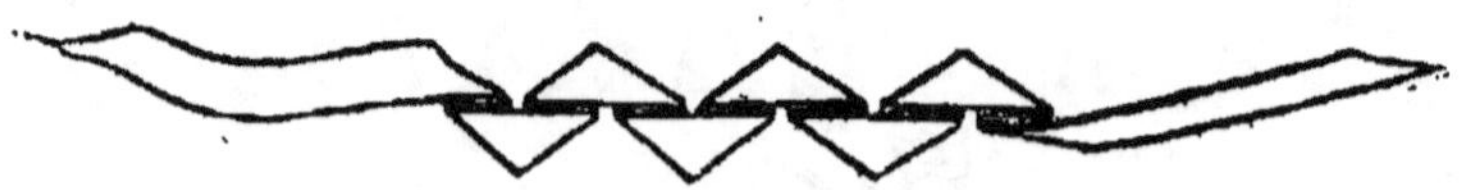

Fig. 78.

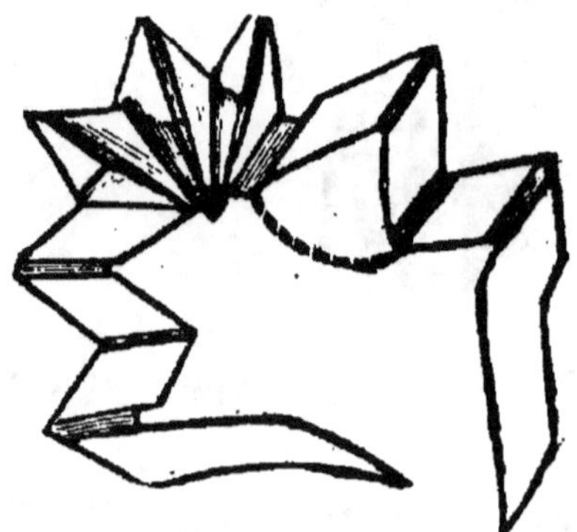

Fig. 79.

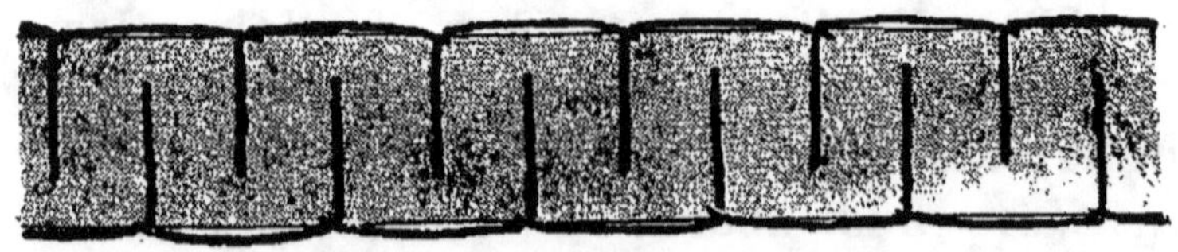

Fig. 80(*Petit Echo de la Mode*).

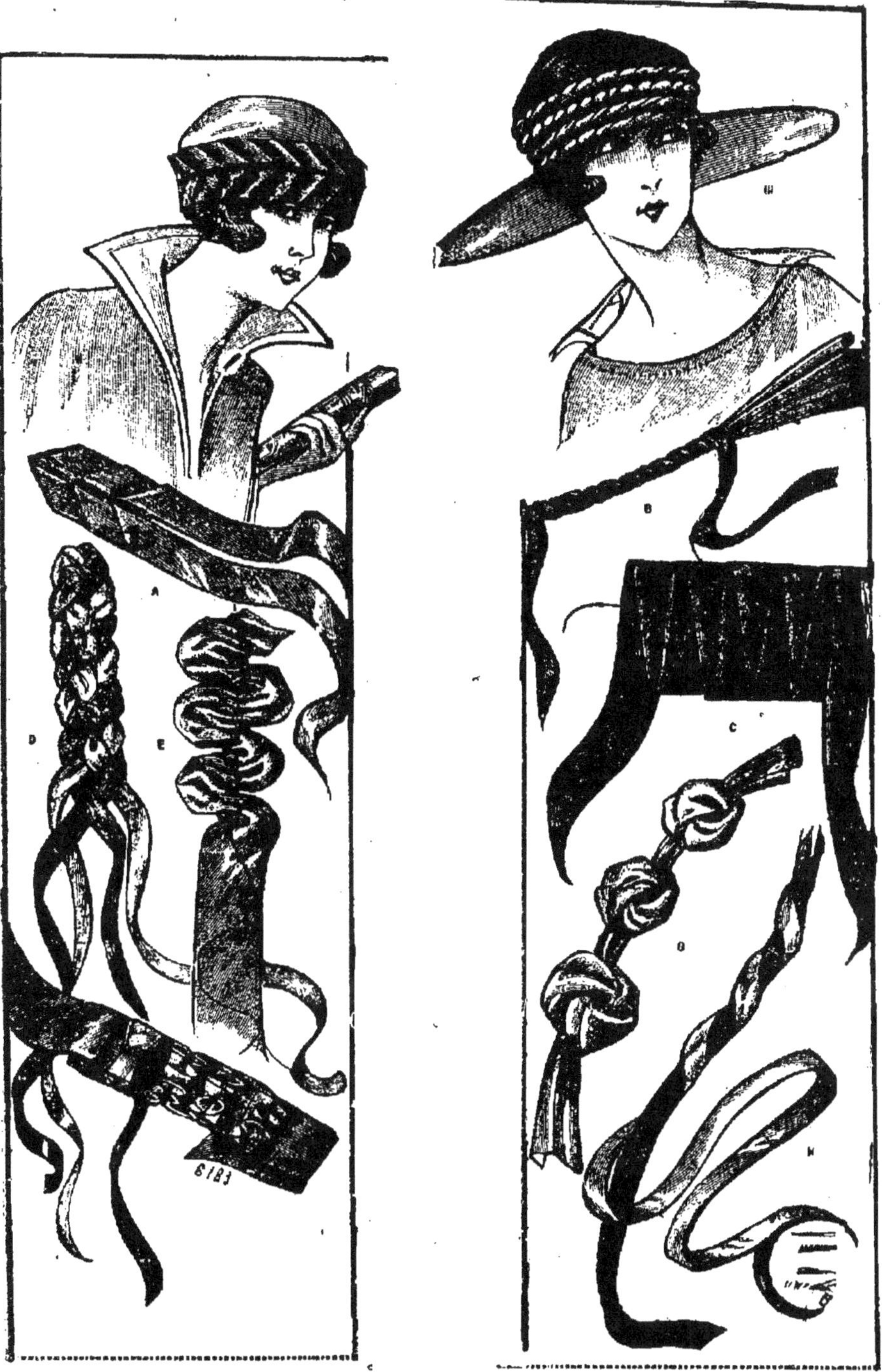

Fig. 81 et 82 (*Petit Echo de la Mode*).

fleurs, de la hauteur de la rose et faites de petites roses serrées en tournant le ruban sur lui-même après avoir passé au bas un fil de fronce (fig. 85). Vous avez taillé auparavant un disque de mous-

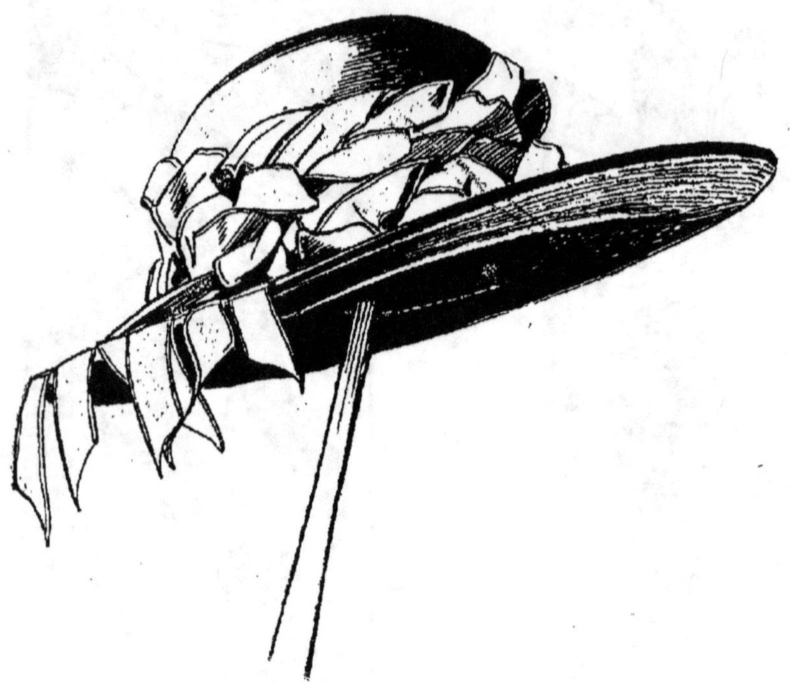

Fig. 83 (*Petit Echo de la Mode*).

seline raide de la dimension de la cocarde. C'est sur ce disque que vous fixez en les serrant forte-ment toutes ces petites roses nuancées qui forment ainsi massées une rose étrange. Vous entourez le tout d'une collerette de ruban plissé (fig. 86), de longs rubans descencent de cette cocarde très coquette.

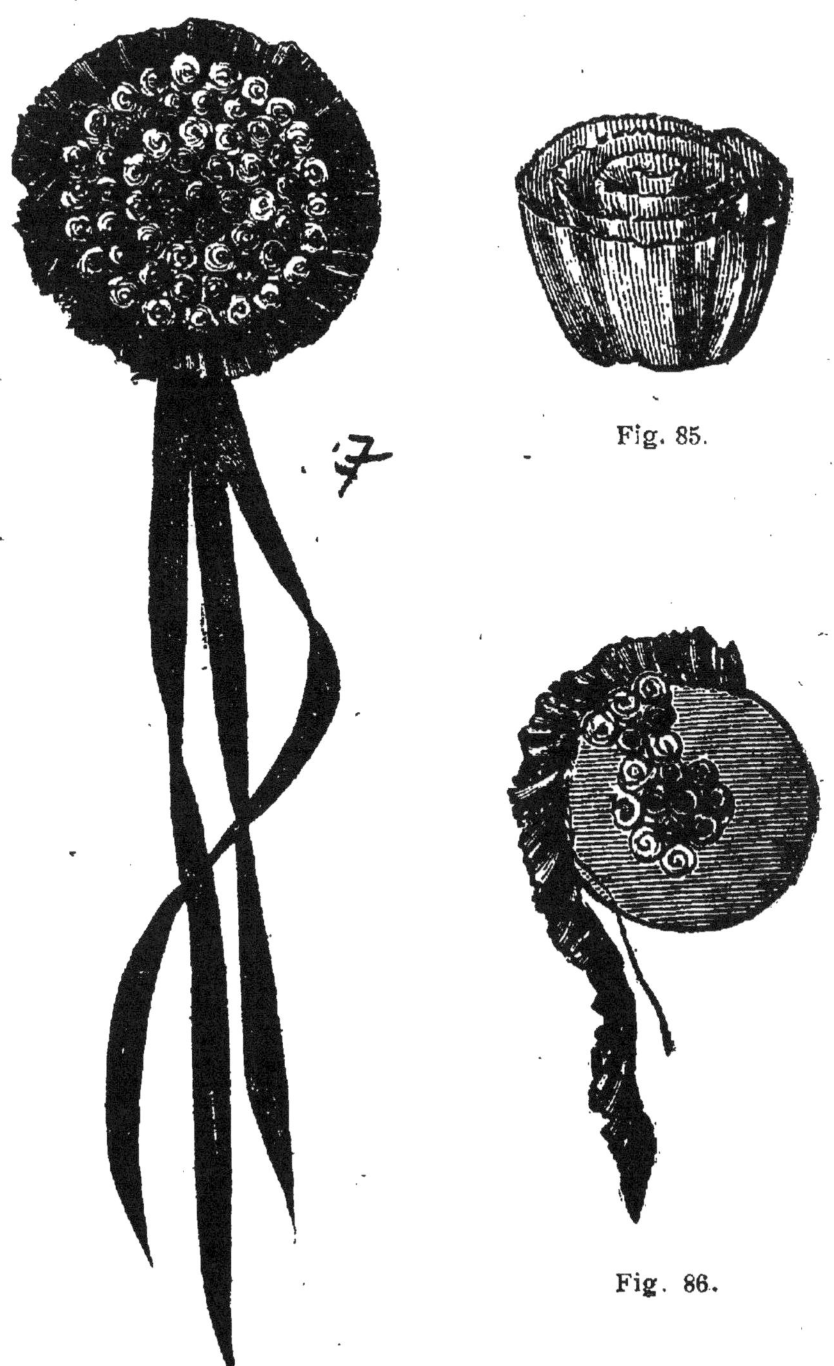

Fig. 85.

Fig. 86.

Fig. 84.   (*Petit Echo de la Mode*).

Voici un bouquet (fig. 87) d'un genre très différent fait de trois roses en ruban chiffonné avec art.

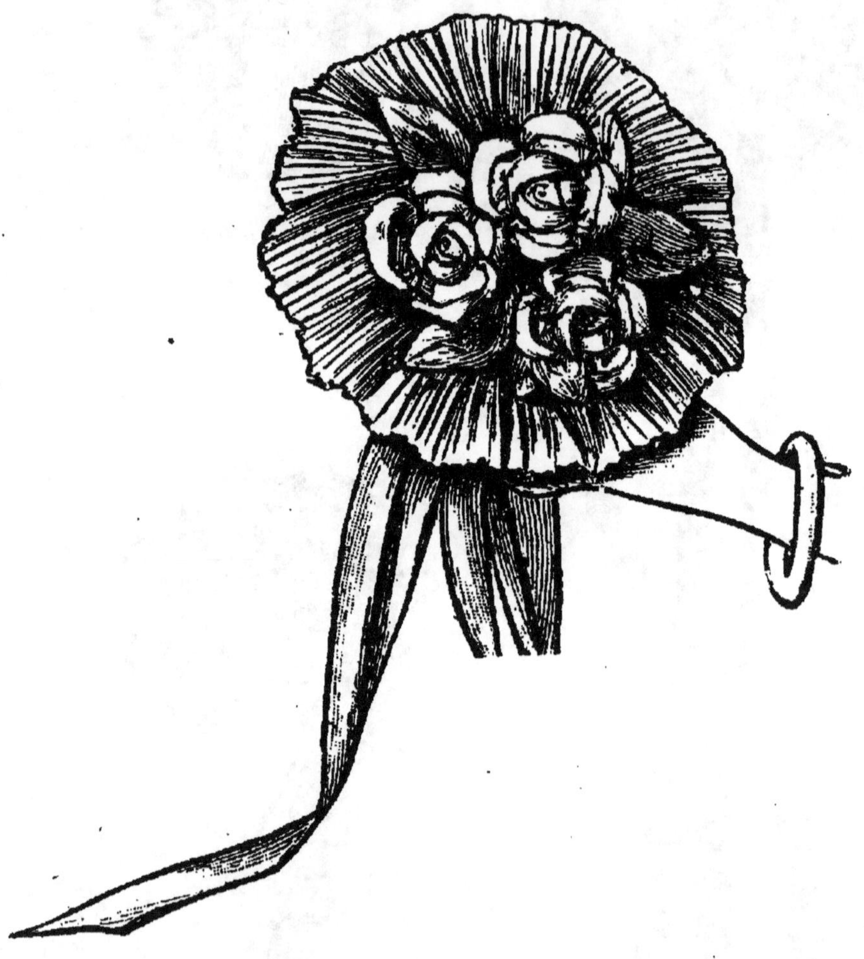

Fig. 87.

Pour les faire vous taillez quatre morceaux de tissu (fig. 88) mesurant 4 à 6 centimètres de côté. Les plier suivant (fig. 89) et passer un fil de fronce suivant (fig. 90). Vous obtenez ainsi des pétales que vous groupez autour d'un cœur en les chiffonnant habilement (fig. 91).

Les figures 92 à 94 indiquent comment façonner les feuilles que l'on fait en ruban vert.

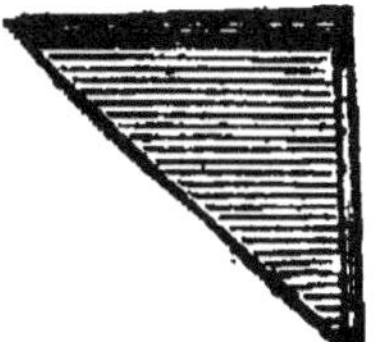

Fig. 88 et 89.

Fig. 90 et 91 (*Petit Echo de la Mode*).

Les roses sont groupées sur un fond en mousseline et encadrées d'une collerette en ruban plissé.

On peut aussi laisser le bouquet de rose sans les mettre sur une collerette.

Voici encore la façon de faire un galon de ruban (fig. 95 à 97) et le chapeau terminé (fig. 98) et la façon de faire un galon plié (fig. 99 et 100).

Certains chapeaux, comme le montre la fi-

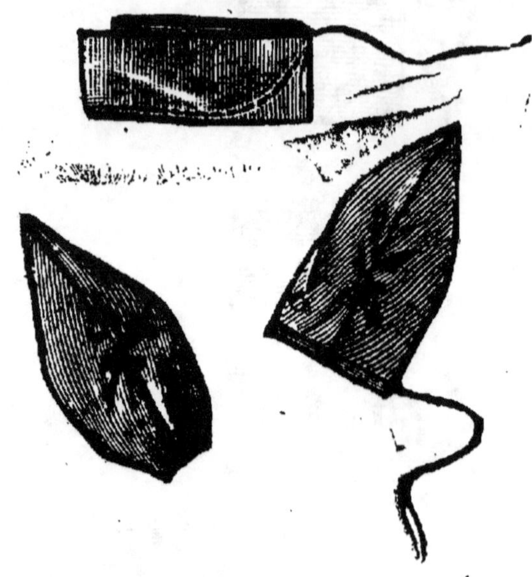

Fig. 92, 93 et 94.

gure 101 sont tressés et croisés en partant du bord pour la passe et du milieu iu rontonchon pour la calotte. Ce travail est joli et minutieux. On arrive à faire un véritable quadrillé qui peut être de plusieurs tons. Les lames de rubans superposés et cousus souples (fig. 102) sont très jolies et les garnitures de flots de ruban ou de cocardes sont seyants et d'un effet très jeune (fig. 103).

Voici une toque garnie de rubans (fig. 104 et 105) et un bandeau de calotte (fig. 106). Cette lame repliée et serrée forme un bord très doux.

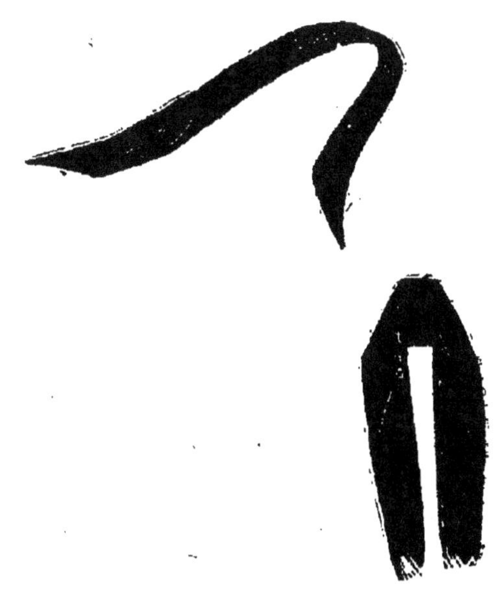

Fig. 95 et 96.

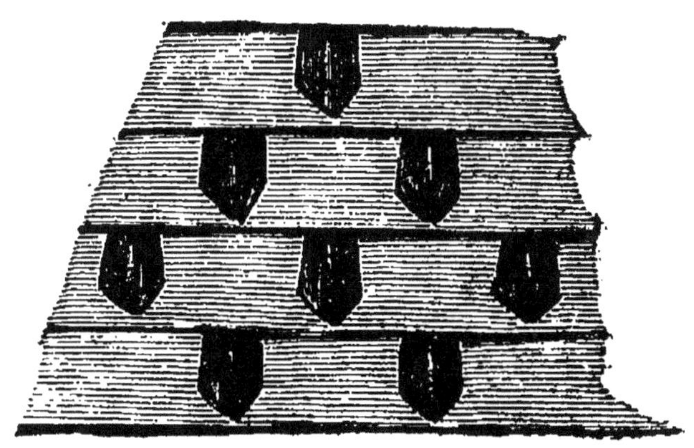

Fig. 97 (*Petit Echos de la Mode*).

Elle est en crêpe de chine noir bordé de galon ciré noir et disposée en ruche (fig. 107).

Les Calottes drapées

La calotte souple qui va si bien avec les capelines et cloches d'organdi se compose souvent
d'un fond plissé cousu sur une calotte à la tête
en mousseline. Plusieurs biais entourent le bas de

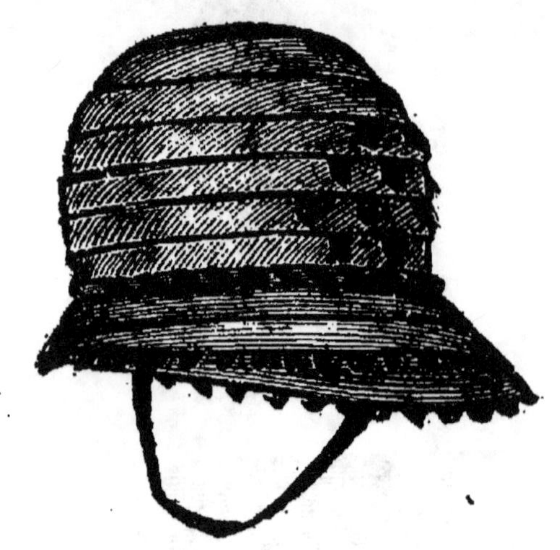

Fig. 98.

la calotte. Quant à la calotte drapée, elle est faite
avec un grand biais un peu large monté autour
d'un rond que l'on fait de la largeur que l'on
veut, mais toujours plus grand que l'entrée de
tête. Il sera fermé derrière par une couture en
biais. La calotte est montée sur le chapeau avec un
pli sur les côtés. On la renvoie presque toujours
un peu en arrière (fig. 108 à 112).

Quand on emploie l'organdi, on fait aussi, mais
plus rarement, la calotte plissée ou tendue (fi-

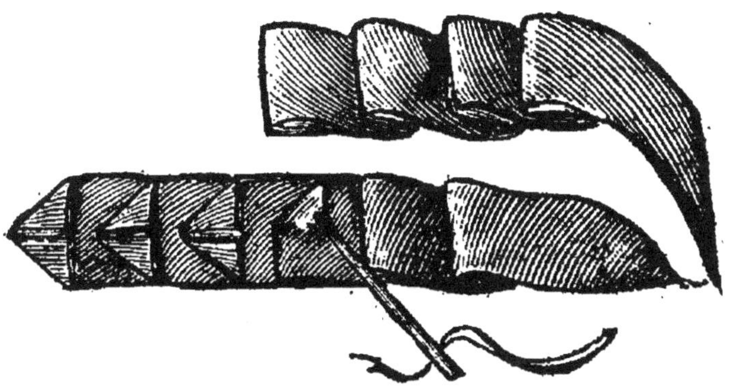

Fig. 99 et 100.

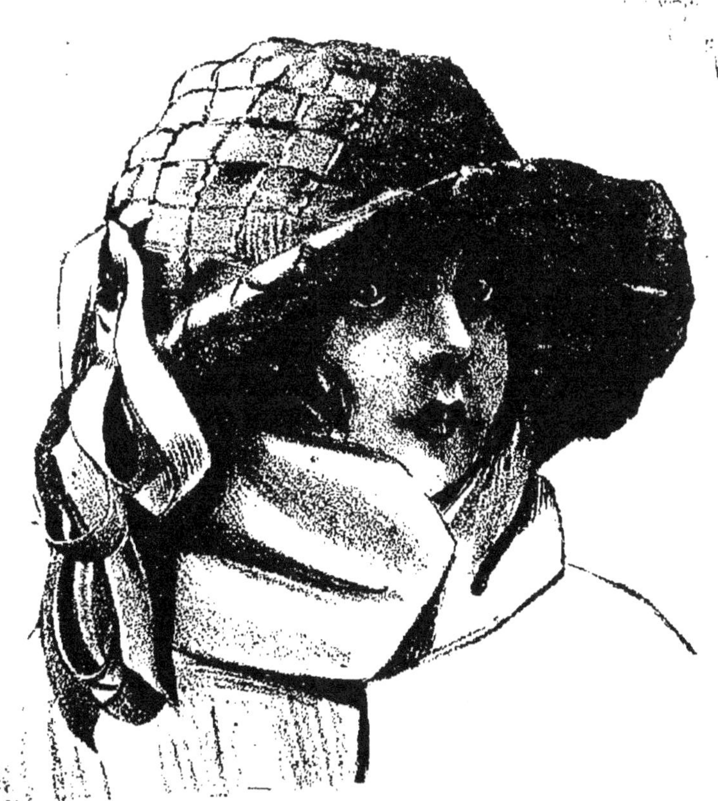

Fig. 101 (*La Femme chic*)

gure 113). Il est nécessaire alors de doubler le tissu ou de mettre un dessous du même ton, cette étoffe étant très claire.

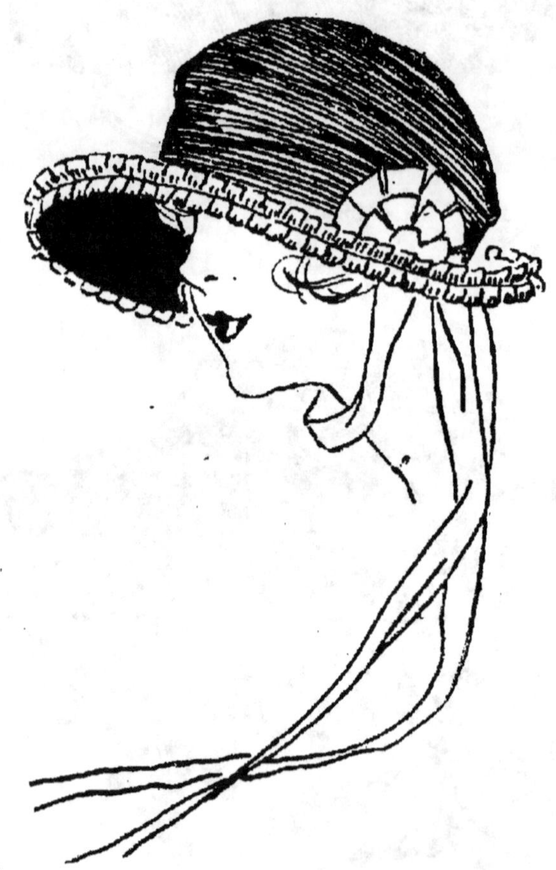

Fig. 102.

Les Chapeaux de tulle

Ils sont souvent coulissés, mais tendus, ils sont aussi très jolis. On met au moins cinq épais-

seurs de chaque côté et au bord un petit biais à
cheval. Parfois une passe souple est posée et
coupée à cinq centimètres environ du bord
(fig. 114), retombant gracieusement sur les yeux.
Cette façon peut se faire aussi pour l'organdi,
mais on la fait ajourée avec un picot au bord.

Le tulle est souvent coulissé aux laitons circulaires. Pour bien le réussir, il faut caser bien
régulièrement quatre fois la grandeur de chaque
petit casier de laiton. On commence par froncer
le contour et on rattrape le tulle aux autres laitons circulaires et à l'entrée de tête, en prenant
le laiton dans le point coulissé que l'on fait au-
dessous.

Dans les grands ateliers de mode, où le travail
est si raffiné, il arrive que les coulissés se font en
passant sans forme des laitons dans le tulle, de
distance en distance, de façon à faire deux ou
trois circulaires dans la largeur de la passe, qui
est ainsi plus légère et jolie. On crochète des
fourchettes de laiton au contours et on les fixe à
l'entrée de tête. C'est certainement très difficile
à exécuter, je l'avoue, mais le résultat est très
joli.

Les chapeaux de tulle ont souvent des passes de
dentelle retombantes, des écharpes, qui font une
ombre idéale au visage et aux cheveux blonds.
On a vu aussi que le satin ciré tranche d'une jolie
façon sur le noir si mat du tulle. Le velours
bleu roy y est également ravissant.

Pour mentionner toutes les sortes d'apprêts,
je voudrais expliquer comment on fait les chapeaux coulissés en petite tête ou petits plis, et les
biais de tulle ou de mousseline. Mais à la vérité

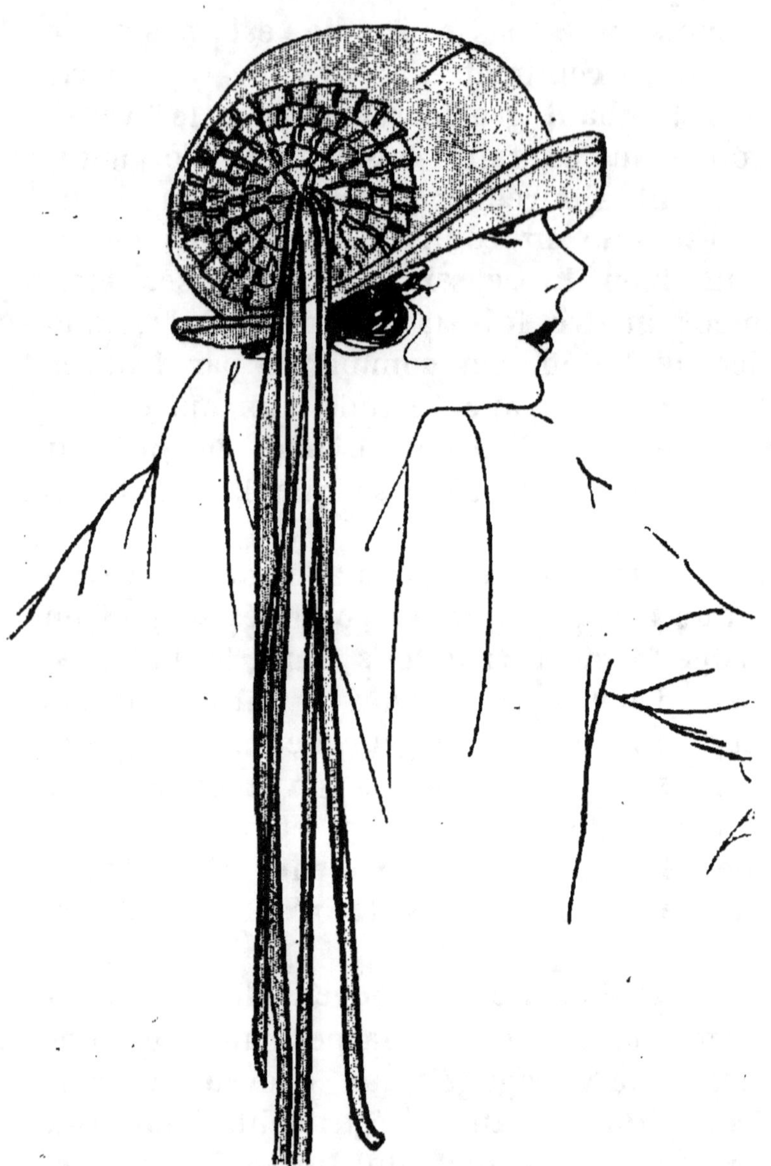

Fig. 103 (*La Femme chic*).

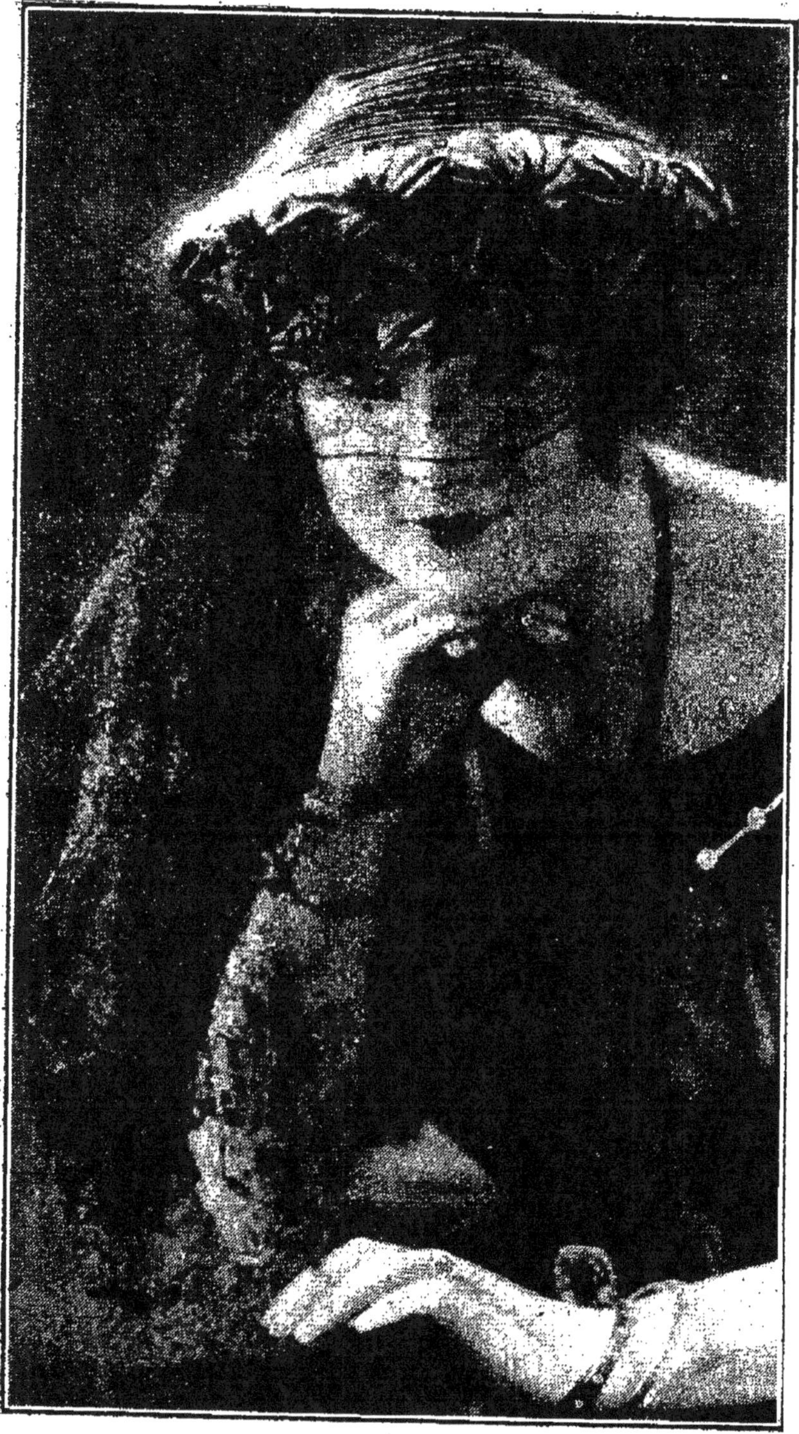

Fig. 104 (*Eve*).

on n'en fait plus guère. Les biais sont pourtant
bien utilisés encore pour le deuil et les petites

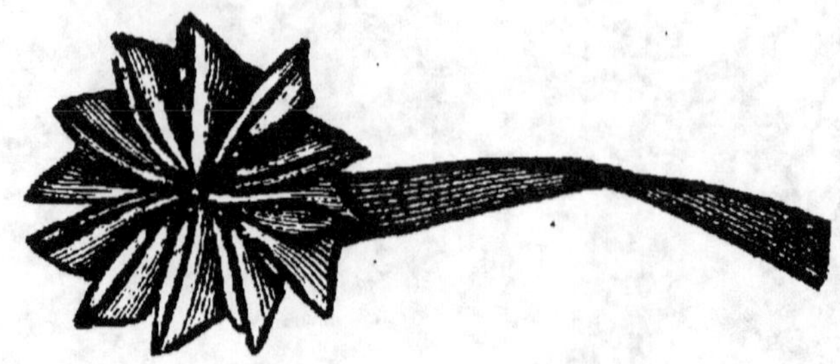

Fig 105.

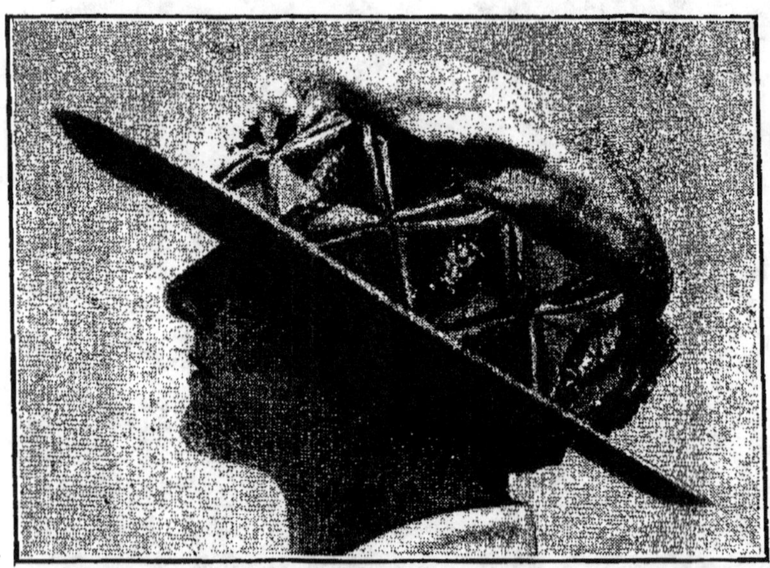

Fig. 106 (*Eve*).

têtes pour les petits chapeaux et bonnets des
bébés. Les biais vont bien aussi à l'organdi qui
a remplacé en somme la mousseline de soie.

Les petites têtes que l'on fait de la grandeur

que l'on veut, souvent sur un centimètre de hauteur et d'intervalle, se coulissent au fil fin sans le couper de la bobine, car il faut que le fil ait

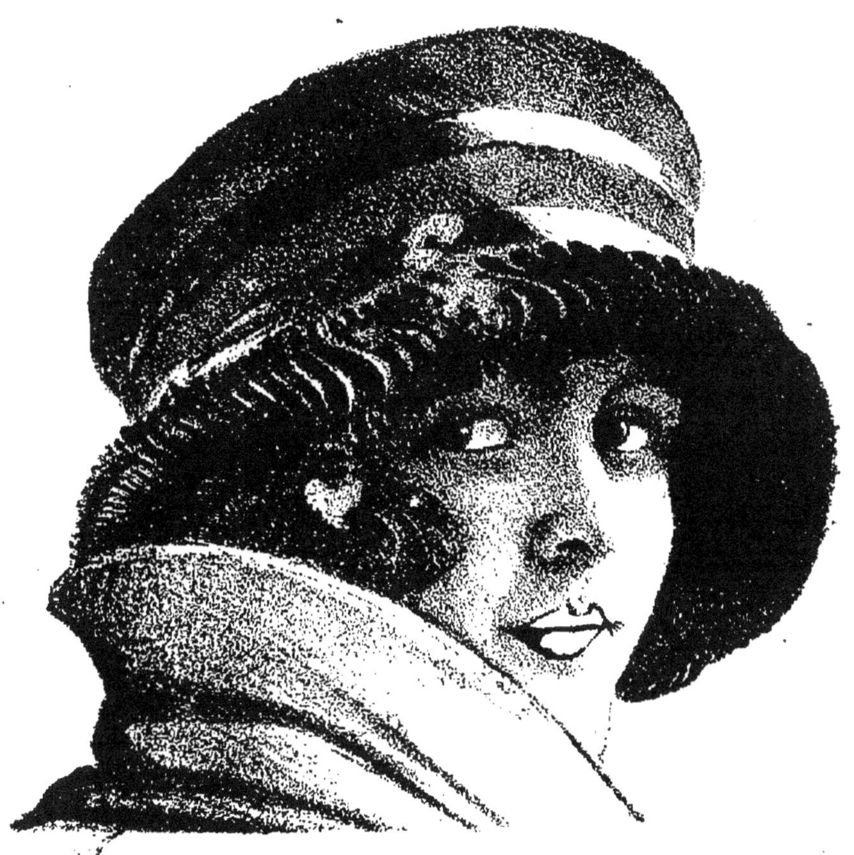

Fig. 107 (*Femme chic*).

toute la longueur de la bande. L'aiguille ne doit pas sortir du tissu où elle doit courir très vite. Il importe surtout de bien maintenir la régularité afin que le pli ne tourne pas, ce qui arrive souvent quand elles sont en mousseline. Vous vous aiderez à maintenir les distances au moyen d'une

petite marque en carton ou papier. Il est préférable de fermer le contour d'avance pour les tissus
moins aériens que le tulle. La couture est beau-

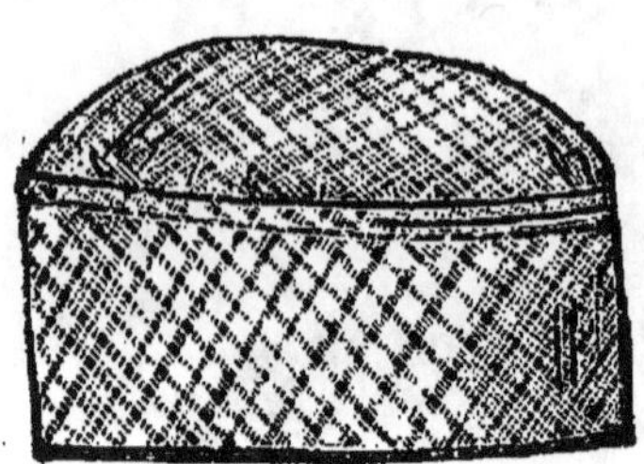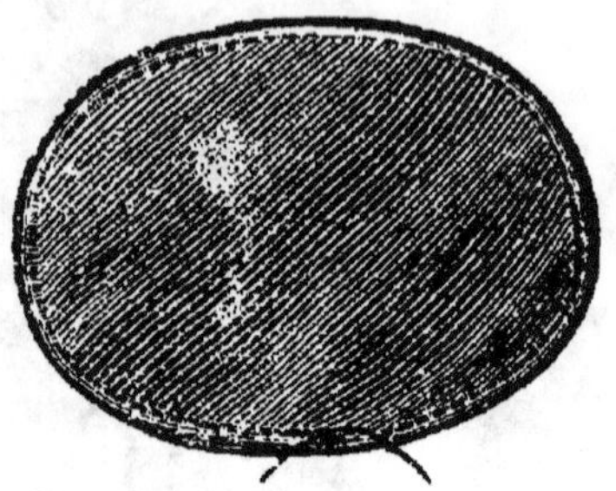

Fig. 108 et 109 (*Petit Echo de la Mode*).

coup plus nette ainsi, dans un coulissé où il faudra
dissimuler les nœuds de chaque arrêt. Ces nœuds
se nouent à l'envers, sous la fermeture. Il est bien

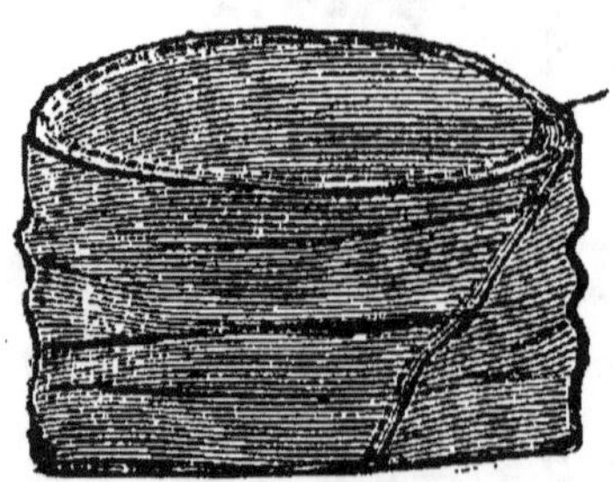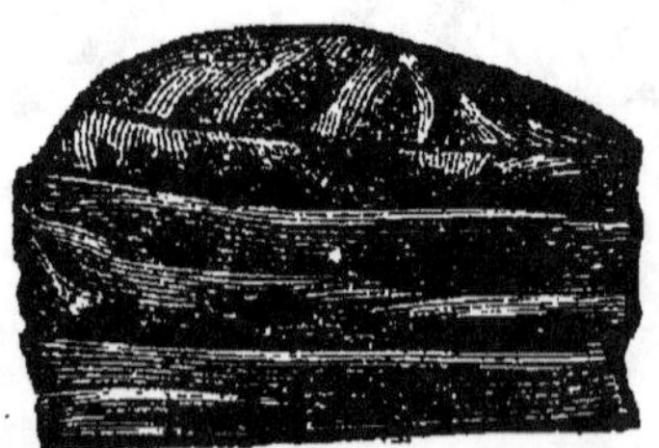

Fig. 110 et 111 (*Petit Echo de la Mode*).

entendu que l'on arrêtera le coulissé seulement
sur le chapeau. Là les fils seront tirés un par un
et tout à fait avec précaution, et noués les uns

après les autres. C'est un désastre naturellement s'ils cassent une fois le travail presque fini. Le coulissé que l'on aura maintenu à plat pour le travailler, ce qui est beaucoup plus commode, sera froncé égalisé à peu près avant d'être épinglé et

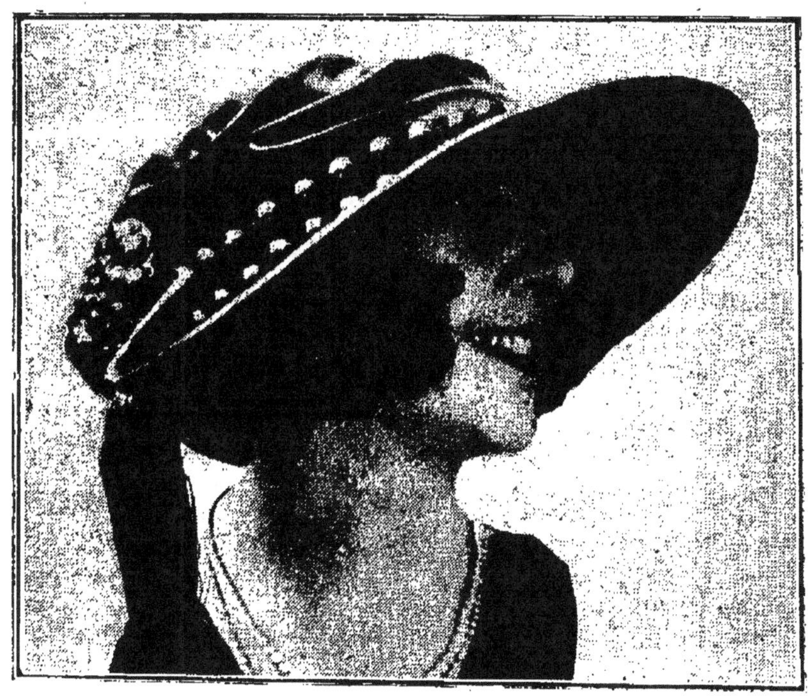

Fig. 112 (*Eve*).

cousu au contour de la forme. Là seulement on arrêtera les fils minutieusement un par un.

Il arrive qu'un petit chapeau d'enfant soit fait parfois tout en petites têtes de mousseline ou de tulle. C'est un joli travail pour des mains légères et attentives. On sait que quand on s'impatiente et que l'on a trop chaud en coulissant du tulle cela devient désastreux pour ce dernier qui perd son apprêt et sa beauté.

Les biais sont plus faciles à faire. Des bandes pliées en deux simplement reliées par des coutures

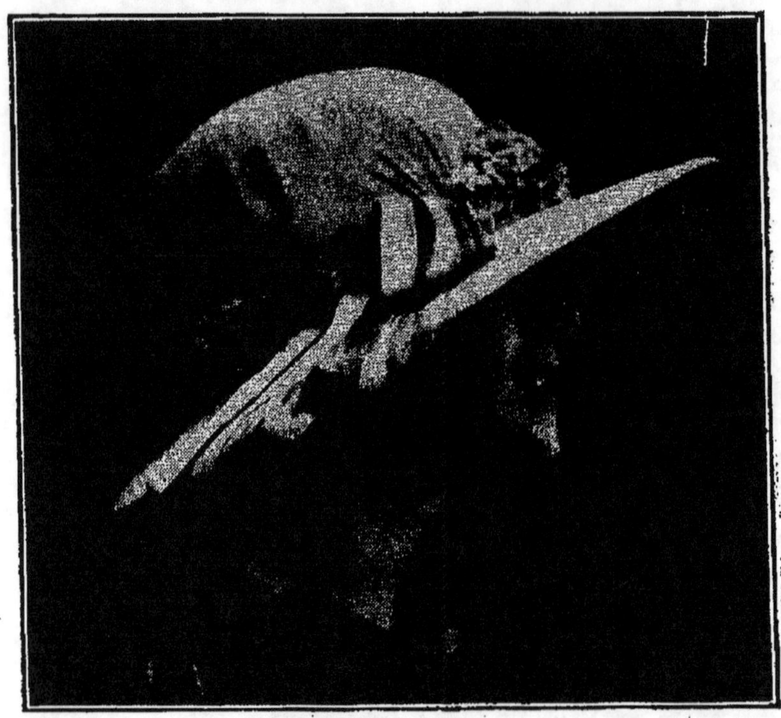

Fig. 113 (*Eve*).

et cousues comme de la paille (fig. 115). Cependant une passe toute en biais surtout de mousseline est difficile à réussir. Il ne faut pas qu'ils se soulèvent car on verrait les points. Le biais, tout en étant soutenu doit se poser bien à plat. Il est nécessaire de bien l'épingler en le faisant. C'est surtout cela qui importe. Une lame de plis religieuse se fait plus facilement surtout quand ils sont larges. Il n'est pas si facile de réussir avec les petits biais de grenadine ou de crêpe georgette d'un effet si net et si sobre pour le deuil, dont je parlerai bientôt.

Pour les calottes faites toutes en biais (fig. 116), on commence comme pour la paille à coudre un rontonchon que l'on continue après sur la forme de la calotte en tournant jusqu'en bas. La calotte coulissée en petite tête se composera d'une bande fermée de quatre fois le contour du bas de la calotte pour le tulle, trois fois pour la mousseline, deux fois pour le taffetas, que l'on coulisse au milieu pour faire un rontonchon bien serré et rentré après en-dessous. Les fronces du bandeau de la calotte seront bien égalisées afin que le tout forme une jolie boule. Pour les calottes, ces apprêts de tête et de plis se font beaucoup plus à présent en larges cocardes qui, posées de chaque côté d'une calotte composent une seyante garniture.

Ces calottes coulissées nécessitent une forme de laiton mais ce n'est pas joli pourtant à voir sous la transparence. Il vaut mieux les poser sur un tulle de coton moulé ou une sparterie recouverte d'un taffetas. Mais cette dernière façon fait un effet un peu épais.

Les chapeaux de tulle ont souvent la passe du dessus en dentelle. Elle peut être coulissée, froncée, drapée. Les grands chapeaux plats se font quelquefois en dentelle réappliquée. Ce travail est très minutieux, mais quand il est bien réussi, il est d'un bel effet (fig. 117).

Pour exécuter cet apprêt, il faut s'y prendre de la façon suivante : Après avoir cousu le bord

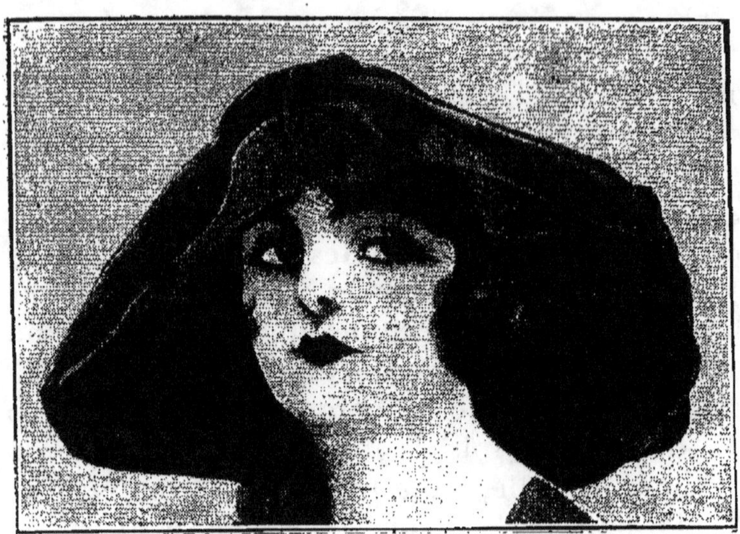

Fig. 114 (*La Femme chic*)·

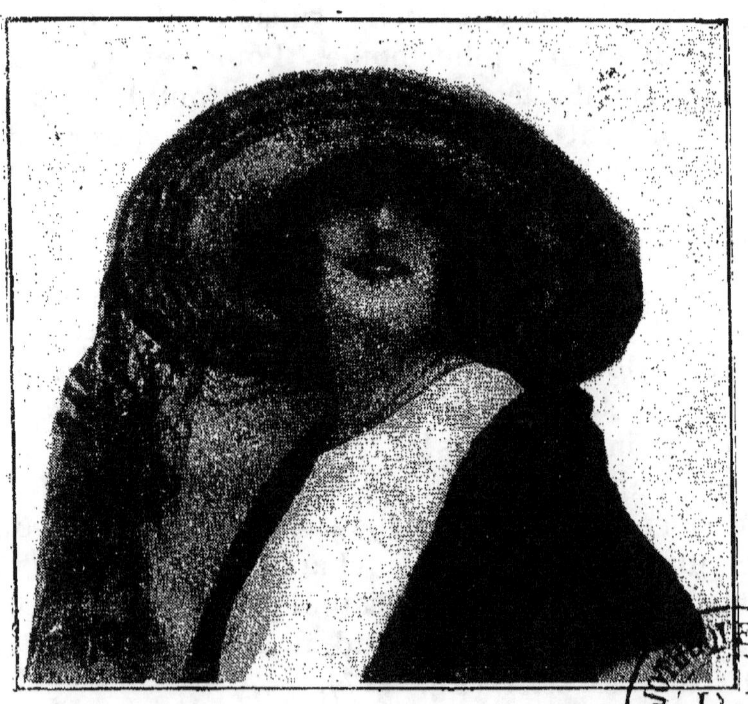

Fig. 115 (*Eve*).

JEGOUDEZ. — La Mode.

de la dentelle au contour, on découpera en les rapprochant les motifs, soit les fleurs ou les feuilles ou les ramages qui se trouvent dans la

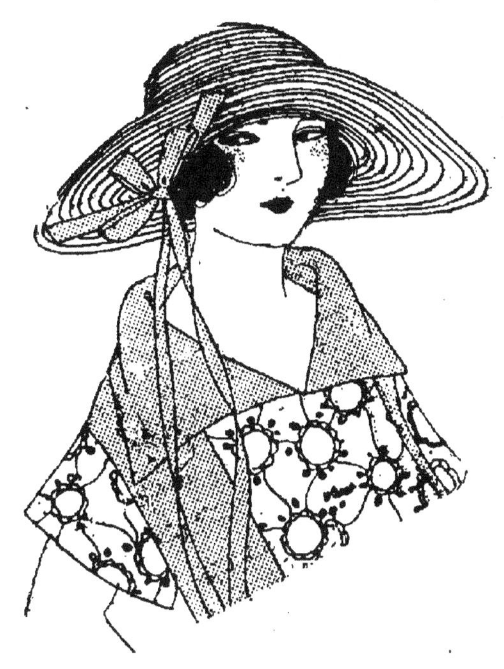

Fig. 116 (*Les Modes de la Femme de France*).

largeur de la dentelle. Il s'agira d'épingler tout d'abord l'entrée de tête afin de faire disparaître un peu d'ampleur. Puis ces motifs rapprochés ou mis l'un sur l'autre sur la passe toujours en suivant bien les dessins et en arrivant ainsi à faire la dentelle tendue, les motifs découpés seront maintenus par de légers points noués de place en place. La calotte, si elle doit être tendue aussi se fera bandeau et plateau séparément. Le haut du

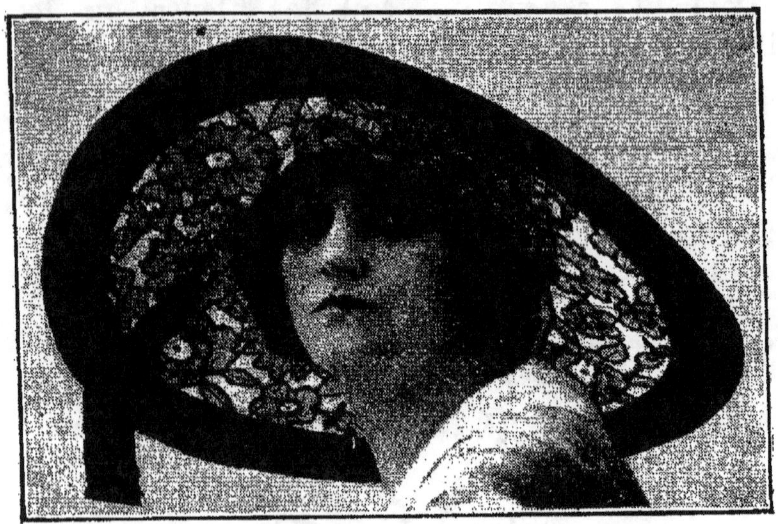

Fig. 117 (*Eve*).

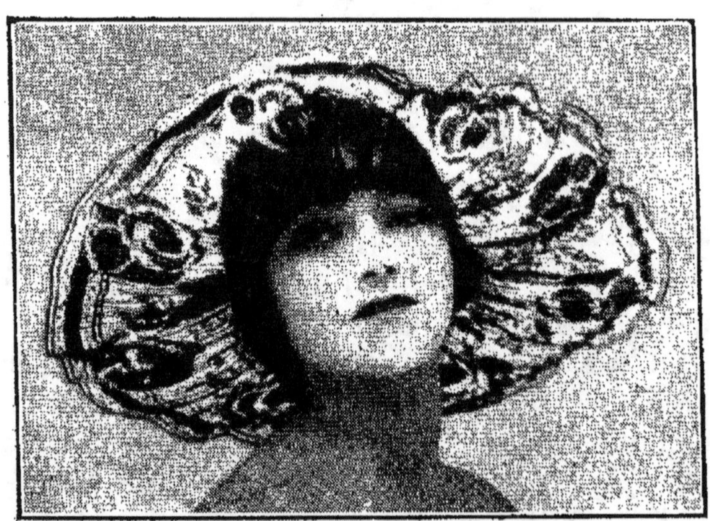

Fig. 118 (*Eve*).

bandeau revenant sur le plateau où la réapplication n'est pas nécessaire. Cette calotte pourra avoir un dessous de tulle de coton simple. La

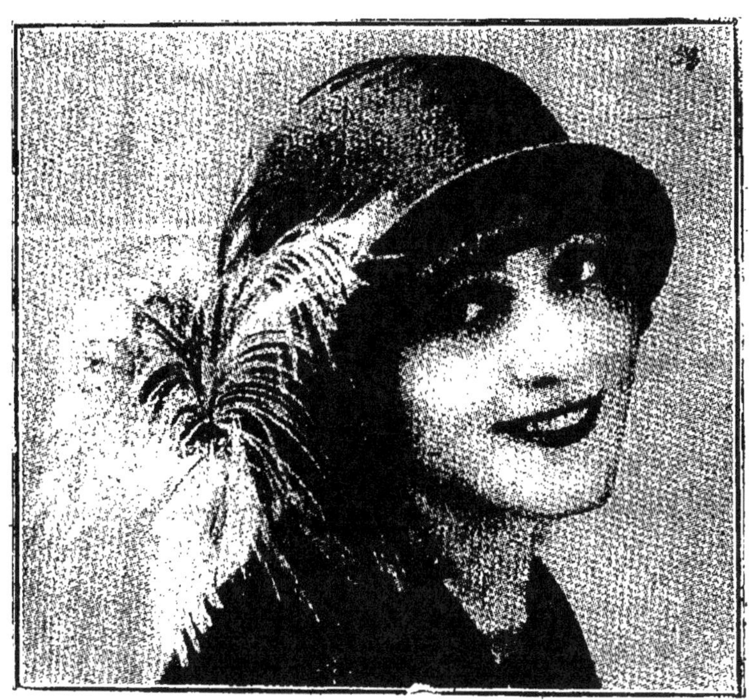

Fig. 119 (*Nos Loisirs*).

passe sera claire sur une fine forme de laiton de soie.

En ce moment, les chapeaux ont une grande tendance à être flous et ces apprêts nets comme la réapplication de la dentelle sont peut-être moins en faveur. Cependant, il y aura toujours à Paris des ferventes du grand chapeau plat et tendu, si seyant.

Les chapeaux de dentelle noire le sont infiniment, qu'ils soient faits d'une façon ou d'une autre. La forme que l'on glisse en dessous se simplifie de plus en plus afin que la transparence

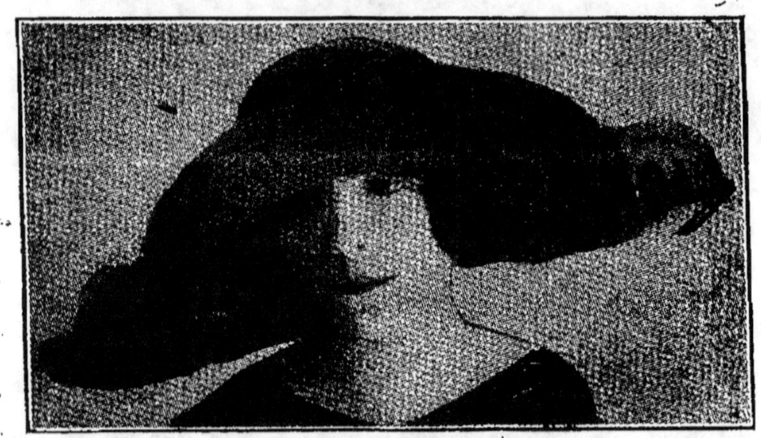

Fig. 120 (*Nos Loisirs*).

des laitons s'y voie de moins en moins. Parfois on les supprime tout à fait (fig. 118).

Pour faire ces passes, il faut les laitonner simplement au bord et à l'entrée de tête ,ou les soutenir sur une toute petite passe dépassant à peine les cheveux.

Enfin, pour dire un dernier mot sur la dentelle, j'ajouterai que laitonnées avec de la fine coulisse de laiton, elle fait de jolies choses en apprêts et garnitures. J'ai vu un Louis XVI de satin noir dont le relevé derrière était composé d'un véritable éventail de dentelle réappliquée et laitonnée très finement. Cette dentelle était de plus passée à la cire pour la raidir. Il suffit pour cela d'humecter de cire un papier de soie, de le poser sur la dentelle et de le repasser.

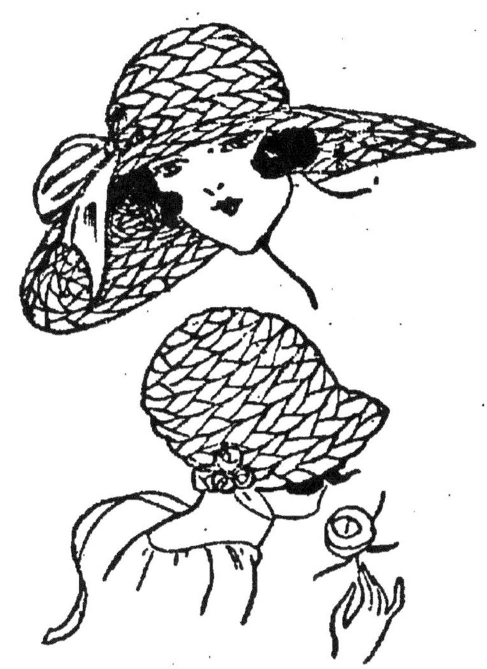

Fig. 121 et 122.

La paille

La paille, qu'elle soit picot, tagal, paille de soie fantaisie ou paillasson, se coud toujours de la même façon, mais il y a plusieurs façons de faire pour lui donner l'apprêt qui la fait tenir et le vernis qui la fait briller.

Autrefois on cousait les pailles sur les formes de laiton. On y a bien renoncé. Les laitons qui ressortaient sous la paille n'étaient pas d'un joli

effet. Coudre la paille sur la sparterie est bien.
C'est un peu lourd pourtant. Le tulle de coton

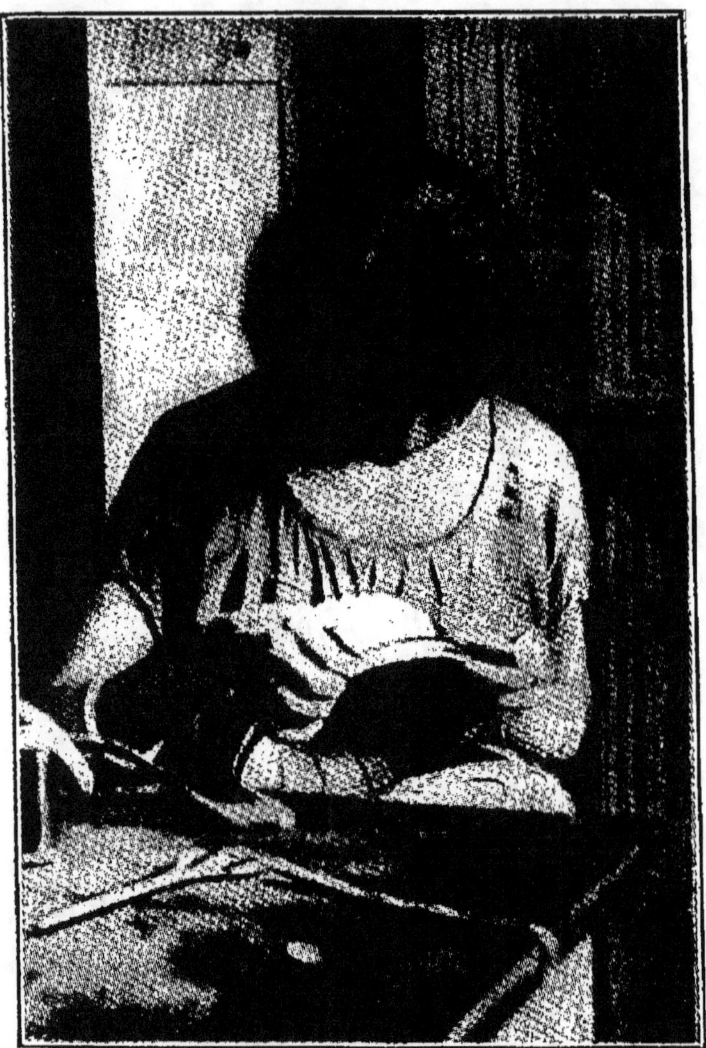

Fig 123 — Préparation du " type " qui servira de moule
au chapeau (*Nos Loisirs*).

moulé est beaucoup mieux pour soutenir les
pailles molles de soie ou fantaisie qui ne peuvent

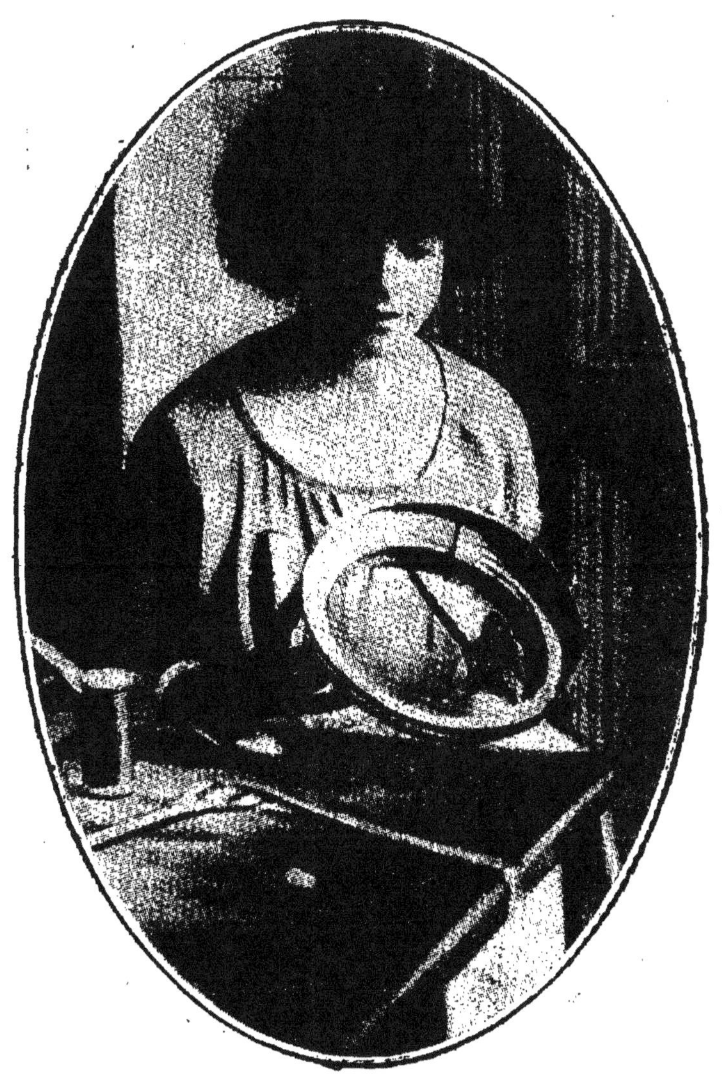

Fig. 124. — On pose d'aboru la pail e sur le dessous du " type "
(*Nos Loisirs*).

tenir par le seul apprêt qu'on peut leur donner.
Ce qui se fait très bien pourtant pour le picot

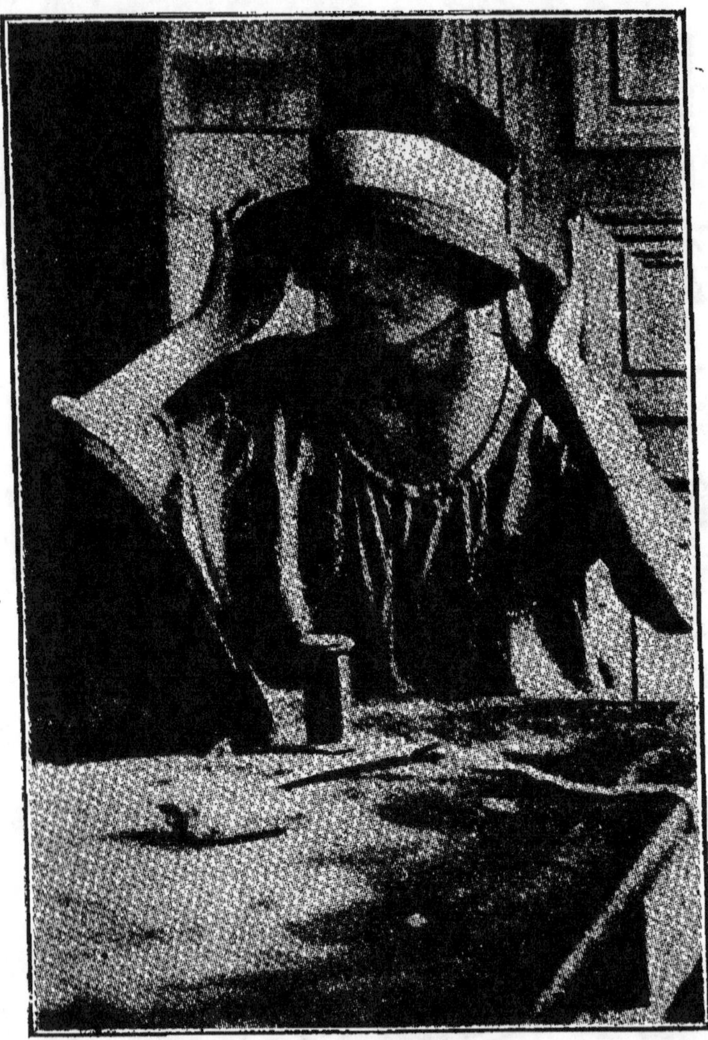

Fig. 125. — L'entrée de tête est obtenue en redressant les deux
derniers rangs de la passe et en passant une bande de sparterie.
(*Nos Loisirs*).

(fig. 119), le tagal (fig. 120) ou le paillasson
(fig. 121-122).

Si nous cousons notre paille sur une forme,

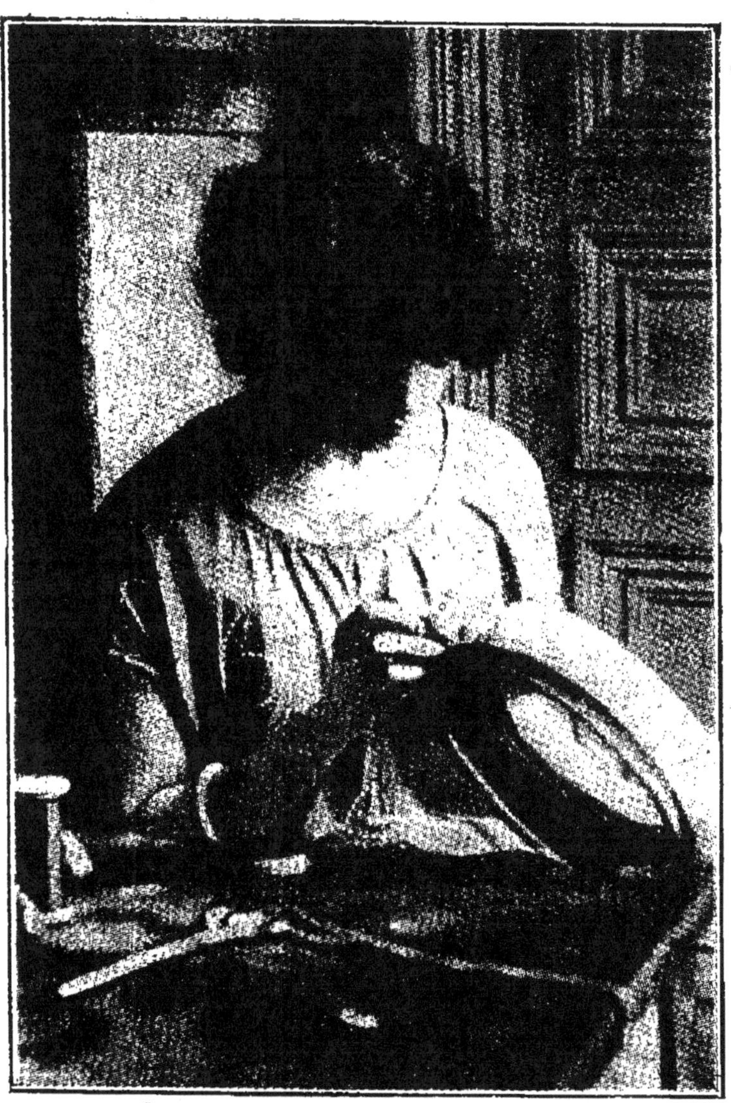

Fig. 126. — Il faut laitonner le bord de la passe pour maintenir
la paille (*Nos Loisirs*).

qu'elle soit de sparterie ou de tulle de coton, le
travail est facile. Nous tournerons notre paille

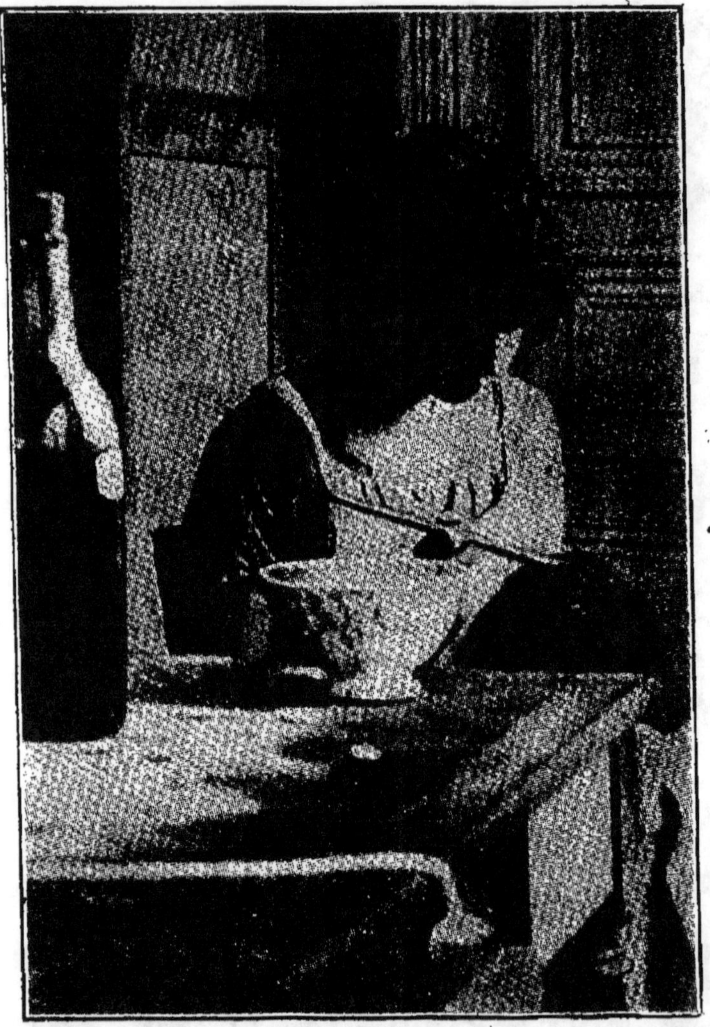

Fig. 127. — Le repassage terminé, passez une légère couche de
vernis, qui donnera du maintien et laisser sécher loin du feu.
(*Nos Loisirs*).

après avoir bordé le bord pour plus de solidité

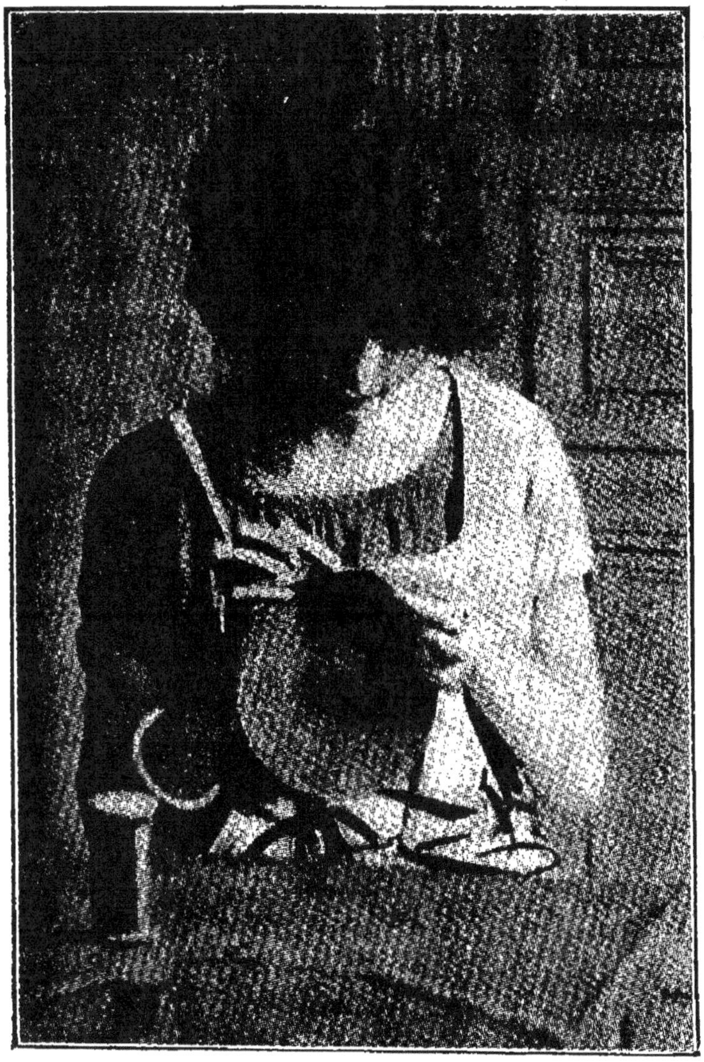

Fig. 128. — Un rond plat, bien égal, fait à la main et cousu à petit points en tournant, formera le dessus de la calotte (*Nos Loisirs*).

avec une paille. On coud à petits points dessus assez grands, pas trop dessous, car nous commencerons par notre dessus. Il faut faire ressortir l'aiguille dessus et dessous en cousant, ceci donne beaucoup plus de solidité. Si nous cousons notre paille absolument souple, sans forme, prenons un

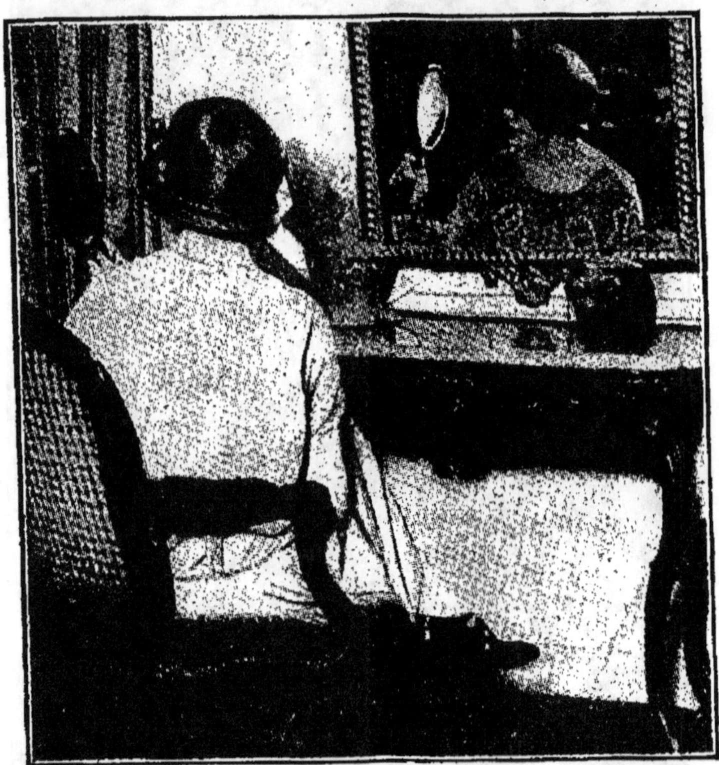

Fig. 129 (*Nos Loisirs*).

moule ou type en laiton de préférence (fig. 123-124).

Le premier rang sera bâti à point de laiton en faisant un peu ressortir la paille. Là il n'est pas nécessaire de border le contour. Le reste sera cousu à l'ordinaire (fig. 125-126), mais sans pren-

dre naturellement les laitons du moule qui sera
retiré après. Il ne restera plus qu'à vernir ou
gélatiner la paille pour lui donner de l'apprêt
(fig. 127).

Le vernis incolore sera étalé dessus légèrement
à l'aide d'un pinceau. Le vernis, de la couleur

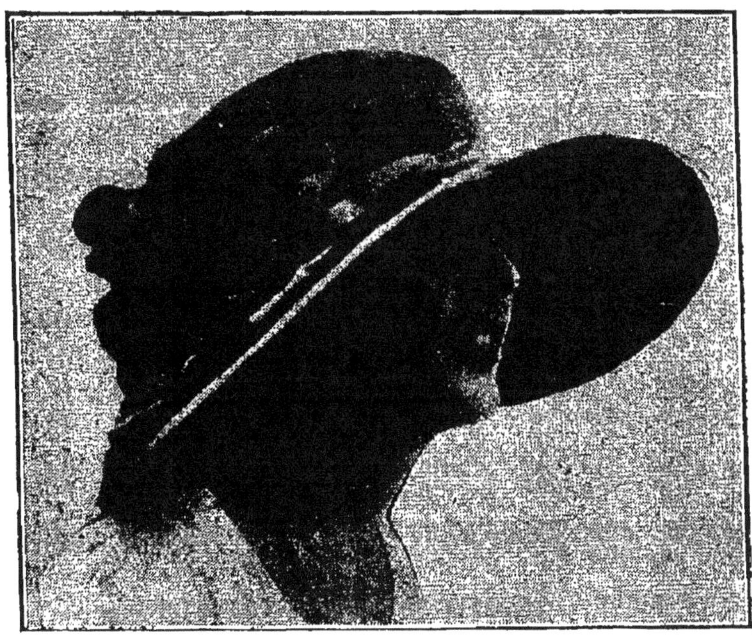

Fig. 130 (*Eve*).

de la paille, peut très bien s'employer aussi, sa
composition lui donne plus de fermeté que le
vernis blanc ou incolore. On sait que l'on peut
teindre ainsi les pailles, surtout le picot qui se
teint admirablement.

Mais la gélatine que l'on trouve comme le vernis chez les marchands de couleurs donne beaucoup plus de fermeté encore. Il faut pour la

confectionner, en faire fondre quatre ou cinq
feuilles. On la fait fondre, suivant la raideur que
l'on désire obtenir, dans une plus ou moins grande
quantité d'eau. Quand elle est fondue on l'étale
avec le pinceau à l'intérieur de la passe, car elle

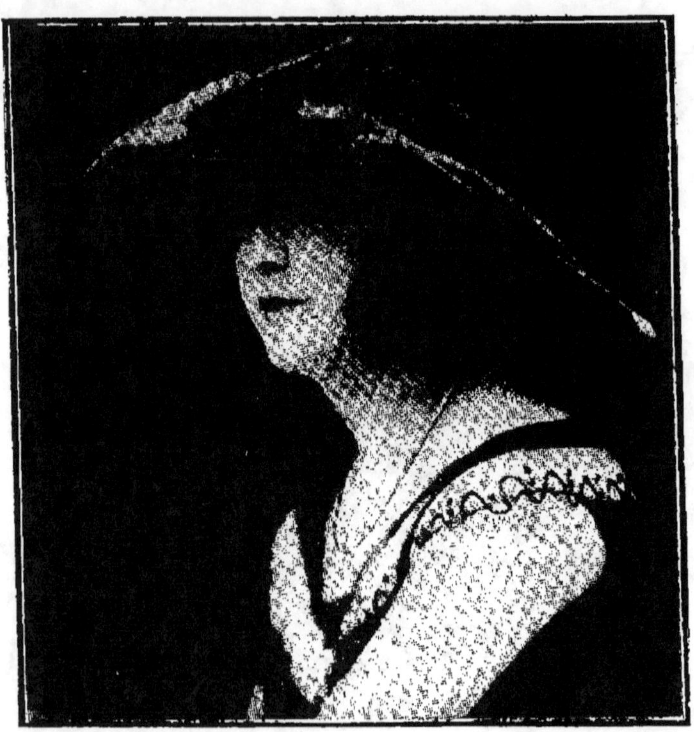

Fig. 131. — Le tagal cousu à la main (*Nos Loisirs*).

peut laisser des traînées blanches. On est même
pour cette cause obligé bien souvent de doubler
de taffetas ou de satin le côté gélatiné, mais avant
on aura eu soin de bien repasser la forme avec un
chiffon mouillé si cela est nécessaire. Pour la
forme vernie, il n'est pas toujours besoin de la
doubler, ce dernier ne laissant pas de traces. Il

suffit de laitonner la forme à un centimètre du bord à l'intérieur, après l'avoir repassée légèrement s'il en est besoin. On y pose une lame de paille au bord. La lame gonflée et retournée se fait en continuant le bord du dessous dans le même sens.

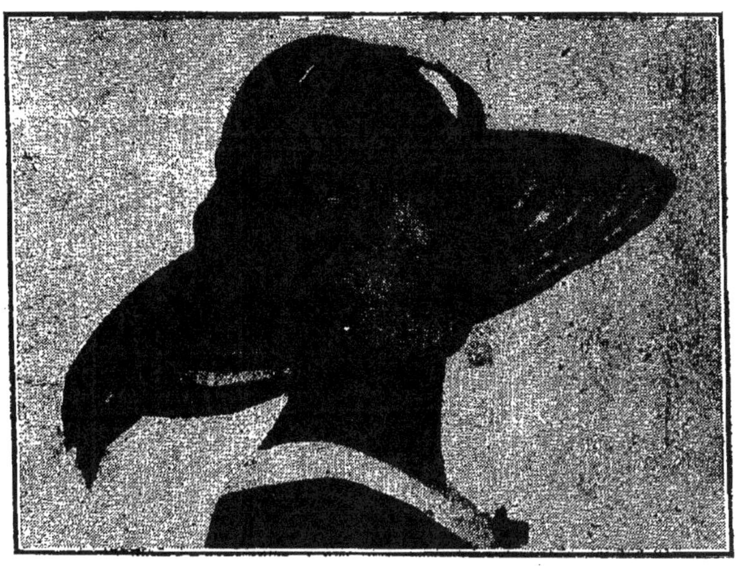

Fig. 132 (*Eve*).

Pour la calotte, commencez par faire le dessus à la main sans moule. Faites avec la paille un petit rond bien égal, cousu à petits points en tournant (fig. 128) ; cela paraît facile et vous verrez qu'il est très difficile de faire un rond plat ne faisant ni bosse ni creux.

Vous avez toutes fait des ronds au crochet. Vous vous rappelez qu'il faut faire des augmentations pour que le rond s'agrandisse en restant plat. Eh bien, pour la paille il faut donner de l'ampleur, non en fronçant mais en poussant la paille avec le doigt sous l'aiguille.

Quand vous aurez fait à la main sans moule un rond ayant à peu près 15 centimètres de diamètre, bâtissez ce rond sur votre type de ca-

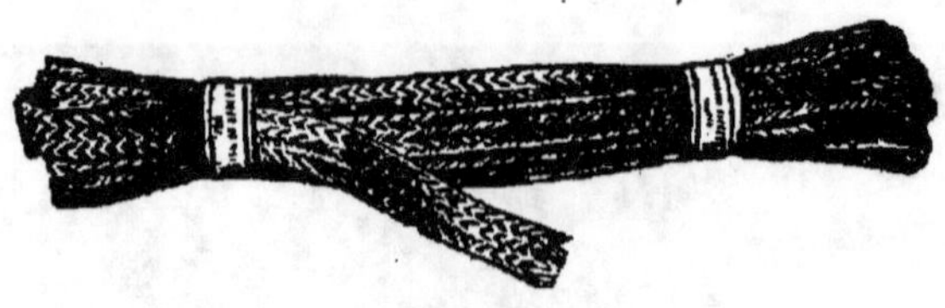

Fig. 133.

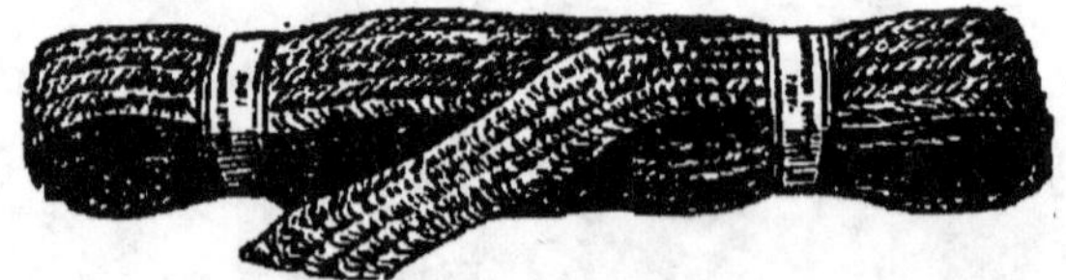

Fig. 134.

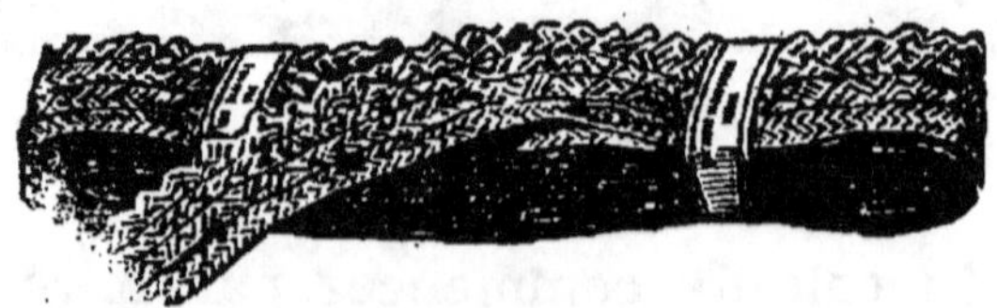

Fig. 135.

lotte sans couper la paille surtout et continuez à coudre ce rond en suivant les contours du moule jusqu'en bas de la calotte. Faites toujours bien attention à ne pas prendre le moule avec la paille comme pour la passe. Repassez avec le linge humide.

Laissez sécher et démoulez.

Cousez ensuite un laiton léger en bas de la calotte à l'envers de la paille et posez-la sur la passe. Voyez la jolie forme de picot quand elle est finie (fig. 129).

Comme elle est fine et légère, car les chapeaux

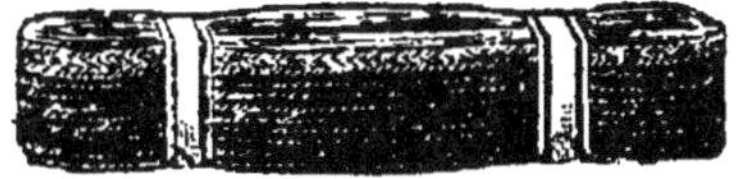

Fig. 136.

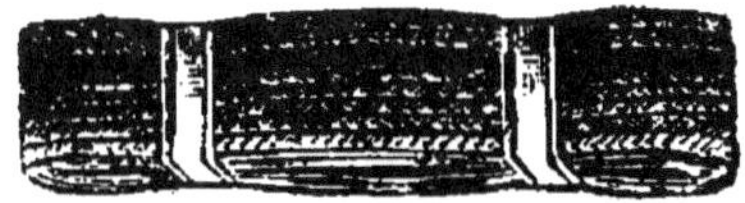

Fig. 137.

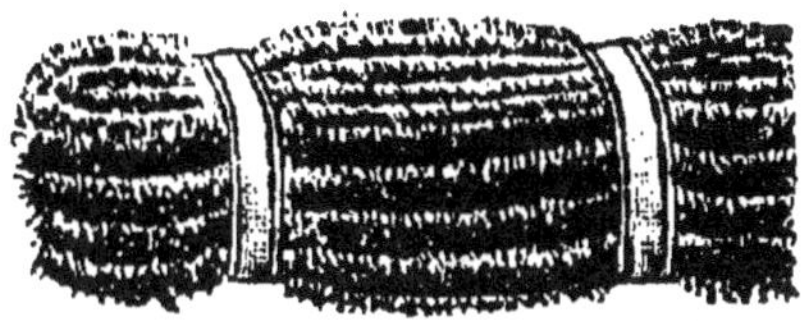

Fig. 138.

de paille sont plus jolis, plus souples, plus seyants quand la paille est cousue à la main.

L'industrie nous offre une grande variété de pailles tressées, mais vraiment, la plus chic, celle qui convient le mieux aux chapeaux habillés, est comme je l'ai déjà dit le picot, ou paille anglaise, qui n'est vraiment jolie que si elle est

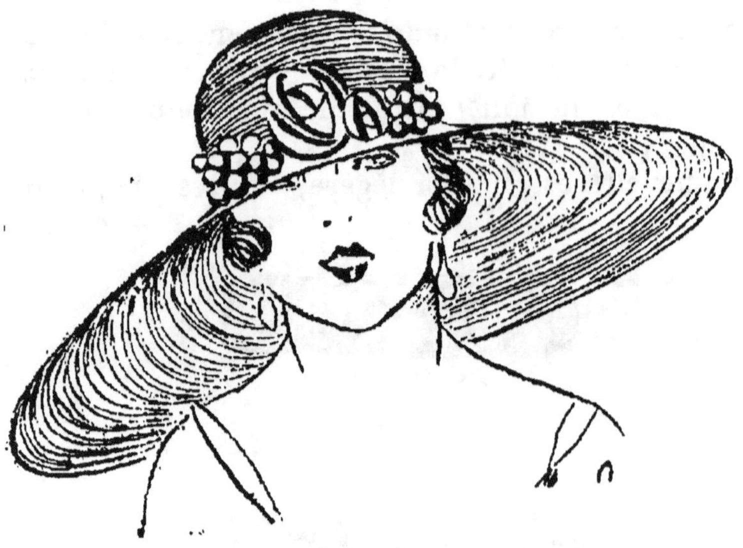

Fig. 139.

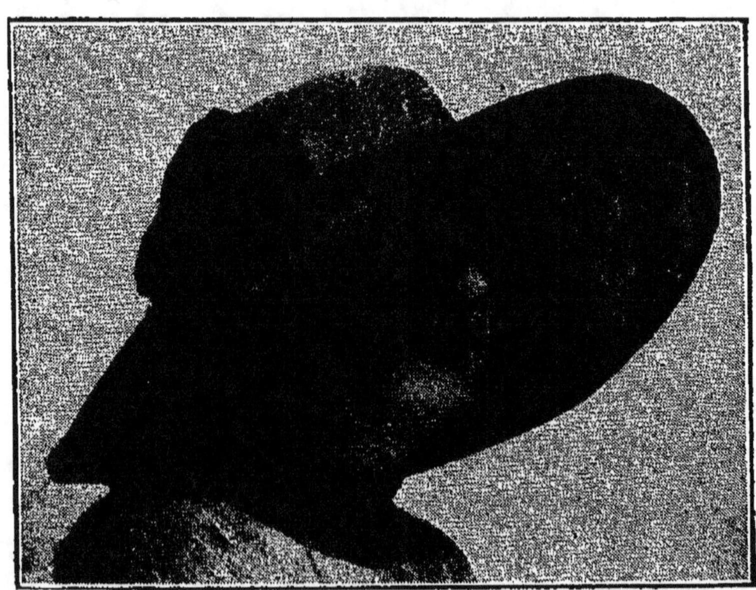

Fig. 140 (*Eve*).

d'une extrême finesse. Elle est très solide et prend en se teignant les couleurs les plus délicates et les plus vives, en gardant son brillant. Elle se teint aussi admirablement en noir.

Il y a encore le *tagal,* paille fine également, mais mate et un peu lourde (fig. 130-131). On obtient pourtant dans cette paille des blancs purs qui supportent le voisinage des robes de lingerie. Toutes les variétés de *yedda,* paille souple et légère, facile à travailler, dont on trouve des tressages fins ou gros, larges ou étroits, et qui prend aussi très bien les nuances délicates.

Le *liseré belge,* paille très brillante, mais dure, un peu délaissée à présent.

Le *crin* (fig. 132), très difficile à travailler.

Le *paillasson,* gros ou fin, mais chic pour les chapeaux du matin, les grosses toques et les chapeaux de sports. Pour pouvoir le travailler facilement, il faut amollir le paillasson, et pour cela on le met la veille dans un chiffon humide.

Vous connaissez les pailles de fantaisie, pailles de bois très bon marché : *célophane, paille de soie* tressage varié et mélangée de chenille, drap, ruban, galon (fig. 133 à 138).

Les pailles d'Italie (fig. 139) sont toujours élégantes, quand elles sont fines, mais elles coûtent fort cher.

Les pailles de riz (fig. 140).

Enfin, toutes les pailles exotiques sont à la mode et font de jolis chapeaux. Le *bankock,* le *panama,* le *timbo,* le *manille,* etc... sont tressés d'une seule pièce. Il y en a d'extrême finesse qui coûtent encore fort cher. Elles arrivent en France en cloches molles et informes. Elles ont besoin d'être

apprêtées, teintes et formées par des spécialistes
avant d'être livrées aux modistes qui, à leur tour,
leur font subir des transformations.

Le *picot* et le *tagal* (fig. 141-142), pailles si
étroites, sont naturellement très longues à coudre,
et pour les formes relevées ou irrégulières, il est

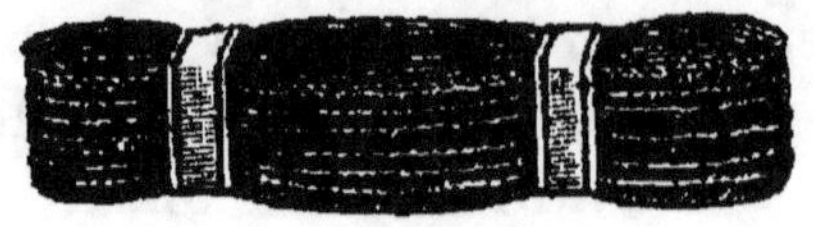

Fig. 141.

nécessaire de faire des renfilés, afin que la paille
se trouve tout autour de l'entrée de tête bien au
même niveau.

Voici ce que l'on appelle un renfilé de paille :
En cousant la paille on la coupera de chaque
côté du relevé ou du côté irrégulier. Là les pailles

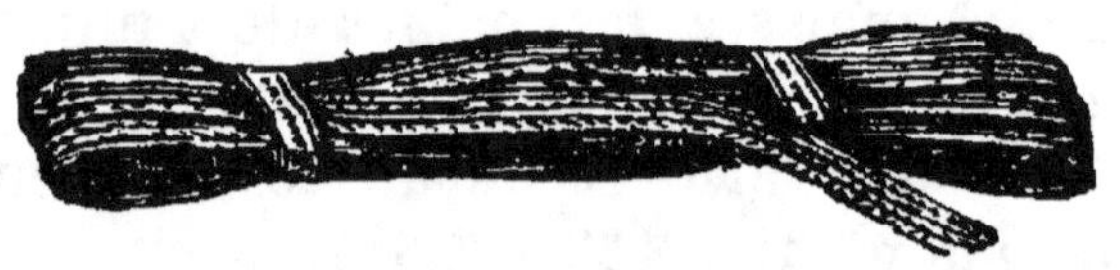

Fig. 142.

seront diminuées peu à peu et finement. Quand
on aura enfin établi le niveau régulier des rangs
de paille, il n'y aura plus qu'à continuer à coudre
en tournant et surtout sans couper jusqu'à l'entrée
de tête. Ce procédé s'emploie aussi pour diminuer
les bords d'une forme de paille, de *picot* ou de
tagal. En admettant que la paille soit sur quatre
rangs, il faudra la couper le plus en biais pos-

sible, de façon à ce que cette paille coupée et diminuée se confonde avec les autres et fasse un bord très net. La paille une fois coupée à l'endroit où on veut la diminuer, on coud chaque petit rang de paille bien à part et en les rentrant peu à peu les uns sous les autres (fig. 143). On

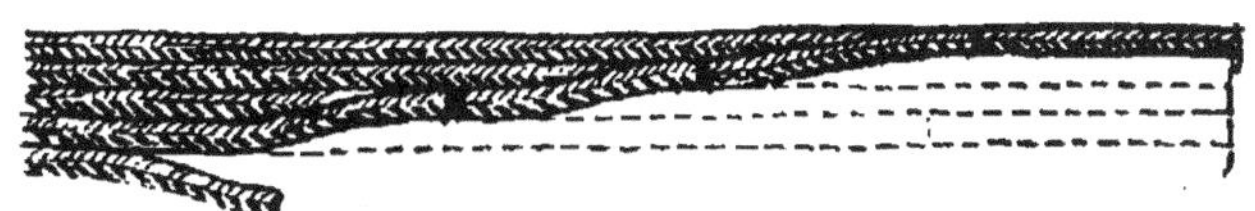

Fig. 143.

peut aussi diminuer un chapeau en le coupant simplement au bord et en posant dessus et dessous un simple petit rang de paille que l'on coud bord à bord. On peut encore le border d'un « Bourdaloue » (petit ruban gros grain), mais la paille, pour ainsi dire amputée d'un côté suit moins bien

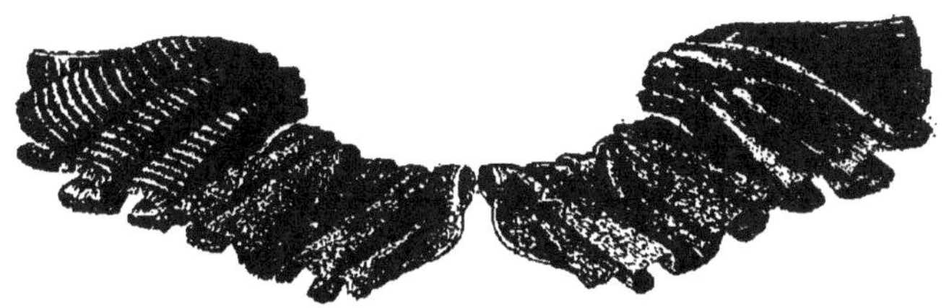

Fig. 144 et 145.

l'arrondi du chapeau. Ce dernier procédé est plus rapide que le premier, qui est assez difficile à faire.

Il existe un grand nombre de façons de coudre les pailles. Elles sont ruchées, coquillées ou en cocardes, en rouleau où l'on glisse une paille boudin (crin ou paille à rehausser).

La laize de paille que l'on vend au mètre (fig. 144-145) se fait drapée ou tendue. On en fait de très jolies toques chiffonnées et des turbans (fig. 146).

Les chapeaux chapelier d'hiver en panne ou

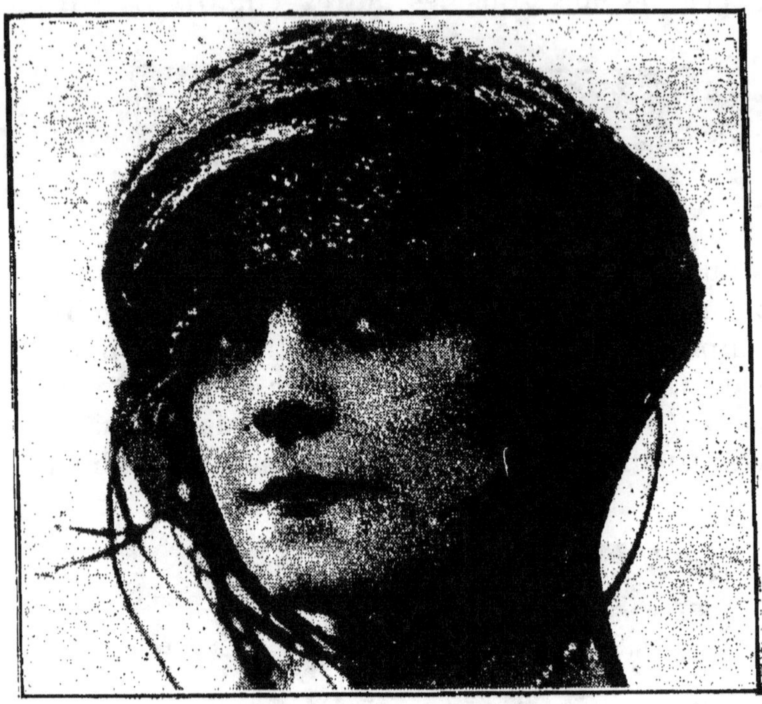

Fig. 146 (*Eve*).

velours sont moins jolis que les chapeliers d'été en paille, les premiers étant trop cassants et durs. En paille, cousus à la machine, ils sont très jolis, si souples et si légers. Ils se reforment très bien généralement par le chapelier lui-même, mais on peut les reformer soi-même en mouillant complètement la paille et en la faisant sécher sur le moule où on l'aura bien épinglée pour caser l'ampleur qu'il peut y avoir. Une fois démoulé, un bon repassage et le vernis ensuite en feront une très jolie forme.

On peut reformer facilement les calottes sur les types, en les repassant très mouillées, après les avoir épinglées et tirées pour enlever de l'ampleur.

Si par exemple un chapeau est trop grand et que nous voulions quand il est mis à la gran-

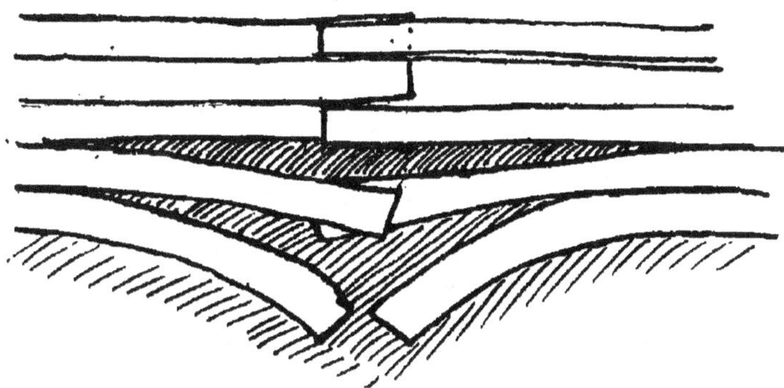

Fig. 147.

deur de notre moule lui mettre une belle lame à l'intérieur de la passe, nous pourrions nous servir de ce bord enlevé, voici comme nous ferions la fermeture. Un remmaillé : c'est-à-dire que les rangs paille par paille seront enchevêtrés les uns sur les autres. Bien repassée, cette fermeture doit être invisible (fig. 147).

Si le bord est trop étroit, au contraire, pour avoir la grandeur de notre moule, on l'agrandira à l'aide d'une lame de sparterie ou d'une paille à rehausser que l'on laitonnera et recouvrira de tissu : velours, taffetas ou satin. On peut border également d'un gros grain quand cette lame n'est pas trop large.

A côté de la paille il y a le *crin*, qui fait de si charmantes et légères capelines (fig. 148). Si c'est une forme de chapelier souple, on l'apprêtera à l'aide de petites fourchettes de laiton de soie assorti, crochetées à l'intérieur de la calotte. La garniture les recouvrira.

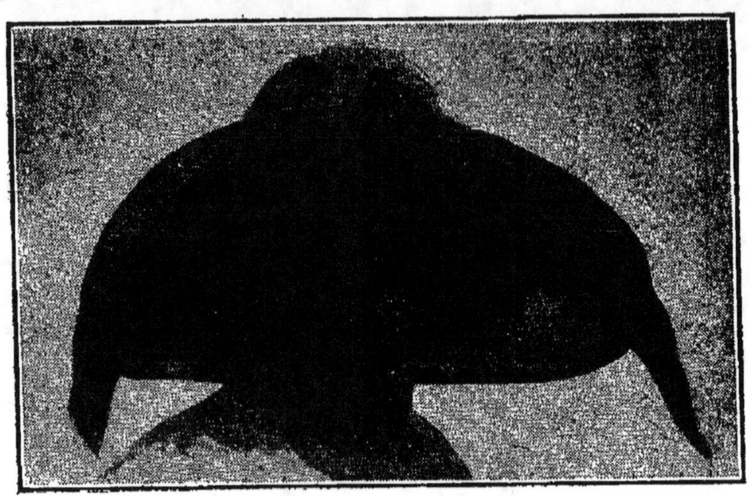

Fig. 148 (*Eve*).

Le crin au mètre se coud comme la paille, mais plus difficilement à cause de la transparence qui laissse apercevoir le moindre défaut. On le coud bien souvent aussi en volants. Dans ce cas, il n'est maintenu que d'un seul côté.

Une façon remarquable de coudre le crin est de laitonner le bas de chaque rang en tournant comme la paille et sans couper le laiton non plus, qui tourne avec, et revient se coudre sur chaque rang de crin. Le laiton est toujours caché par le rang de crin suivant. Il faut naturellement que le laiton soit bien assorti au crin, pour être invisible.

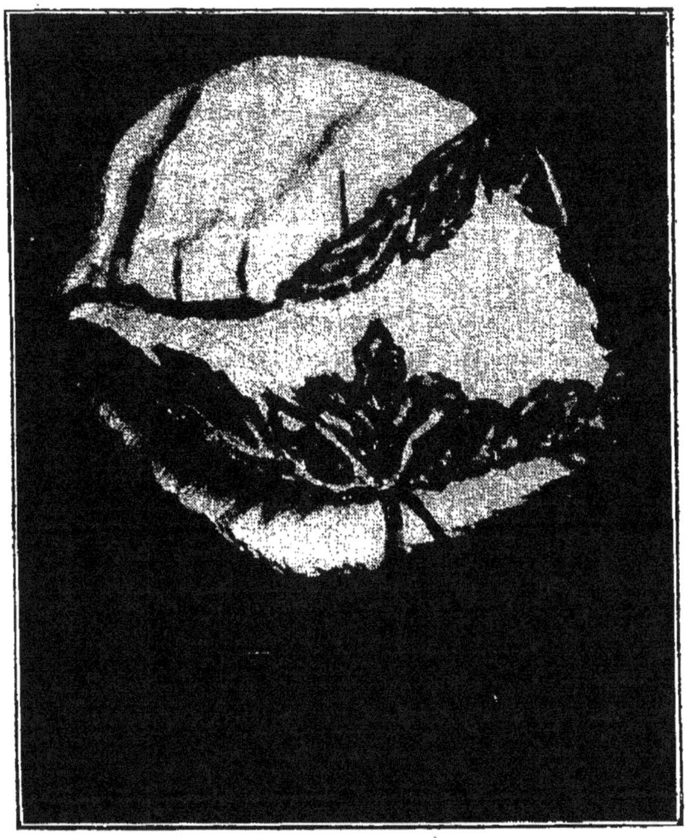

Fig. 149. — Bonnet d'auto en rabanne brodée raphia multicolore
(*Eve*)

Les Chapeaux de raphia

Les chapeaux de raphia en général se vendent tout confectionnés, comme ils sont toujours originaux, d'un joli travail et d'un coloris amusant (fig. '149), ils se vendent très cher. C'est pourquoi j'ai pensé que mes lectrices seraient bien aises de savoir les faire complètement en se servant d'un gros tulle de coton. Ce n'est pas bien difficile en suivant attentivement ces instructions.

Les apprenties modistes m'en sauront peut-être

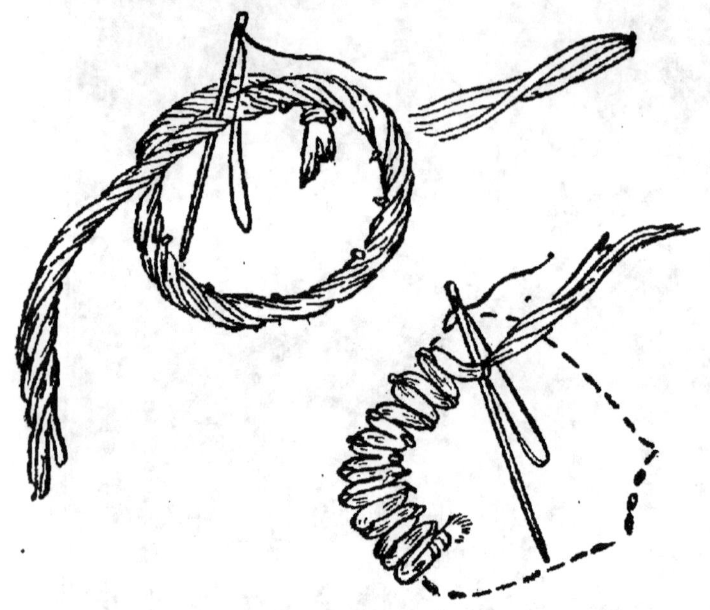

Fig. 150 (*Les Dimanches de la Femme*).

autant de gré que les personnes qui feront ce travail comme un amusant ouvrage de dame. Le résultat de toutes façons sera utile, n'est-ce pas là le principal.

Les figures 150 et 151 vous montrent la broderie de raphia sur étoffe. Vous pourrez broder au point lancé comme vous feriez avec de la soie Liliane ou du lacet, d'amusants petits chapeaux de toile cirée ou de tissu. Ceci sera très facile.

Il importe surtout de bien combiner les tons qu'il faut choisir très vifs.

Les brins de raphia, teints ou naturels fournissent une matière souple, solide dont l'aspect rustique et estival est fort apprécié.

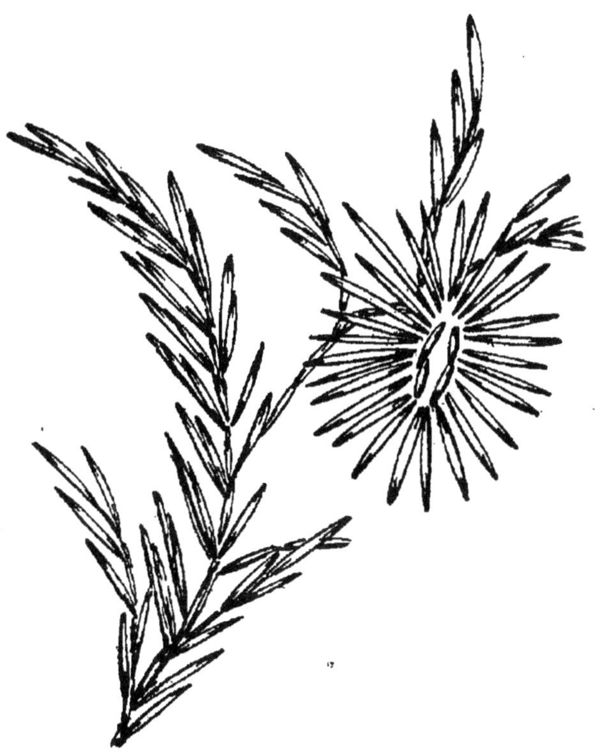

Fig. 151 (*Les Dimanches de la Femme*).

Les bandeaux de raphia s'épanouissent sur les chapeaux de paille, grands ou petits. Ces motifs brodés s'exécutent le plus souvent sur un fond de tulle.

Pour les bandeaux de chapeaux dont le tulle s'aperçoit en transparence, on choisit un tulle noir à fin réseau, un tulle de coton solide qu'on peut laitonner à volonté.

Le raphia se trouve en toutes teintes par écheveaux d'importance diverses.

On peut également employer du raphia de ton naturel et le peindre une fois brodé, au pinceau à l'aide du vernis à l'alcool, mais ce dernier procédé donne un aspect brillant et sec et il est préférable d'employer le raphia teint en fabrique.

Si on veut un raphia très souple, très large, on préférera le raphia glycériné ; comme on n'en

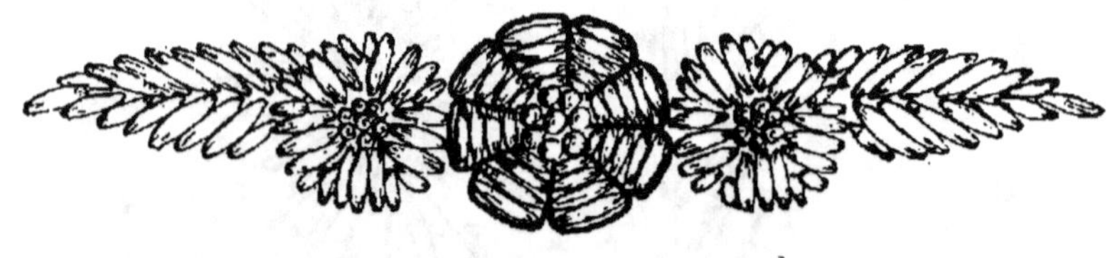

Fig. 152 (*Les Dimanches de la Femme*).

trouve pas toujours on le glycérinera soi-même à l'aide d'un bain préparé aux proportions suivantes :

Glycérine : une cuillère à bouche.
Eau : un litre.

Bien battre l'eau tiède dans laquelle on a versé la glycérine, puis y plonger un linge fin dont on entoure le raphia qu'on retire au bout d'une heure. Laisser sécher les brins étendus écartés sur une corde à l'ombre et les employer quand ils sont encore légèrement humides.

Le raphia glycériné glisse plus facilement dans le réseau sur tulle et couvre mieux la broderie.

Pour exécuter celle-ci, on emploie fréquemment

le point plat vertical ou horizontal fermé (fig. 152)
ou non cerné, le point de languette ou point de
feston très lâche dont sont faites les feuilles
(fig. 153), le point de Boulogne (fig. 154 et 155).

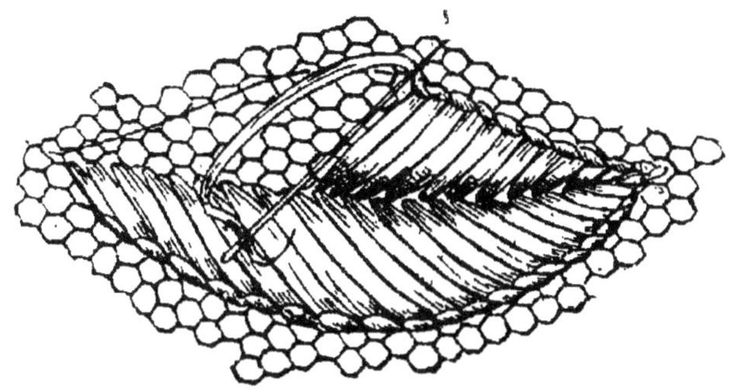

Fig. 153 (*Les Dimanches de la Femme*).

De plus on mêle au raphia des moules d'étoffe
ou de bois qui permettent de rehausser la broderie de motifs en reliefs (fig. 156).

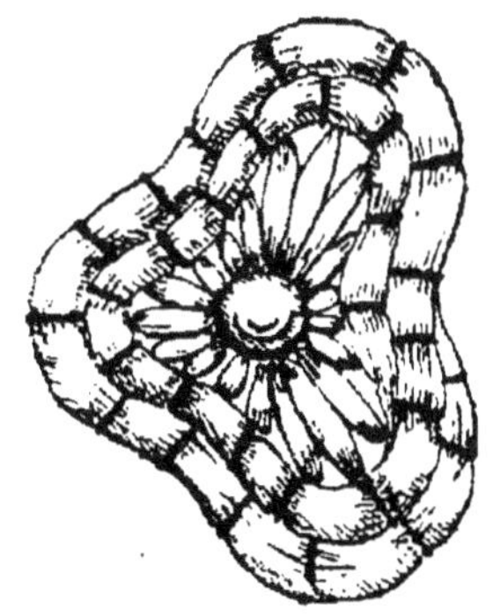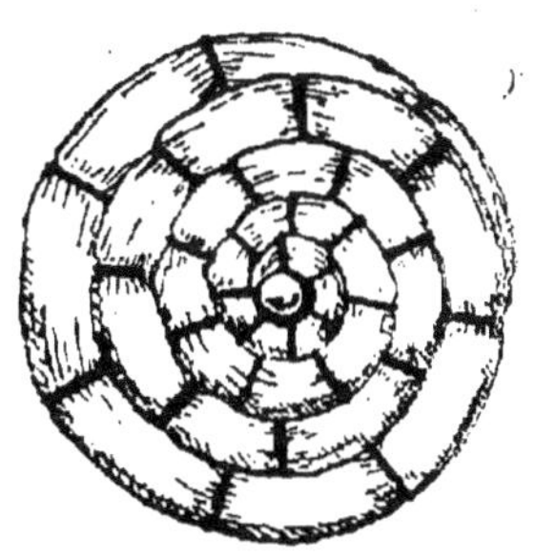

Fig. 154 et 155.

Pour bien exécuter cette broderie, il est préférable de tendre ce gros tulle sur un métier en
veillant à le laisser exactement droit fil, après
quoi on épingle le dessin de la broderie à l'envers

du tulle et au moyen de craies de couleur on re-
produit ce dessin sur le tulle. On brode ensuite
chaque motif comme il est indiqué au modèle en
opposant hardiment les tons les uns aux autres.

Ce motif pour bandeau et chapeau (fig. 157) est
fait d'un gros cabochon central demi circulaire
en raphia bleu dur environné de rosaces d'un
bleu plus clair à cœur couleur rouille ; les feuilles
sont faites de deux tons de vert moyen et les

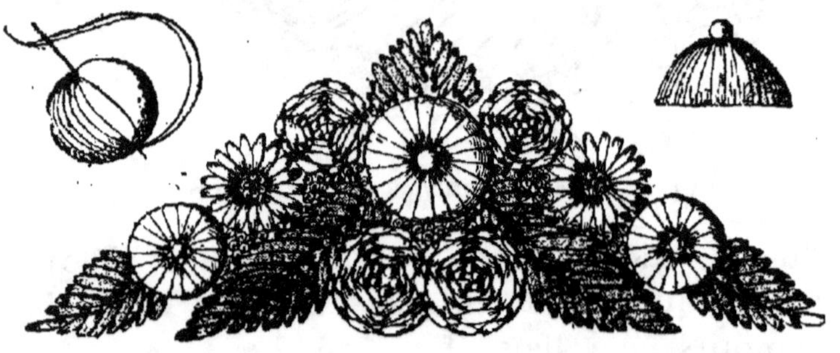

Fig. 156, 157 et 158 (*Les Dimanches de la Femme*).

deux cabochons des extrémités en bleu dur ;
tout le dessin est cerné de noir.

On pourrait reprendre cette harmonie cerise
et rouille, vert rouge et noir.

En raphia naturel avec les cabochons et les
fleurs légèrement rehaussés de tons rougeâtres, ce
modèle a beaucoup de chic.

L'exécution en est très simple. On fait d'abord
les cabochons du centre et des extrémités. Le
motif central se compose d'un moule à bouton
bombé ayant 12 millimètres de diamètre. Ce
moule est recouvert de raphia (fig. 158), puis fixé
sur le tulle au centre du motif par quatre points

à cheval passant de l'extérieur à l'intérieur du motif et le maintenant solidement en place sur le tulle ; on peut également rehausser ce moule d'une perle de bois (fig. 157).

Les rosaces qui environnent ce motif sont exécutées au point plat dans des sens différents qu'indique à merveille la figure

Les points de grains du fond sont de ton rouille et se peuvent remplacer par de petites perles rondes du ton choisi.

Les motifs des **extrémités** peuvent être faits d'un même moule à bouton plus petit que le motif central ou remplacé par de petites pommes d'étoffe (fig. 156) recouvertes de raphia et fixées sur le tulle par quatre points partant de l'extérieur et passant à travers du centre ; bien serrés, ces points accusent la silhouette du fruit que ponctue une perle de bois.

Les feuilles exécutées au point plat prennent plus de relief si on les fait au point de languette (fig. 153).

Quand la broderie est terminée, les points de graine faits et les perles cousues, retourner le métier sur l'envers et passer sur le raphia une dissolution assez forte de gomme arabique. Laisser sécher complètement. Démonter la broderie du métier. Couper le tulle à un centimètre des bords. Rabattre sur le contour à l'aide du fil mercerisé noir L. V. nº 80.

On peut, si on le désire, maintenir le bord supérieur rigide au moyen d'un laiton mince posé avant d'exécuter le rabat.

Avoir soin d'éviter les nœuds trop fréquents. Faire ceux-ci sur l'envers et les dissimuler sous les points passés pour ne pas avoir d'épaisseur sur l'envers ; si le tulle noir transparaît un peu entre les motifs, cela ne nuira en rien à la broderie qui paraîtra moins compacte.

Pour les motifs, c'est au contraire un réel tissu qu'on exécute sur gros tulle apprêté.

Celui-ci étant bien tendu droit fil sur le métier

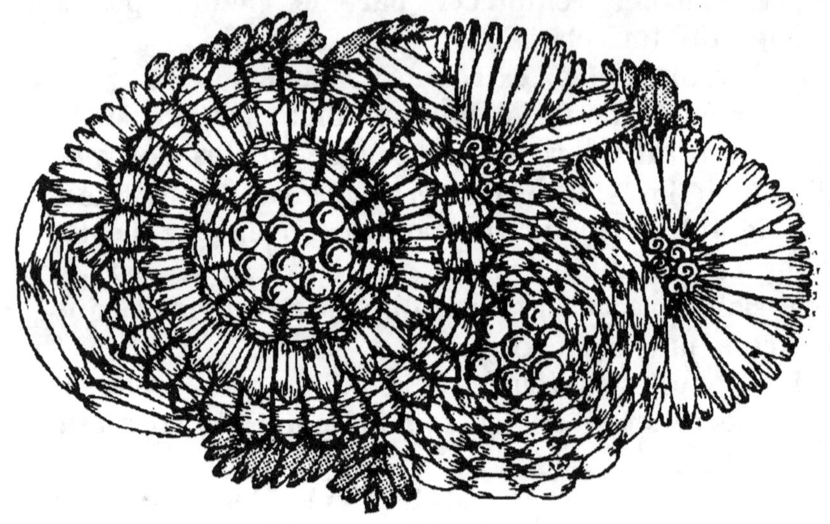

Fig. 159 (*Les Dimanches de la Femme*).

ou sur un petit tambour, on calque sur l'endroit le dessin du motif et on recouvre celui-ci de points plats exécutés dans des sens différents.

L'opposition des points et les tons divers accusent le dessin.

Les tons les plus usités pour les chapeaux sont les rouges étrusques, les rouilles, les noirs et les bleus, les têtes de nègres et les violets. Le vert Véronèse opposé au raphia naturel et au violet donne des effets très jolis. Se méfier des jaunes pâles et de certains roses qui donnent des tons faux en opposition avec les autres colorations.

Réserver ces deux tons pour les petites fleurs de tons passés sur lesquelles nous reviendrons dans un instant.

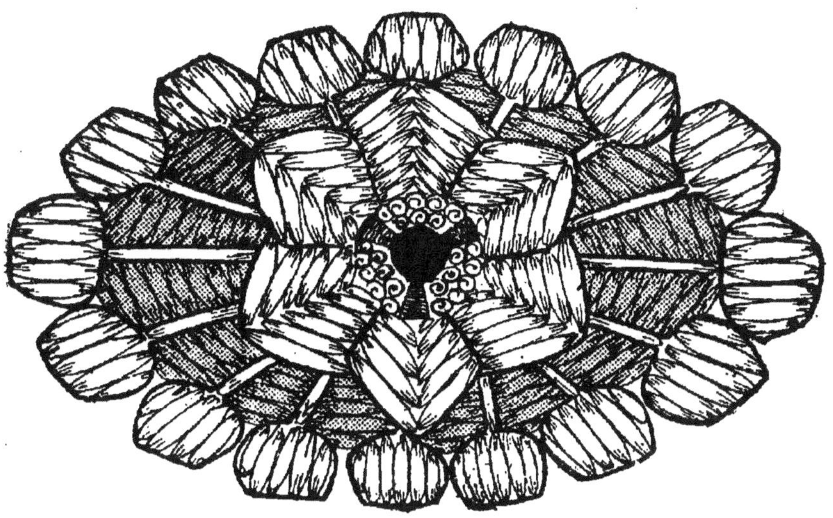

Fig. 160 (*Les Dimanches de la Femme*).

On peut aussi faire un motif qui se compose d'un ovale dont le fond vert Véronèse se réhausse d'une auréole de graine bleue foncée cernée de noir fusant autour d'une rosace aux pétales alternés bleus et violets. Le centre est vert Véronèse, cerné de noir et réhaussé de graines.

Tout le motif est fait au point plat ; seules les tiges des graines se composent de deux points de Boulogne retenus par des points croisés en coton plat lustré M. F. A.

La deuxième plaque se compose de rosaces

se superposant et dont les pétales passent du centre orangé au rouge le plus intense sur un fond de feuilles en raphia naturel dont un cerné tête de nègre les isole, grosses perles brunes au centre.

Voici un joli motif fait d'une rosace au point plat cerné cerise à côté de deux fleurettes au point passé plat violet ; les feuilles des extrémités sont vert foncé ou ton naturel ; on peut remplacer les perles du centre par un cœur au point plat (fig. 152).

Enfin les deux motifs pour semis (fig. 159-160) permettront d'obtenir de multiples effets. Le gros cabochon au point de Boulogne formera le centre d'une cocarde de rubans tandis que les fleurettes se tresseront menues et multicolores sur le devant d'une calotte de chapeau, le fond d'un béret, la visière d'un niniche.

Vous pouvez faire avec le raphia tous ces points de broderie à condition qu'ils ne soient pas trop fins.

Les Chapeaux de velours

Il existe une façon de travailler le velours qui fait qu'on ne le marque ni ne le froisse en le prenant. Il est désastreux d'appuyer ses doigts sur un velours clair en le renfilant. C'est pourquoi il faudra, par exemple, disposer le sens froncé devant, dessus et dessous la passe des chapeaux et sur le devant de la calotte. Ce sera d'abord plus seyant à la figure et les marques dans le sens sombre s'y voient beaucoup moins.

Il faut beaucoup d'attention pour assembler

les velours, par exemple dans les biais, dans
les coutures des lames, il faut examiner les
morceaux de velours en pleine lumière avant de
les assembler afin de ne pas en contrarier les
sens.

Le velours est le tissu qui supporte le mieux
la gutta qui est employée pour coller les tendus.

Voici la façon de procéder. Le patron de la
passe sera taillé à l'avance et bien exactement.
Ensuite on enduit peu à peu la forme, seule, de
gutta, que l'on étale au moyen d'un pinceau ou
d'un tampon de mousseline raide. Puis le patron
de velours sera posé dessus en chassant à mesure
les fronces ou les plis qui peuvent se produire.
On se sert pour cela d'un tampon de mousseline
ou mieux, d'une brosse en chiendent. On fera le
tour du chapeau en finissant par la couture si
elle est inévitable. Il faut avoir soin que la colle
ne ressorte pas à la couture, donc, n'en mettez
pas de trop, mais étalez-la bien, d'une façon
très régulière.

Ensuite, faites le retour du bord et le renfilé
du dessous, car c'est presque toujours le dessus
qui a besoin d'être collé.

La panne, le satin, le taffetas se collent de la
même façon, mais comme ils offrent plus de
difficulté à cause de la minceur de l'étoffe, il est
indispensable d'y coller ou de coudre auparavant
une mousseline ou un barrège sur la forme.

Pour faire du velours miroir, il n'y a tout
bonnement qu'à le repasser à l'endroit. Il prendra
alors de très jolis reflets. On peut utiliser ainsi
du velours « marqué ».

Enfin, je crois qu'il est inutile de le rappeler, le

velours fripé que l'on veut remettre en état se repasse à l'envers et sur des fers maintenus en l'air. On le brosse en même temps avec une brosse en chiendent après l'avoir humecté à l'envers.

La vapeur fait également très bien pour enlever les taches de doigts sur le velours clair. On le brosse ensuite très vigoureusement.

Les Chapeaux de panne

La panne se travaille très bien. Elle peut curieusement se repasser à la façon des chapeaux haut de forme des messieurs.

Après l'avoir humectée, on la tourne en rond à l'endroit avec la brosse en chiendent puis, toujours dans ce sens avec le fer. On commence par le milieu et on va en s'évasant jusqu'au bord. On obtient ainsi une sorte de plateau qui fera de très jolies calottes, et même des passes dont le poil ne se rebrousse pas.

La panne, comme la peluche ou la fourrure, doit avoir son poil en arrière, pour la calotte et pour la passe aussi, afin qu'au moindre brossage, il ne puisse présenter un peu séduisant aspect hérissé.

Le Poiluchon

Le poiluchon s'emploie à la pièce. La Mélusine présente en plus joli à peu près le même aspect, mais on ne la voit qu'en chapeliers. (fig. 161). Les belles mélusines sont bien chères, mais combien jolies dans les teintes claires, mauves, blanches, soufre, etc... On leur met souvent des calottes de satin noir tendues ou marine ou nègre. Le contraste est très heureux. On fait ainsi des canotiers plats ou des capelines.

Le poiluchon se tend très bien et se renfile d'une façon invisible sans laiton. Il faut le taper une fois posé sur la forme afin d'en faire ressortir

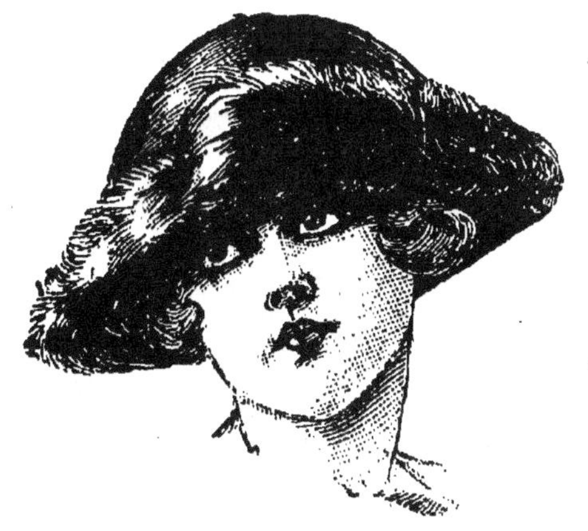

Fig. 161.

et gonfler les poils. Pour faire ce travail il est prudent de se mettre une voilette tant il est désagréable d'être couvert de poiluchon ou d'en avaler quand on le travaille. On peut opérer de même pour la fourrure.

Il faut éviter les bords trop roulés et les grosses calottes. Ce serait facilement trop gros et trop lourd.

Les taupés, le feutre velours si seyants seront garnis d'un simple gros grain, de couteaux, de voilettes, pour le voyage. Les chapeliers les reforment, mais on peut aussi le faire soi-même

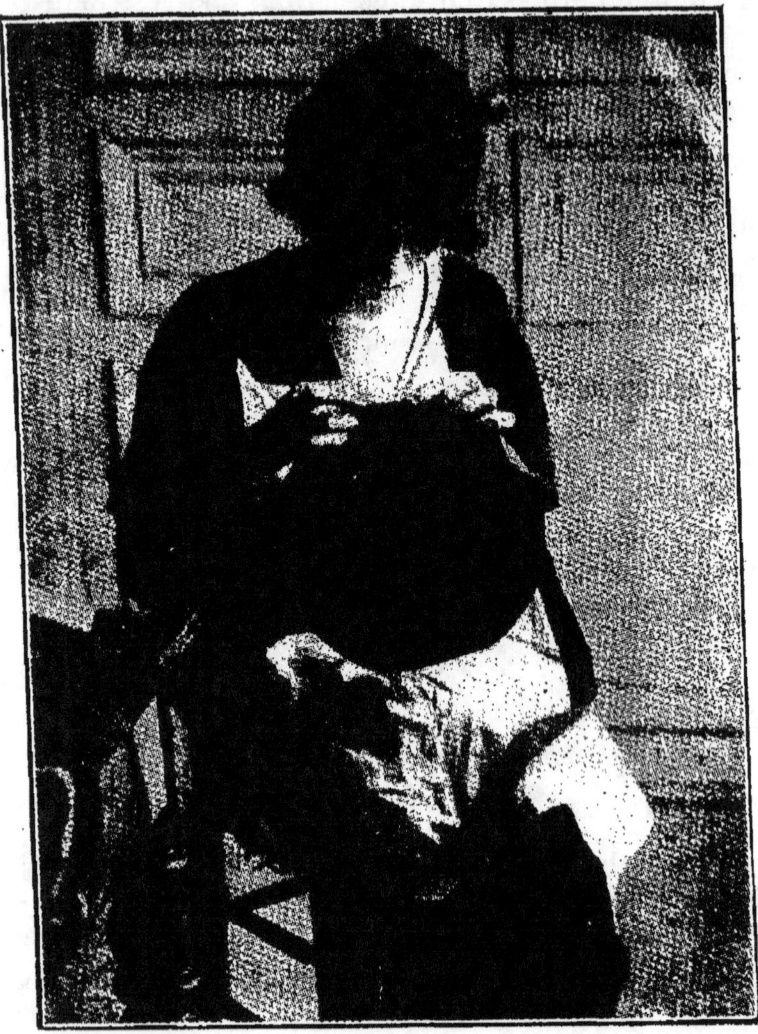

Fig. 162. — Il faut laitonner le bord du feutre en cousant à très
petits points de surjet un laiton qui tiendra le bord (*Nos Loisirs*).

comme pour les pailles. Les feutres de belle qualité s'y prêtent mieux. Il faudra pour cela les

mouiller, les épingler sur le type et les repasser une fois bien secs, avec un fer très chaud. Vous aurez auparavant bien tiré les bords du feutre avec votre pince pendant qu'il est humide. Ne vous inquiétez pas si les bords du feutre ainsi

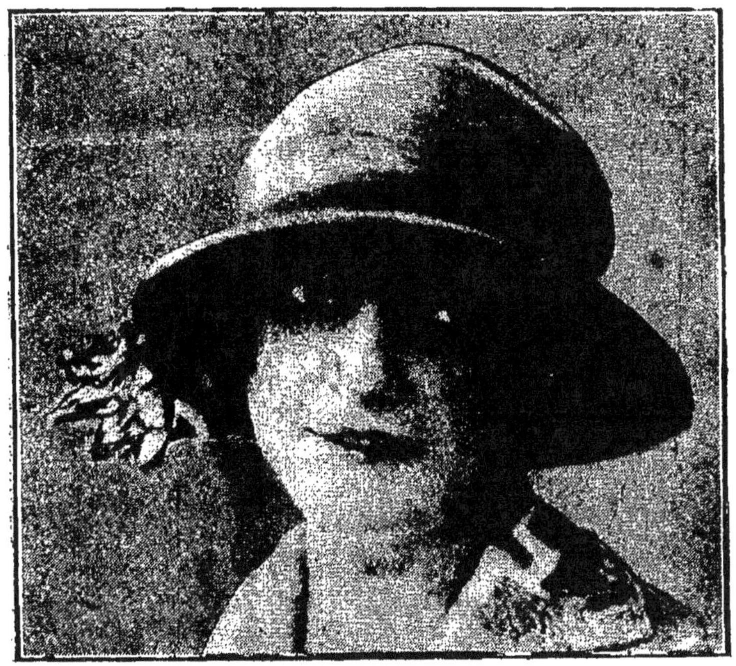

Fig. 163 (*Eve*).

tirés dépassent les bords du type. Ce qu'il faut c'est arriver à ce qu'il ne reste pas de plis. Veillez encore à ce que l'entrée de tête soit bien exacte, que surtout à cet endroit le feutre soit très net. Ne vous arrêtez que quand votre passe bien mise sera sans pli, bien adhérente au moule.

On les laitonnera au bord avec un laiton cousu

à petits points de côté très serrés et on les bordera d'un petit ruban de faille assortie (fig. 162).

Si vous réussissez bien un premier reformage, il vous sera facile de faire ensuite toutes les

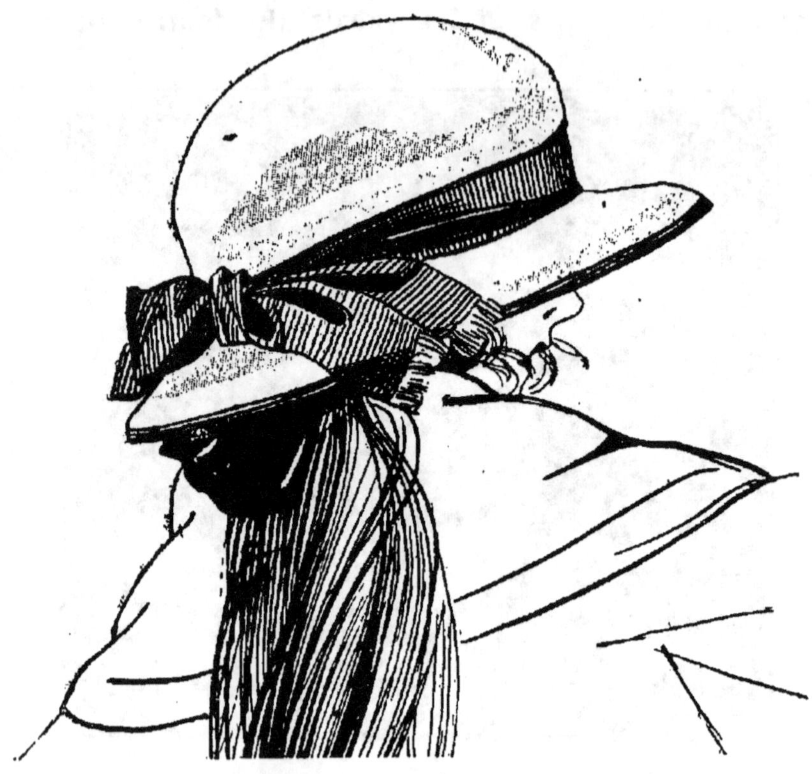

Fig. 164 (*La Femme chic*).

formes que vous voudrez pourvu que la grandeur du feutre s'y prête.

Vous serez même étonnée de ce qu'un petit feutre peut devenir grand quand il est assoupli par la vapeur et qu'il est bien tiré. Mais gare aux trous ! En ayant chaque fois un type bien exact de ce que vous voulez obtenir, vous ferez aussi facilement un chapeau d'enfant, une toque, un chapeau relevé qu'une cloche (fig. 163).

Lorsqu'une calotte est plus grosse ou plus haute que le moule, et que le feutre manque, vous la réhausserez simplement avec une bande de sparterie souple et vous mettrez autour un ruban que vous nouerez négligemment (fig. 164). C'est ainsi que les chapeliers procèdent.

Les Chapeaux de fourrure

La fourrure est assez difficile à travailler et à assembler. Nous nous munirons de patience et d'attention et nous obtiendrons de jolis résultats. Ces chapeaux sont si doux et si seyants au visage. Quoi de plus doux qu'une toque de zibeline, d'hermine, de loutre. Quoi de plus séduisant qu'un petit chapeau de castor ou de ragondin, surtout quand il est accompagné du manteau ou de l'écharpe assortie. La fourrure à poil ras s'assemble plus facilement, comme dans la loutre, la taupe et l'hermine.

Il est plus difficile de faire des coutures dans la zibeline ou le skunks. Il importe avant tout de bien couper la fourrure, ce qui demande une certaine habileté.

Pour cela on la tourne du côté de la peau et avec un petit canif, comme font les fourreurs, ou avec la pointe de fins ciseaux allongés, on coupera en faisant filer la lame le long de la peau, rien que la peau. Il faut expressément ne pas prendre les poils du dessous. Notre fourrure ainsi coupée, il faudra encore bien régulariser les bords. D'ailleurs, la fourrure devra être fendue là surtout où elle est abîmée ou trouée. On choisira les morceaux de façon à ce qu'ils aillent bien ensemble, comme couleur et hauteur de poils. Le plus beau sera toujours placé devant, au bord de la passe, de la toque ou de la calotte. Le poil doit toujours se trouver dans le sens de

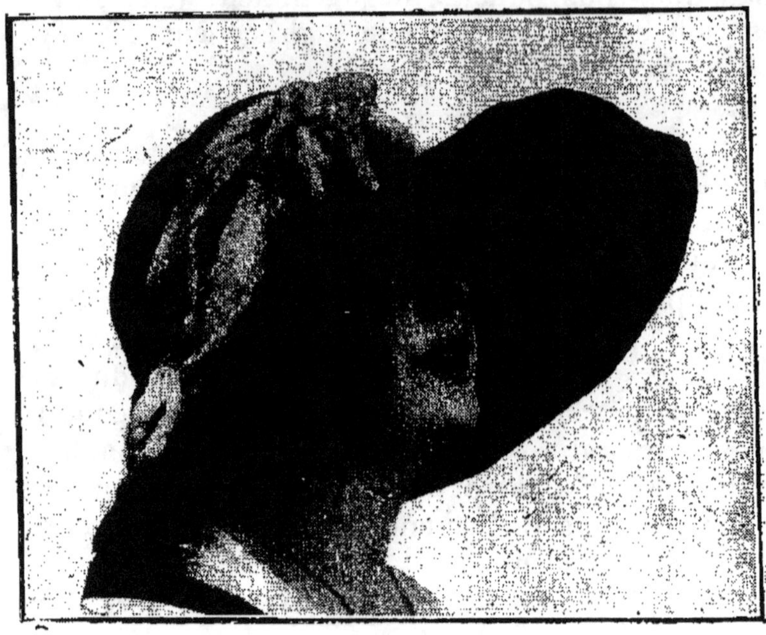

Fig. 165 (*Eve*).

bas en haut et en arrière, toujours en allant vers la gauche.

Pour la calotte, tout droit et en arrière également ; si on veut faire la calotte boule, il faudra lui faire des pinces très fines et très rapprochées, de crainte des vilaines poches ou « becs ». On peut aussi lui adapter un bandeau qui aura le même sens que la passe. On peut aussi la mouiller à l'envers et l'épingler sur le type. La fourrure se mouille très bien. On peut le faire aussi pour la passe, afin de lui faire prendre la forme désirée, ou bien encore pour élargir ou allonger une bande de fourrure.

Pour cela on placera à l'envers la bande de fourrure mouillée et on l'épinglera très fortement sur une table en cherchant bien à lui donner en l'étirant la largeur ou la longueur que l'on veut. Une fois sèche, elle se maintiendra dans la position qu'on lui aura donnée.

L'assemblage des bandes ou des pièces que l'on peut très bien mettre dans la fourrure se fera au moyen d'un très fin surjet, fait avec une aiguille et un fil très fins, en ne prenant pas les poils et en faisant cette couture du côté de la peau, cela va sans dire. Une fois la couture faite, on gratte et on ramène les poils sur le dessus avec une épingle. On peut même la repasser très légèrement à l'envers, mais avec un fer à peine chaud, sous peine de la raccornir. Enfin, ce qui fait très bien et est indispensable, c'est de la peigner une fois finie avec un peigne à fourrure qui est un peigne de fer très solide dont se servent les fourreurs. Il ne faut pas craindre de le faire un peu longuement.

Les toques de fourrure ont souvent, si ce n'est presque toujours, l'intérieur en satin ou taffetas assorti afin que le chapeau soit plus léger et moins cher. Le bord de la toque cousu en dedans à points de côté avec un rentré de deux ou trois centimètres suffit à cacher complètement l'intérieur, surtout quand la calotte de fourrure est posée.

Une doublure de fourrure est inutile et coûteuse, les toques de fourrure revenant parfois à des prix fabuleux. J'ai vu des toques de zibeline à 1500 francs et 2000 francs, cette fourrure étant une des plus chères, avec le chinchilla, l'hermine et la taupe.

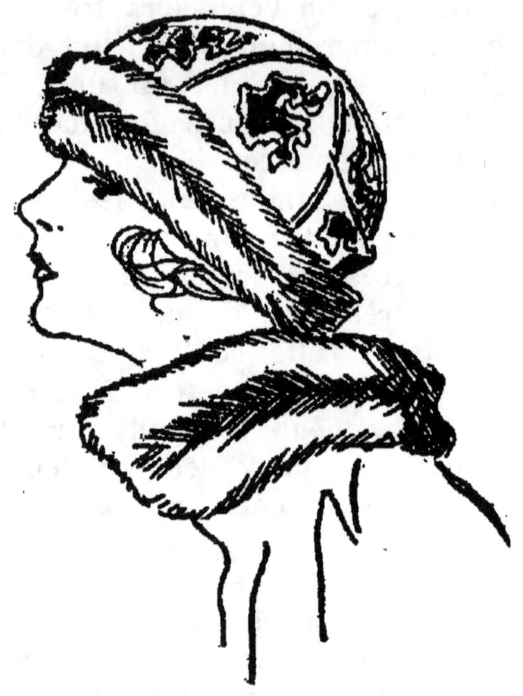

Fig. 166.

J'ai vu aussi des chapeaux de petit gris doublés de velours chiffon cerise d'une grande allure ; des grands tendus de velours noir ornés d'hermine (fig. 165) et de singe blanc ou noir qui était vraiment très en faveur ces temps-ci et qui était d'un grand chic dans sa singularité. On le pose en grandes lames retombantes au bord des chapeaux.

Notez aussi des mignons bretons souples de voyage en ragondin et petit gris dont la calotte à tranches et la doublure étaient en riche étoffe ancienne (fig. 166).

L'écharpe était en fourrure et doublure assortie.

Les fourrures moins somptueuses s'emploient et s'assemblent très bien aussi, à présent que le lapin teint fait de jolies choses, et un petit Breton de velours bleu roy bordé de lapin argenté vu dans une bonne maison ma foi, m'a paru infiniment séduisant.

La petite toque de loutre si commode à porter, qu'elle soit vraie ou en imitation, est charmante et toujours de mode. On la montera sur un bord droit en tulle raide d'où sortira une calotte souple juste à la tête ou faite en bandeau et plateau séparés. Elle peut être boule avec des fronces très fines. Afin qu'elle ne fasse pas un effet volumineux, on ne met à l'intérieur qu'une doublure de taffetas marron foncé au lieu de la doubler de fourrure. Il faut absolument éviter tout ce qui peut grossir, c'est pourquoi les formes qui seront recouvertes de fourrure doivent être de dimensions réduites, pour être une fois faites, de la grandeur que l'on désire.

On emploiera pour ces formes, outre les tulles raides, la mousseline à patron moulée ou non ou la sparterie ultra souple. Tout ce qui est léger et pouvant être croqué facilement, car on forme beaucoup de toques sur la tête avec des mouvements de marquis ou on les appuie avec des cocardes sur le côté.

Pour pouvoir mieux donner ces mouvements,

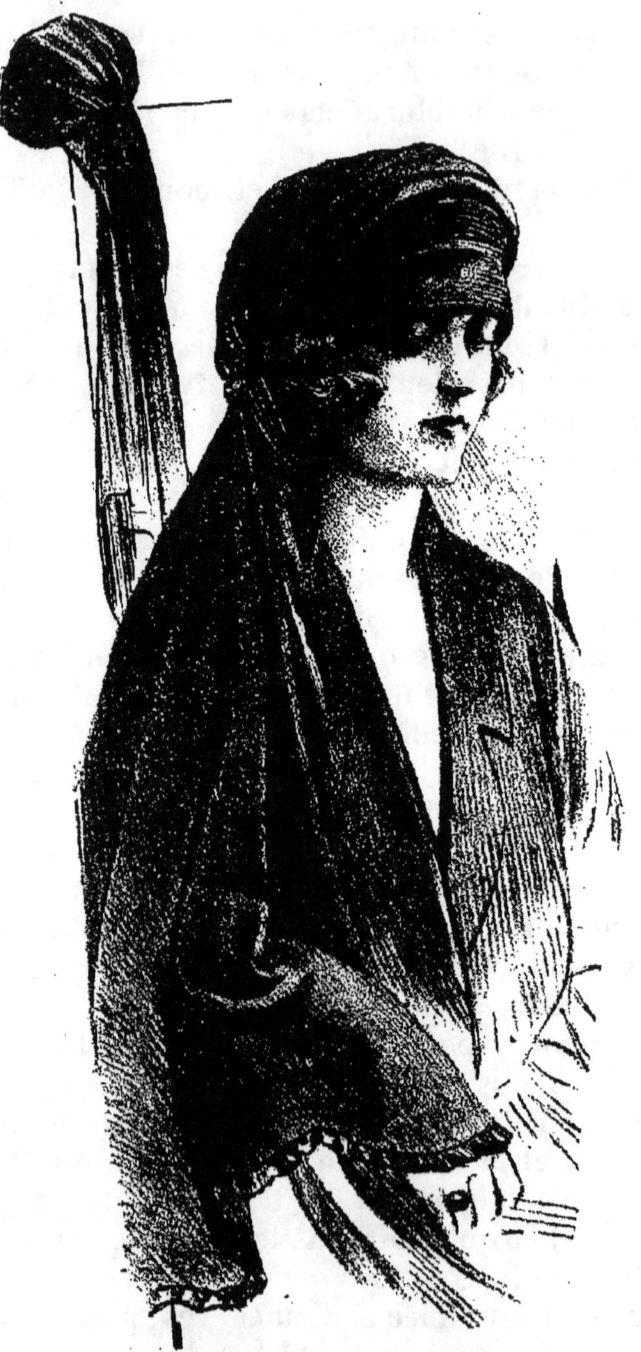

Fig. 167 (*La Femme chic*).

on cannetille les formes légères en croix à l'intérieur.

La cannetille plate est une sorte de lacet renfermant des laitons minuscules et très souples. On la coud à point de laiton. Elle est très commode car elle rend la forme souple et résistante à la fois.

Les Chapeaux de deuil

Généralement les maisons de mode achètent leurs modèles de deuil tout faits, tant il est vrai que ces sortes de chapeaux sont une spécialité. Les ouvrières en deuil possèdent, en effet, la netteté, le fini de ces apprêts et se jouent de leurs difficultés par l'habitude acquise.

La grande simplicité, la finesse du travail composent les principales beautés de ces chapeaux. On peut dire que c'est à cette sobriété que l'on reconnaît le beau deuil.

On les fait, pour la première période, en crêpe anglais, noir et blanc (fig. 167), puis en crêpe georgette ou grenadine.

A la fin du deuil, on peut porter des chapeaux de crêpe de chine ou de ruban, voire de taffetas, qui est très joli plissé au fer ou coquillé pour les toques.

Pour les premiers temps, la petite toque classique tendue avec le dépassant blanc sur les cheveux, avec ou sans jugulaire, est très bien portée, avec le grand voile de crêpe.

On la tend sur un petit calot de sparterie ou bien on fait un bord garni de biais de crêpe d'où sort le fond emboîtant bien la tête.

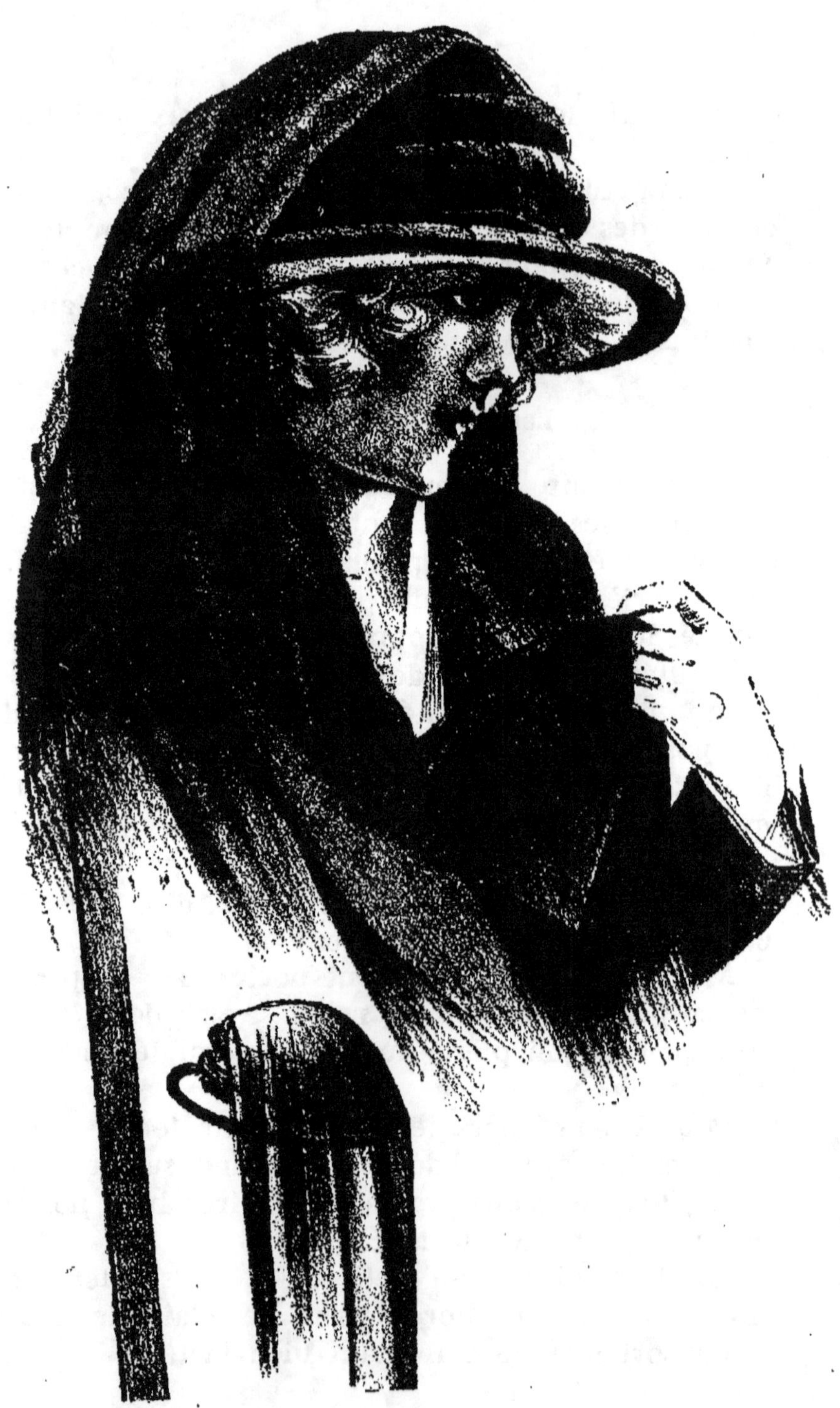

Fig. 168 (*La Femme chic*).

Puis viennent les cloches, les toques moins strictes, les canotiers, les bretons qui peuvent avoir un dessous de crêpe anglais ou de crêpe

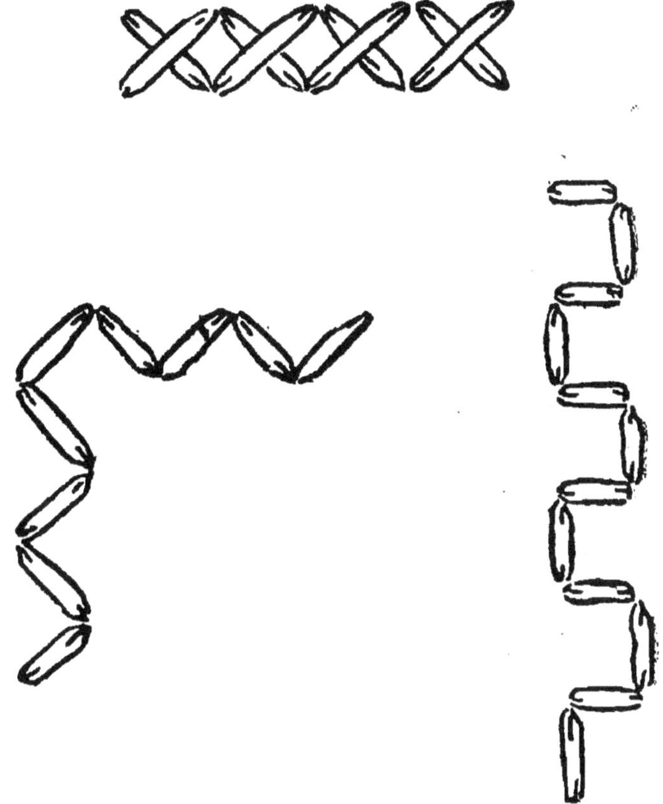

Fig. 169, 170 et 171 (*Les Dimanches de la femme*).

Georgette blanc (fig. 168). Ils sont brodés de perles ou ornés de cocardes de rubans plissés, mais toujours de la façon la plus sobre. Le voile court sera de crêpe Georgette avec l'ourlet ajouré ou légèrement perlé.

L'ourlet du voile non ajouré se fait à peu près
sur une hauteur de 5 ou 6 centimètres à points
coulés et à l'endroit du voile. Les bords emboîtant de petits plis, les passes et les calottes en

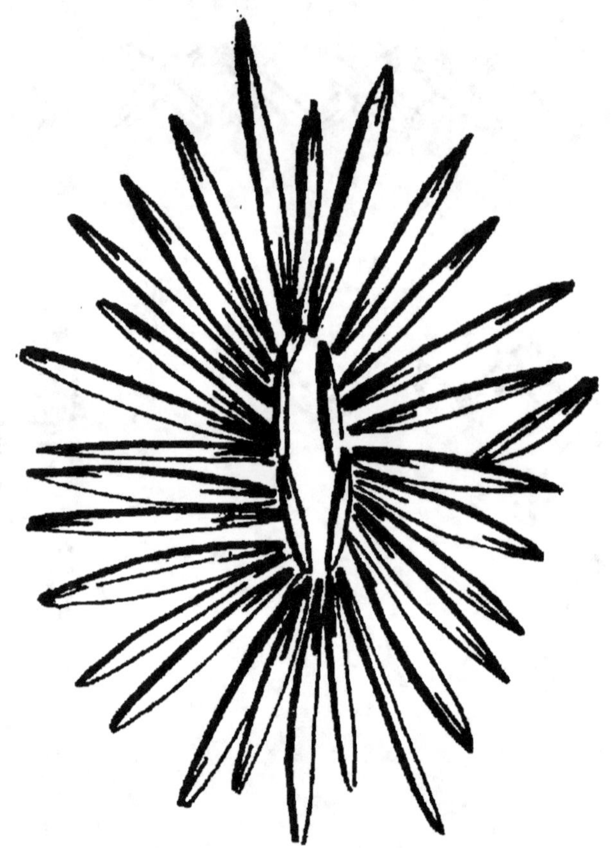

Fig. 172 (*Les Dimanches de la Femme*).

petits biais fins et réguliers, les fleurs et roses en
rubans sont de jolis apprêts pour le deuil.

On brode aussi souvent les passes avec de la
soie lihane ou du lacet de soie (fig. 169 à 172).

On peut également les broder au point de plu-
metis ou au point de tige (fig. 173).

Ayant expliqué tous ces apprêts, je me con-
tente de les mentionner.

L'endroit du crêpe a la côte saillante dessus.
Le biais du crêpe est en réalité le sens vertical,
c'est-à-dire la côte en hauteur. On l'obtient en
coupant la pointe du crêpe comme pour mettre
en biais la soierie ou le velours.

Ce sens en hauteur est plus joli pour faire
les passes emboîtantes, les lames à cheval et les

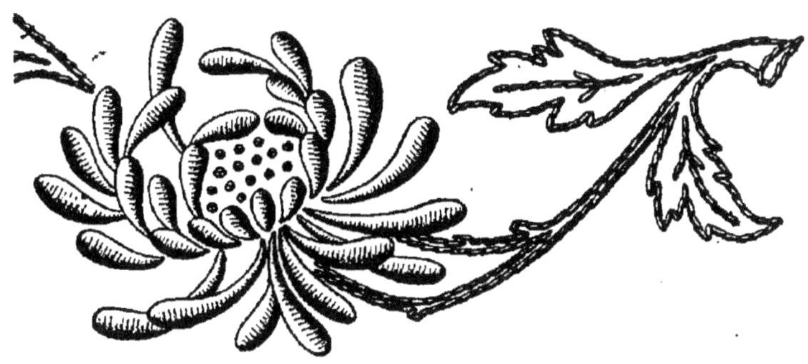

Fig. 173. (*Les Dimanches de la Femme*).

bandeaux de calottes. La couture s'y dissimule
parfaitement dans le droit fil.

Les passes ou lames de plis se prennent plutôt
dans le sens de la largeur afin que la côte du
crêpe suive le tournant de la passe.

La forme de sparterie sera voilée de barrège
au préalable et si c'est pour mettre sous du crêpe
blanc on mettra du barrège blanc en épaisseur
suffisante. On est parfois obligé de mettre du
taffetas blanc sous le crêpe georgette blanc afin
qu'il présente un aspect neigeux et impeccable.

Le crêpe anglais se repasse et se réapprête bien

au-dessus de la vapeur que l'on obtient avec de l'eau bouillant dans une casserole ou avec un chiffon mouillé sur un fer très chaud. On peut également le repasser à plat, mais en ayant soin d'appuyer à peine avec le fer sur le crêpe protégé d'ailleurs par un papier ou un linge.

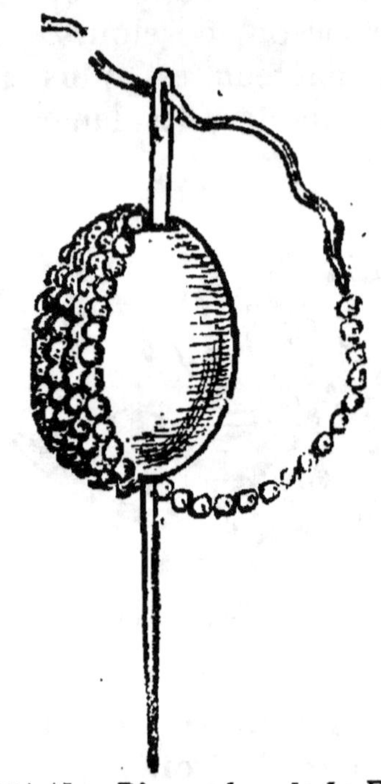

Fig. 174 (*Les Dimanches de la Femme*)

Le velours épinglé, très mat, fait également de très jolis chapeaux de deuil pour la deuxième période. On le mélange beaucoup avec du crêpe georgette. Il est malheureusement très fragile à travailler car il garde la moindre trace d'aiguille ou d'épingle.

Les grosses épingles, les cordons de perles en garniture ou jugulaires sont très seyantes (fig. 174 à 179).

On pose très simplement les voiles en ce mo-

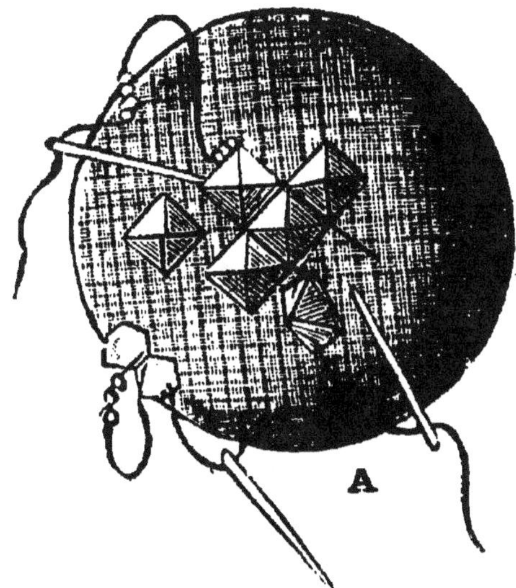

Fig. 175.

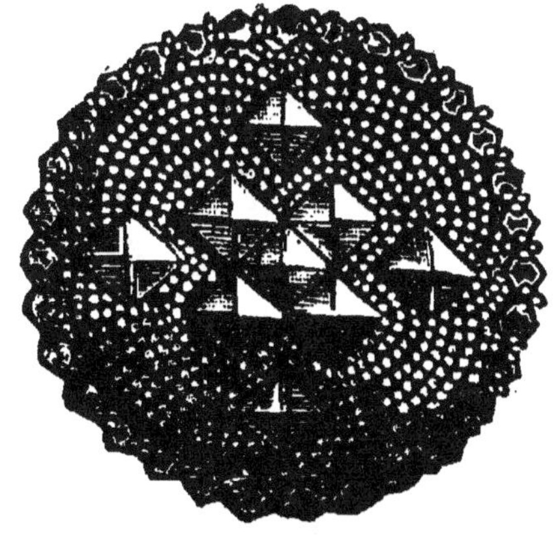

Fig. 176 (*Les Dimanches de la Femme*).

ment sur la calotte du chapeau d'où ils retombent
très naturellement par derrière.

Les voiles sont cousus nets ou en dedans pour être retournés suivant la façon dont on mettra le voile, baissé sur le visage ou en arrière comme on le fait le plus souvent puisqu'on le pose ainsi au bout de quelques jours.

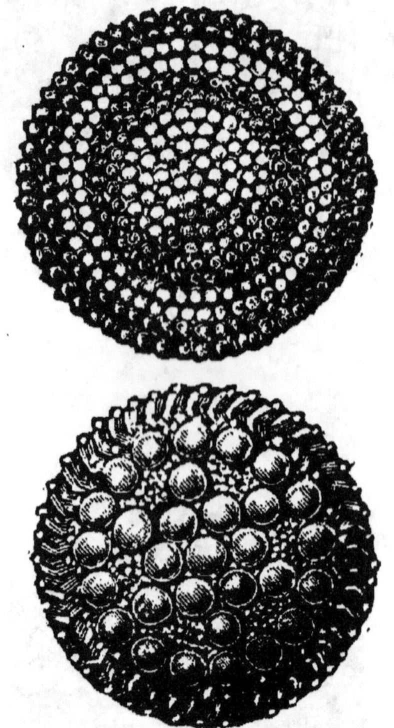

Fig. 177 et 178 (*Les Dimanches de la Femme*).

Pour cette dernière façon, et si la personne est jeune, il sera pris de préférence en haut du bandeau de la calotte, si la calotte est en deux parties. Le voile posé dans le bas de la calotte cache et alourdit davantage le chapeau.

Les pointes doivent être absolument égales en bas du voile. C'est pourquoi il est nécessaire de l'épingler sur le chapeau et de l'essayer avant de le coudre. C'est la seule façon de bien se rendre compte s'il est droit.

On doit du reste avant prendre le milieu du voile et le poser au milieu de la calotte. On le coud jusqu'à moitié du bandeau de la calotte, de chaque côté, mais si le voile est désapprêté, il peut quand même se trouver de travers. C'est pourquoi il est malgré tout, nécessaire de l'essayer.

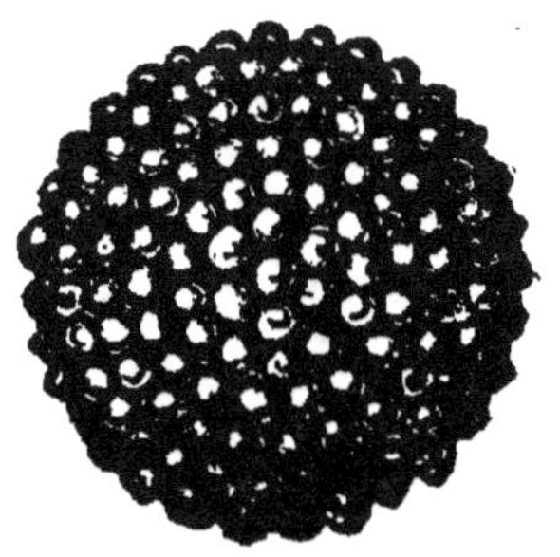

Fig. 179 (*Les Dimanches de la Femme*).

Il faut aussi que la calotte qui doit supporter le poids du voile soit assez ferme.

Une calotte souple en mousseline ou tulle raide ne pourrait le soutenir comme le fera celle de sparterie.

Pour perler les chapeaux de deuil, on emploie les procédés suivants :

Le *perlage à points arrières* (fig. 180) qui est solide, permet de suivre très exactement des dessins même compliqués et permet de varier la dimension des perles puisque vous prenez vos perles une à une.

Le *perlage avec perles déjà enfilées* (fig. 181 à 183). Les perles passées d'avance sur un cordonnet solide sont maintenues par des points

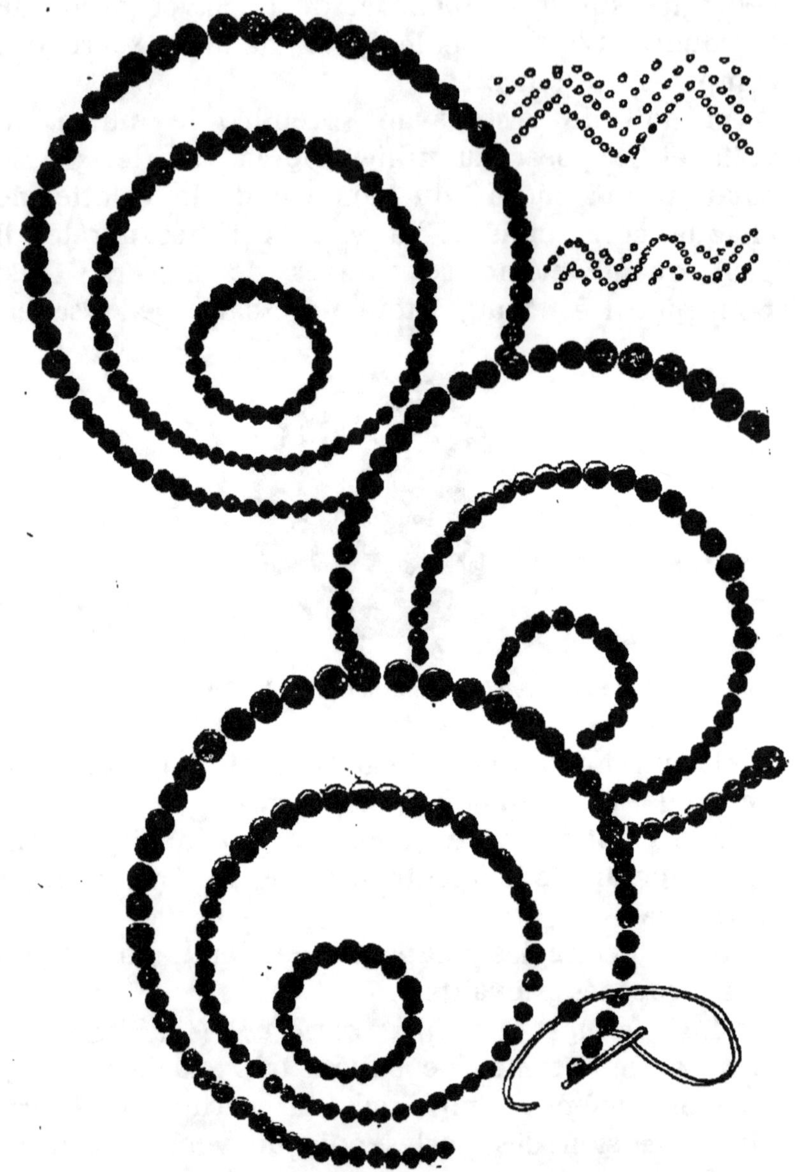

Fig. 180 (*Les Dimanches de la Femme*).

en soie fine qui arrêtent le cordonnet aux endroits
voulus. Cette méthode permet les pendentifs de

perles toujours si gracieux, les fleurs à corolles détachées, etc...

Les modèles représentés par les figures peuvent se développer et se transformer à l'infini.

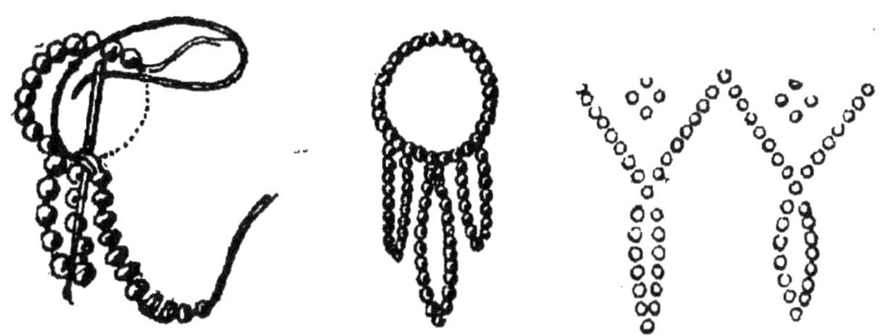

Fig. 181, 182 et 183 (*Les Dimanches de la Femme*).

Les Chapeaux d'enfants

Ce genre de chapeau ne doit jamais être banal. Par la forme ou la garniture, par la recherche des couleurs, souvent vives, on en fait des petites choses ravissantes.

Les grandes fillettes porteront des souples capelines (fig. 184), des bretons et des cloches.

Les plus petites de ravissants bonnichons, des petits bords très emboîtants et très seyants.

Les tout petits des béguins coulissés, des bonnets de dentelle de tulle, de velours, enrichis d'un soupçon de fourrure.

Les fillettes auront pour l'été des capelines de paille légères ou tendues en taffetas brodé ou incrusté de motifs découpés en toile de Jouy ou en étoffe ancienne, des passes coulissées en taffetas. Les longs pans de rubans flottant sur l'épaule et qui rappellent les coiffures anciennes sont ravissants pour accompagner les toilettes habillées. Les bretons de paille ou de ruban travaillés dans les tons vifs comme le rouge étrusque ou le bleu

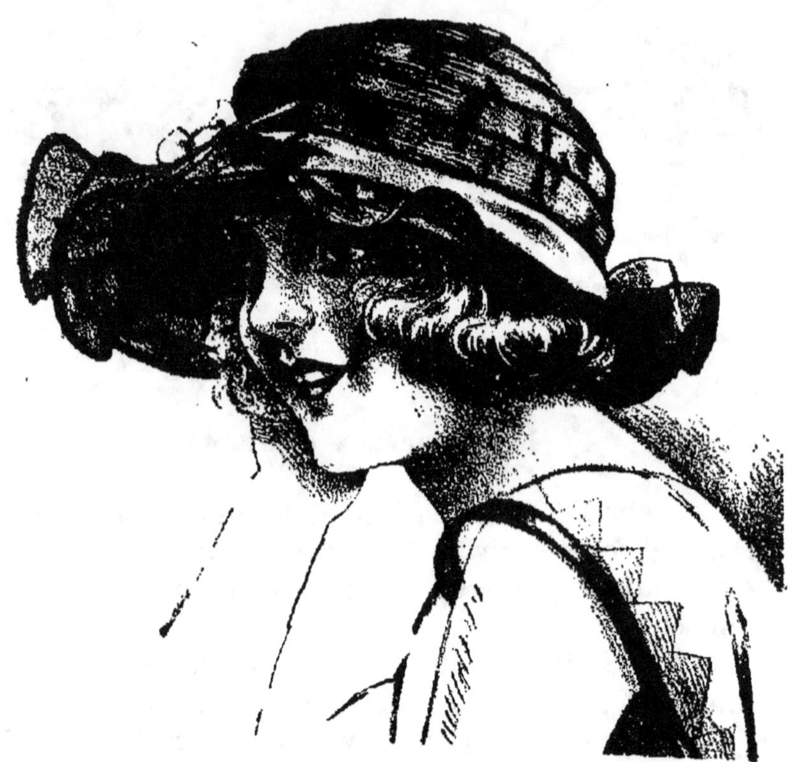

Fig. 184 (*La Femme chic*).

japonais, sont très seyants pour le tout aller, les cloches de grosse paille ou tendues de cuir ou de toile cirée sont tout indiquées.

Voici de bien jolis modèles d'été pour les fillettes.

Voici une forme recouverte de taffetas fraise ceinturée d'un ruban de velours noir noué derrière et agrémenté d'un piquet de clochettes (fig. 185).

Un petit chapeau souple au bord roulé rayé d'un joli ruban pervenche qui se noue sur le côté et se termine en deux longs pans (fig. 186).

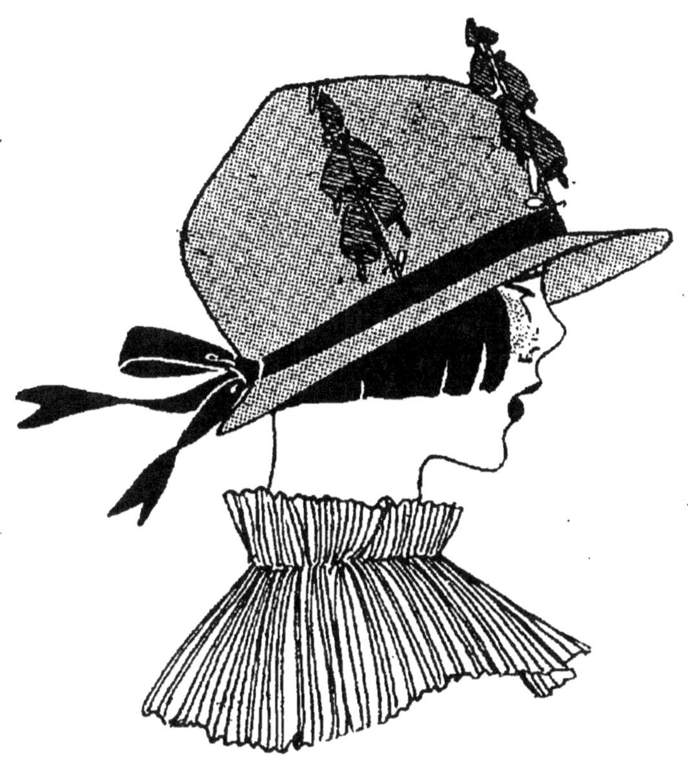

Fig. 185 (*Les Modes de la Femme de France*).

Une garniture jolie et originale, une guirlande de fleurs modernes bleu vif qui raye le fond du chapeau, traverse la passe et tombe sur les côtés (fig. 187).

Un petit chapeau de drap grège dont le bord découpé en drap jade est bordé de gros points

de feston beige et de glands de soie grège
(fig. 188).

Ce chapeau de pongée ciel à la passe froncée

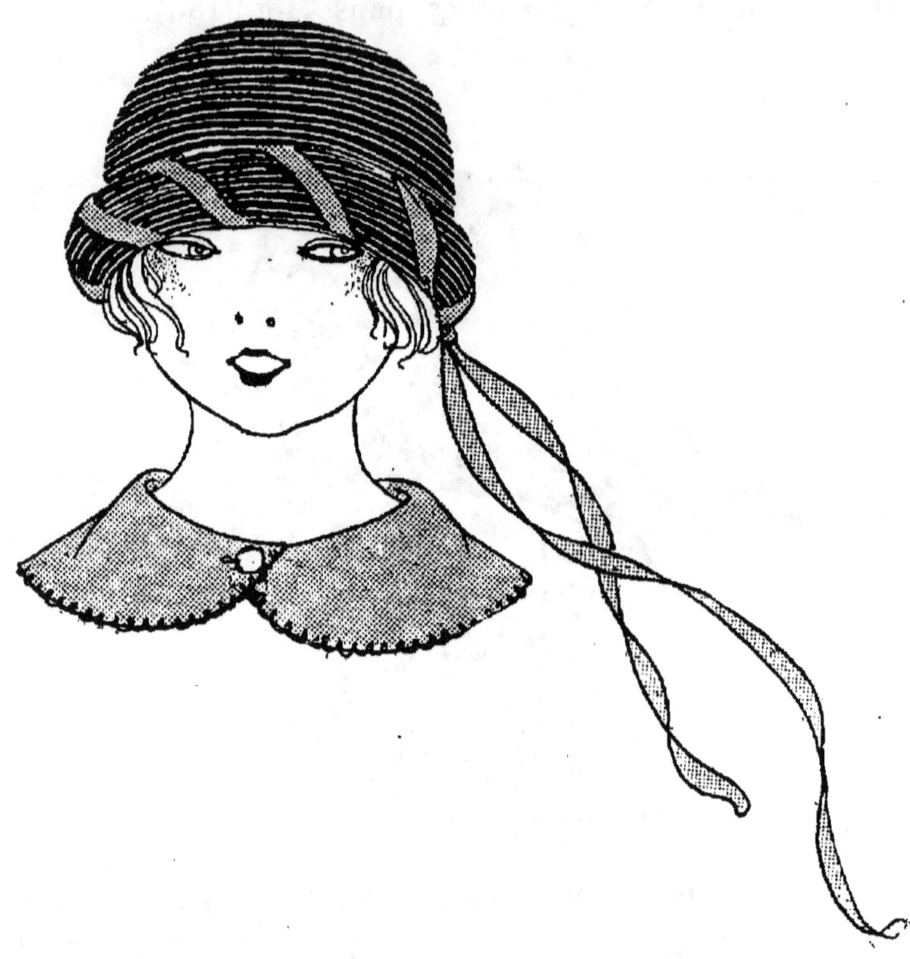

Fig. 186. (*Les Modes de la Femme de France*).

et garnie de ruban de velours noir (fig. 189).

Ce joli petit chapeau de rubans se chevauchant
les uns les autres et la cordelière se nouant sur
le côté et terminée par deux gros pompons, ruban
et cordelière sont d'un joli bleu bleuet (fig. 190).

Pour l'hiver, la cloche ou capeline de velours

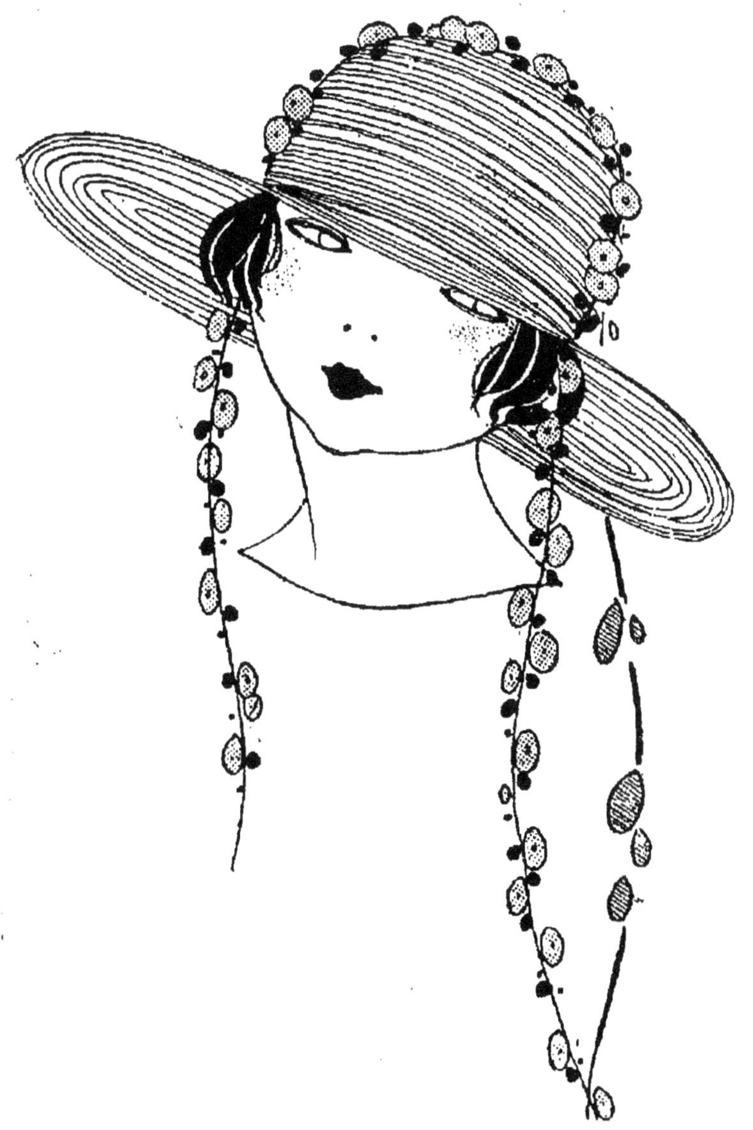

Fig. 187 (*Les Modes de la Femme de France*).

noir va très bien aux petites blondes, mais on
prend de plus en plus la coutume d'assortir le

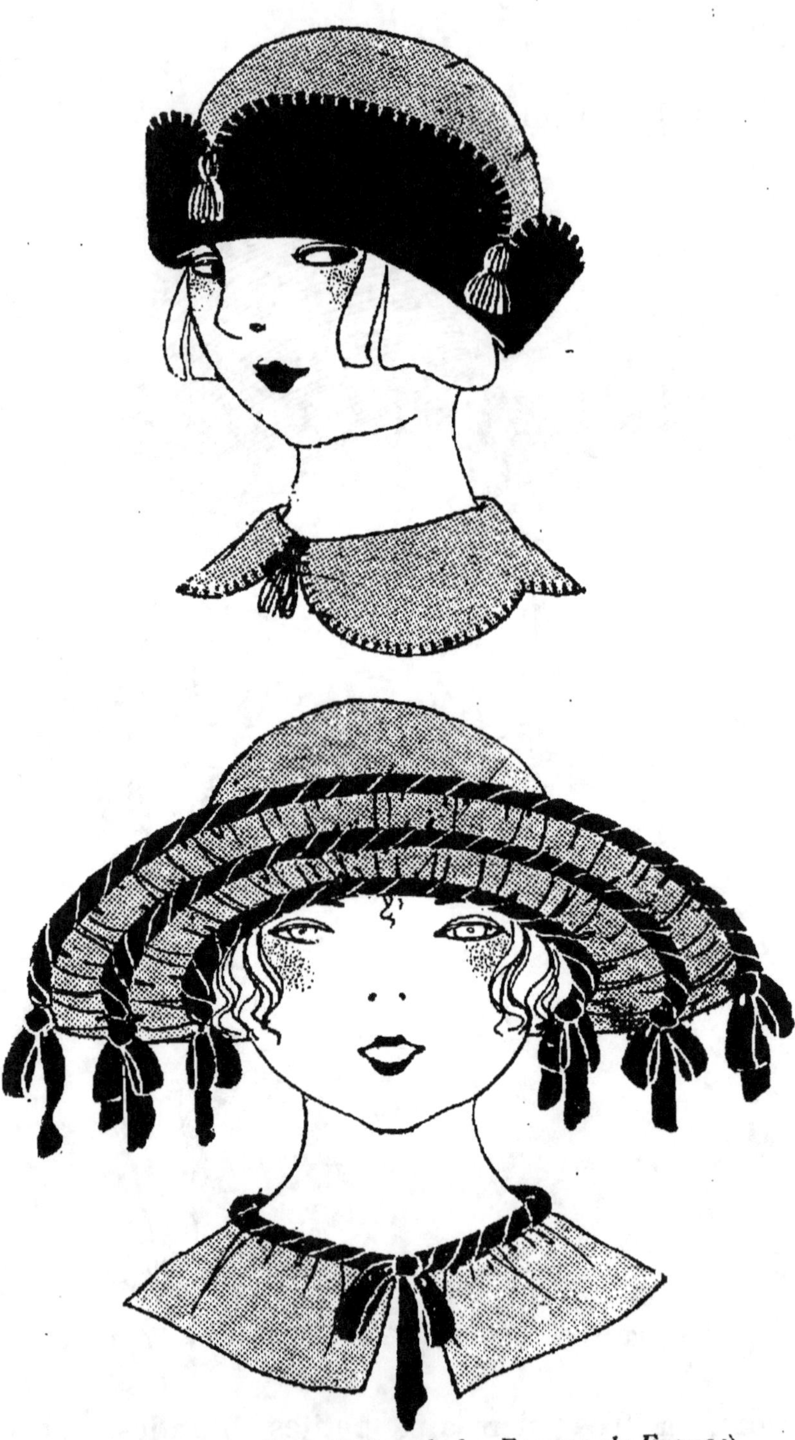

Fig. 188 et 189 (*Les Modes de la Femme de France*).

chapeau au manteau. Par exemple, un manteau de velours de laine beige, bleu roy ou vert, s'accompagne très bien du chapeau en tissu pareil.

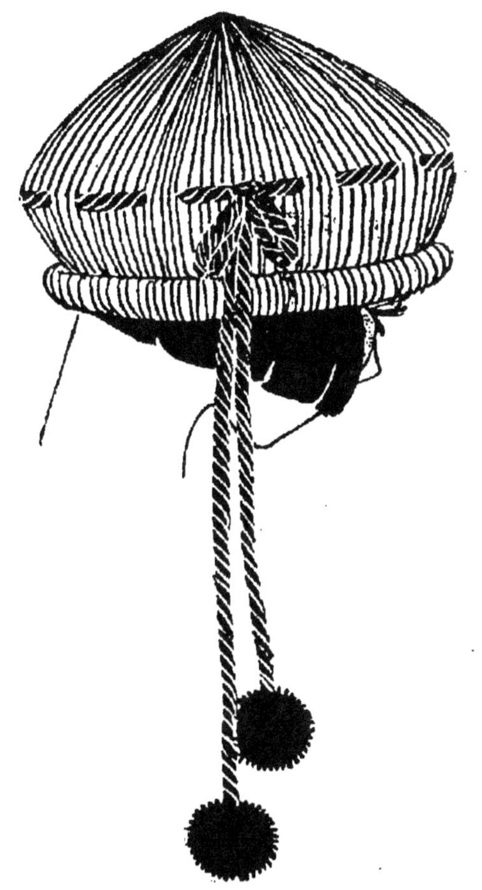

Fig. 190 (*Les Modes de la Femme de France*).

On fait en fourrure de jolis bonnichons que l'on met aussi bien aux tout petits garçonnets. En loutre, avec revers d'hermine, en taupe ou en castor.

Les grands feutres velours ou taupés dans

les nuances foncées seront toujours des coiffures d'une parfaite distinction pour les enfants.

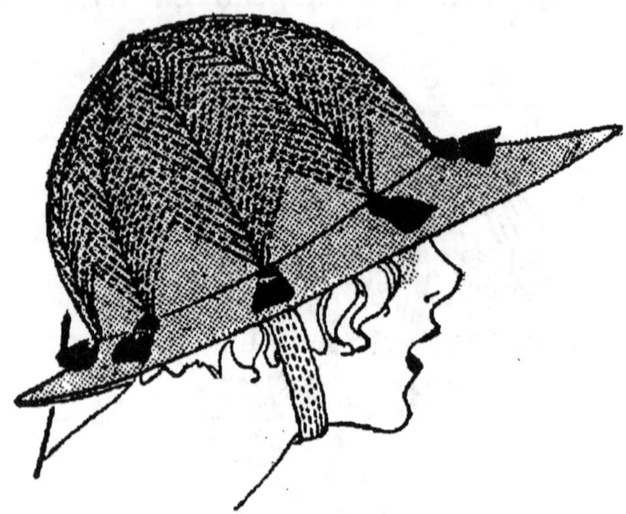

Fig. 191.

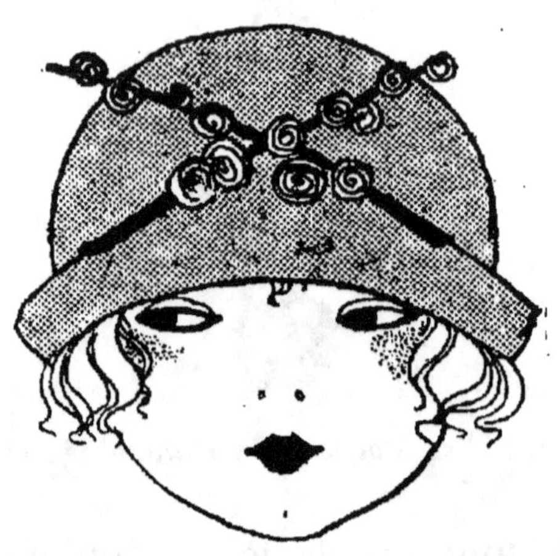

Fig. 192 (*Les Modes de la Femme de France*).

Les figures 191 à 208 indiquent différents modèles de chapeaux d'enfants avec la façon d'exécuter les garnitures soit avec des piqûres (191)

de petites nattes en rubans (193) de la chaînette
(190) des points de croix (200) des pompons,
des glands, des dessins au canevas (205 à 208).

J'ai déjà indiqué comment on exécute tous les
apprêts dont je viens de parler, mais pour les

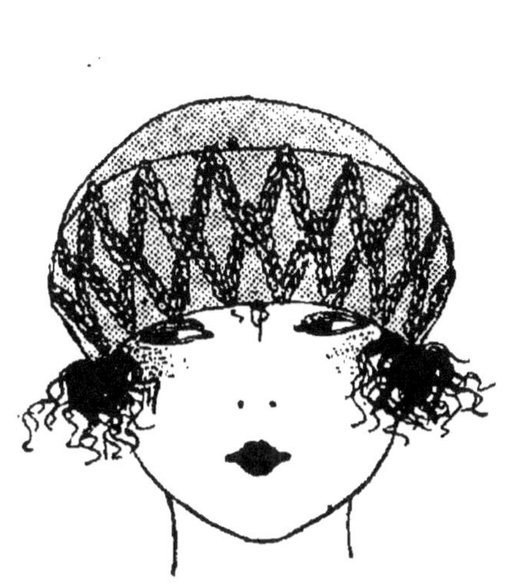

Fig. 193. — Avec des petites nattes
en ruban (*Les Modes de la Femme de France*).

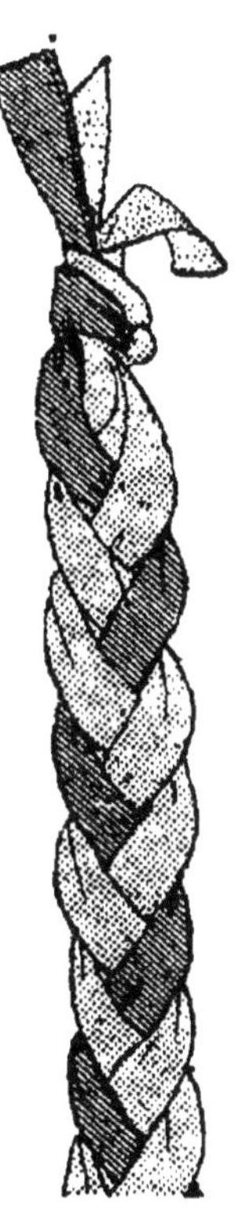

tout petits, il est nécessaire d'indiquer la façon de
faire un bonnet.

Il y en a une grande variété, parmi lesquels le
bonnet hollandais, le béguin coulissé, la petite
charlotte, le petit bonnet froncé derrière à la
paysanne et la minuscule cloche.

Ce bonnet (fig. 209) se fait d'un seul morceau

de tissu ayant la forme d'un rectangle, terminé
de chaque côté par la moitié d'un rond (les
mesures du schéma (f g. 210) correspondent environ à la taille trois ou quatre ans). Après qu'on
a brodé les fleurs en coton perlé bleu (fig. 211),

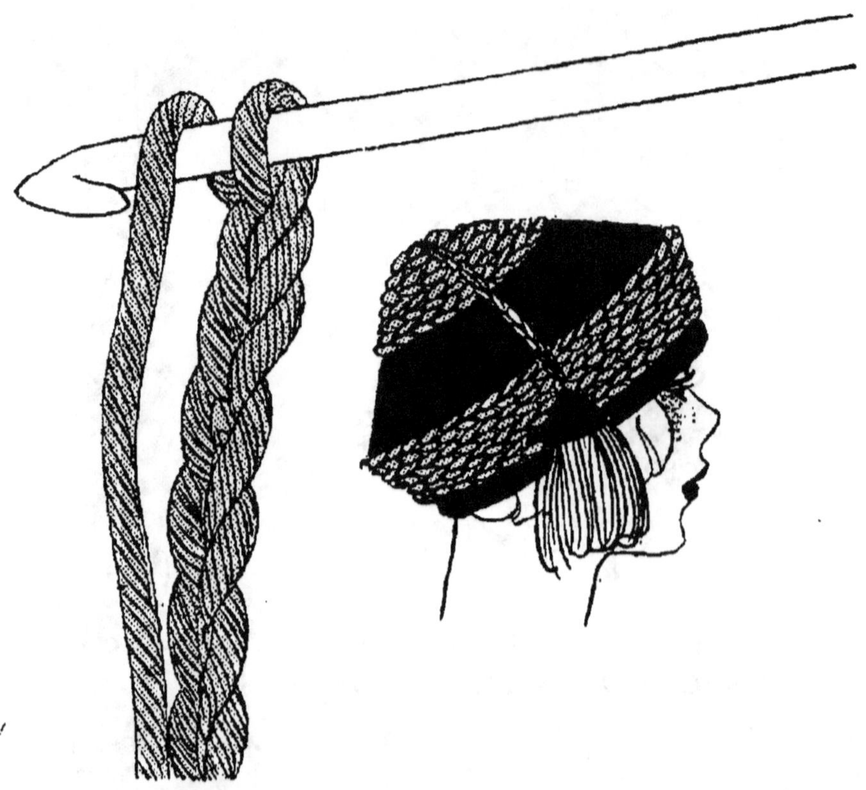

Fig. 194. — Avec de la chaînette (*Les Modes de la Femme de France*).

pour ce qui est indiqué en point de chaînette,
et en rouge pour les points au passé du cœur
des fleurs, appliquez une doublure lavable de
même dimension que le bonnet et festonnez de
coton bleu le contour du rectangle, en prenant
les deux tissus ensemble, le demi cercle sera coulissé par un ruban comète à la mesure de la tête

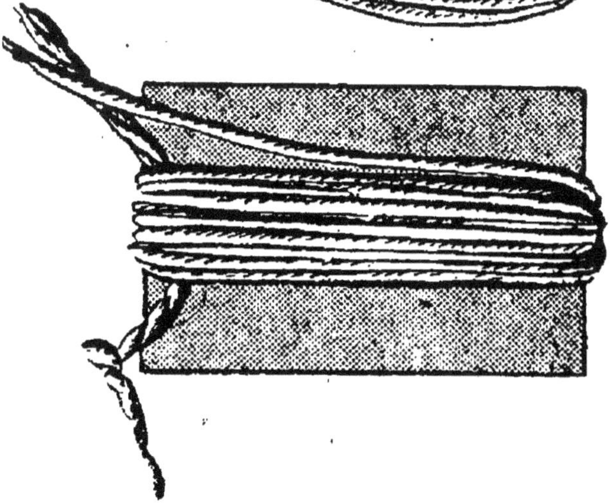

LA MODE

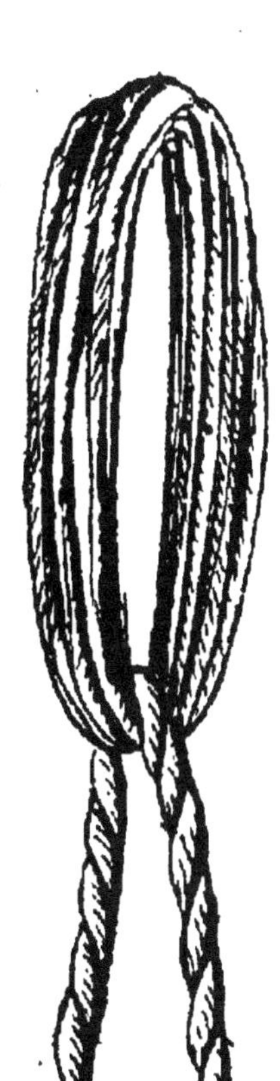

Fig. 199.

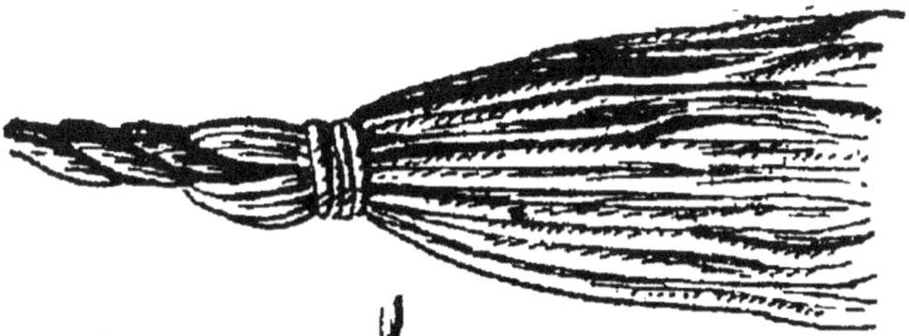

Fig. 198.

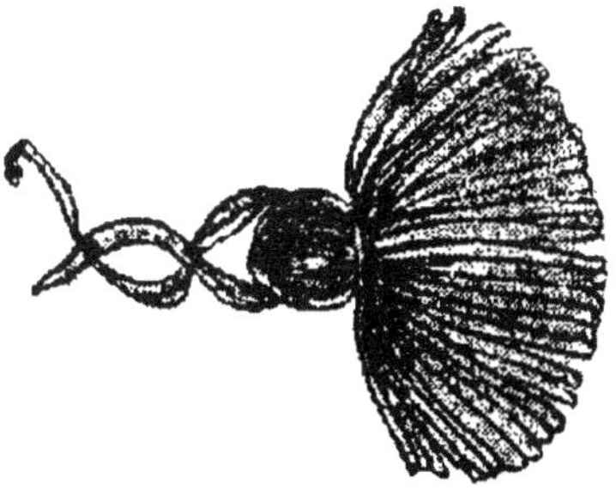

Fig. 197.

Fig. 195.

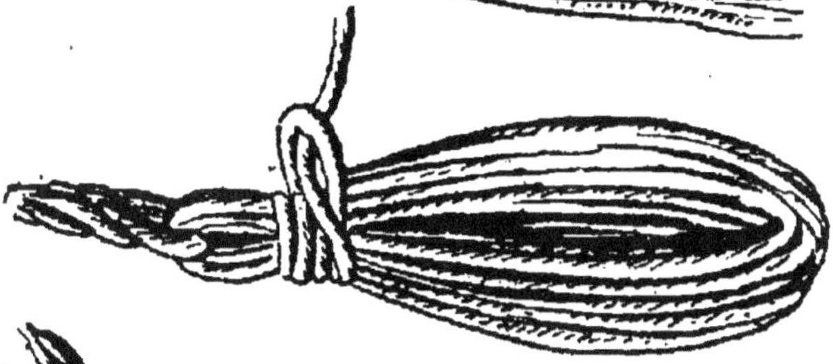

Fig. 196. — Pour faire nos glands.

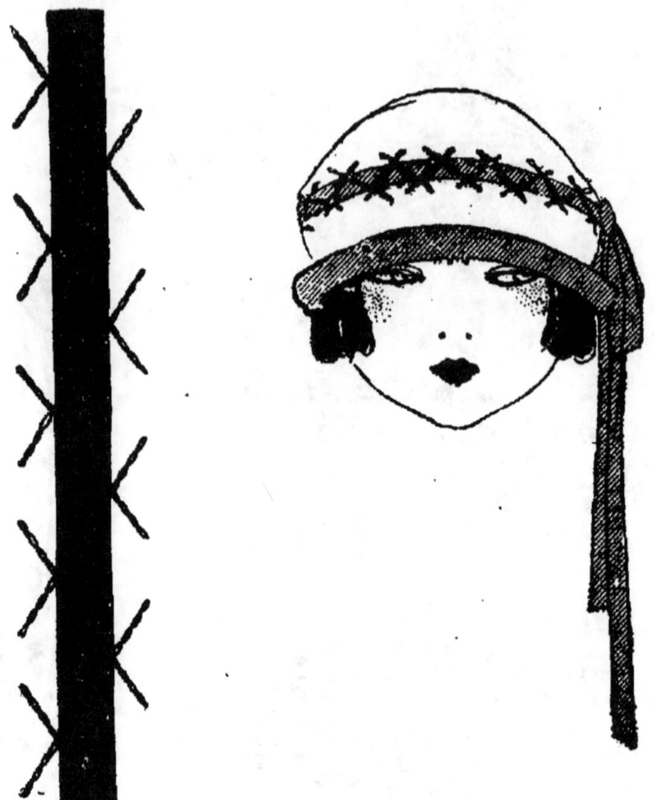

Fig. 200 (*Les Modes de la Femme de France*).

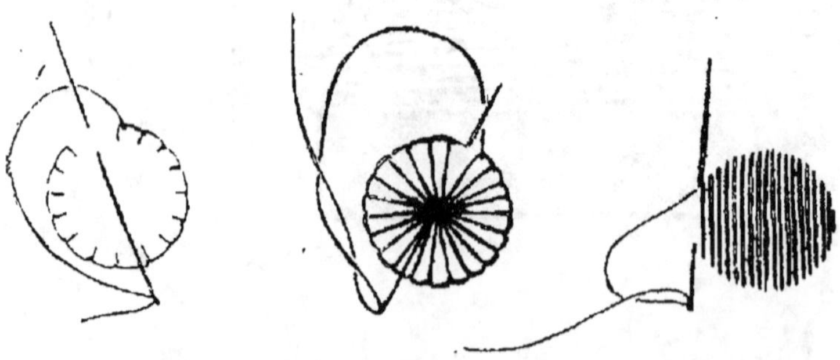

**Fig. 201 et 201 *bis*. — Pour faire aux petits chapeaux amusants
des garnitures plus amusantes encore.**

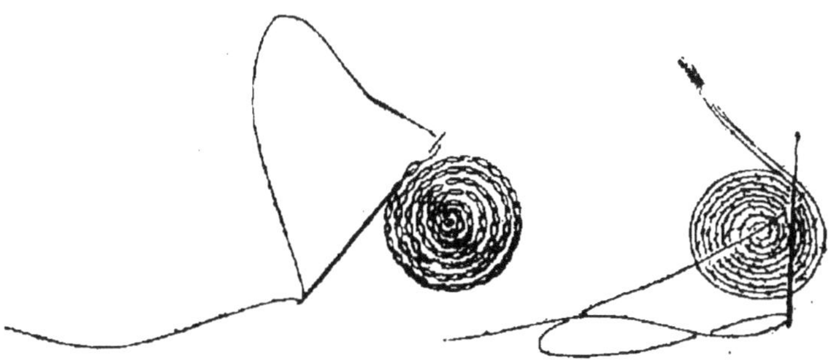

Fig. 201 *ter*.

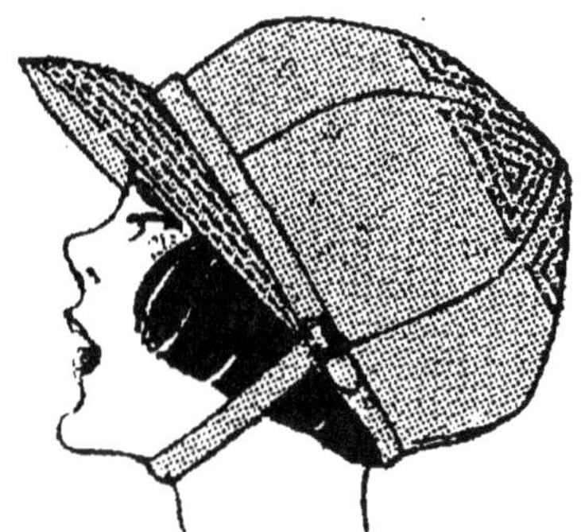

Fig. 202. — Avec es piqûres bleu marine sur du drap rouge.

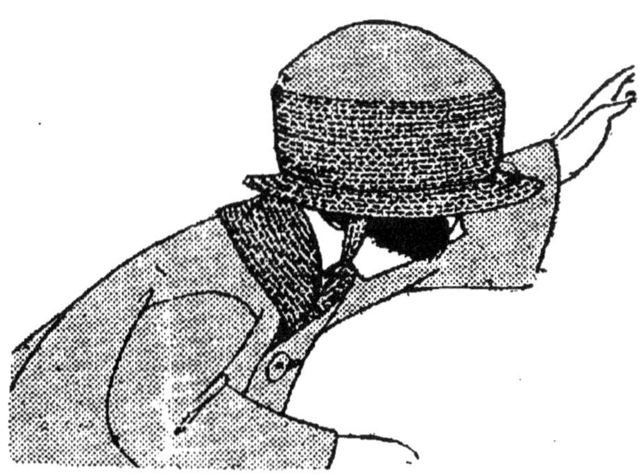

Fig. 203. — des piqûres rouges sur du drap gris.
(Le   les de _ia Femme de France)._

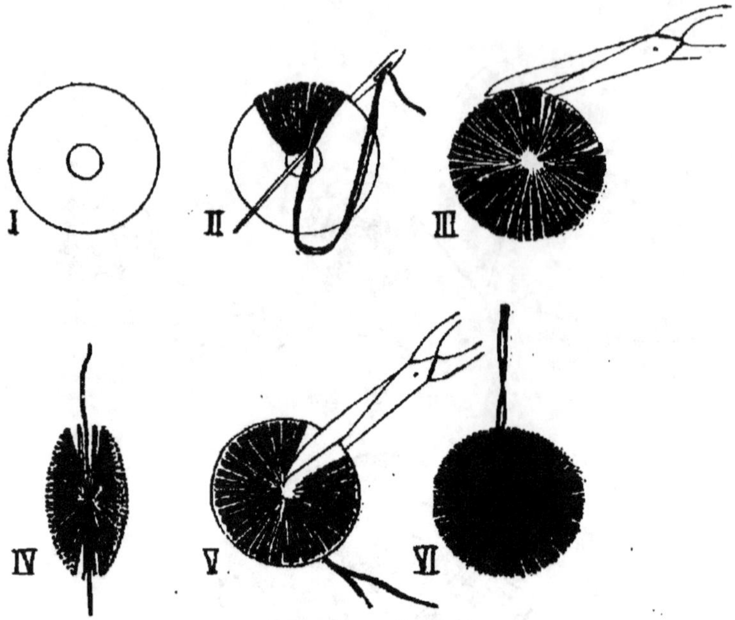

Fig. 204.

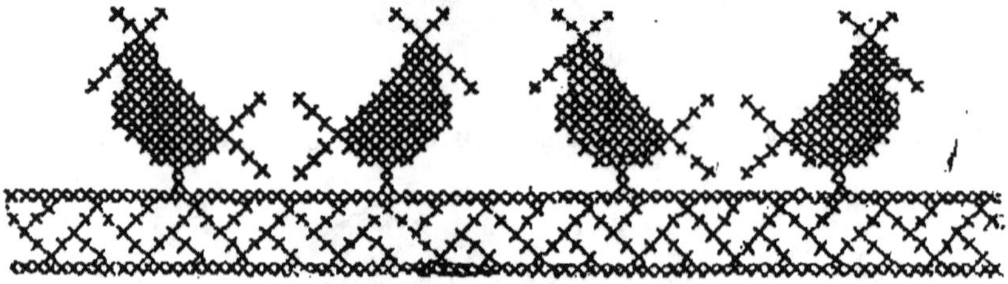

Fig. 205.

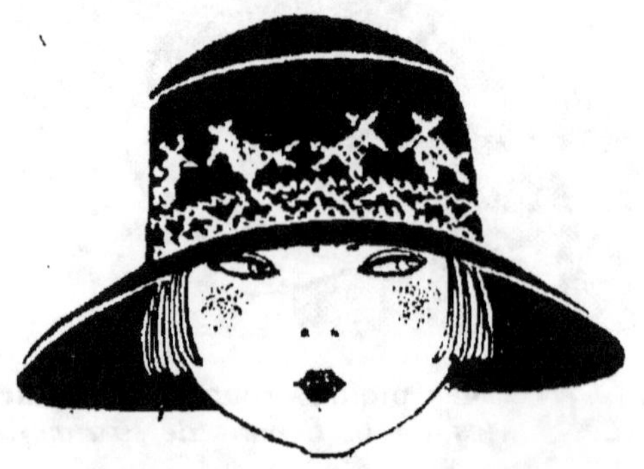

Fig. 206 (*Les Modes de la Femme-de France*).

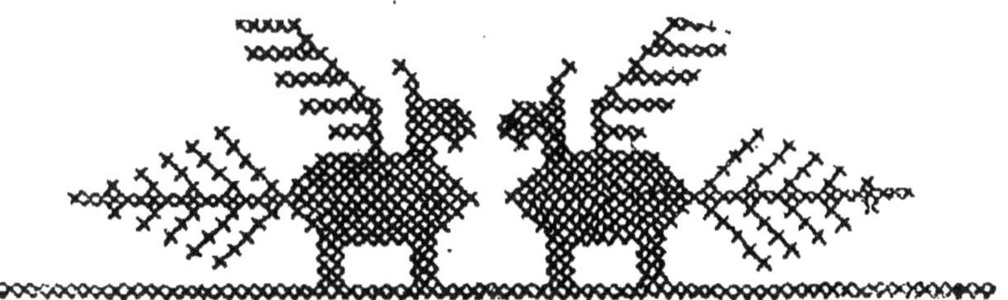

Fig. 207.

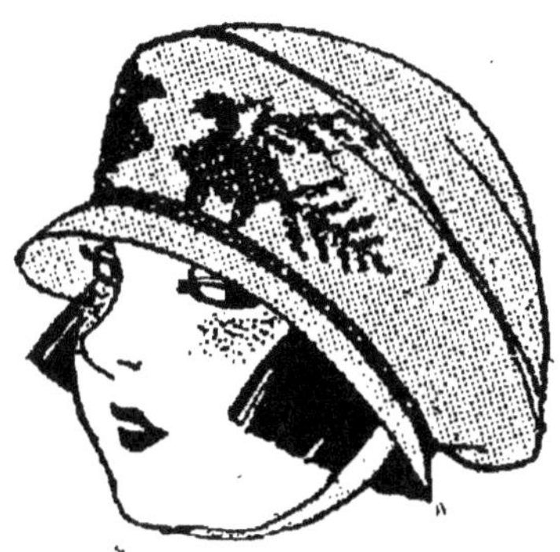

Fig. 208.

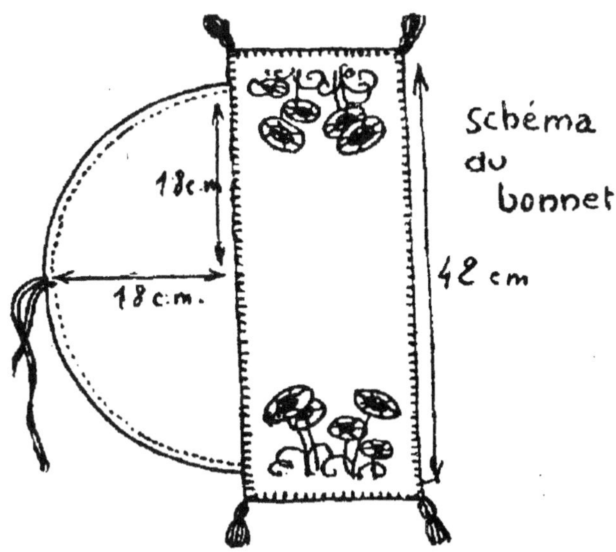

Fig. 210 (*Les Modes de la Femme de France*).

de l'enfant. Le bonnet pourra donc être complètement mis à plat pour le blanchissage.

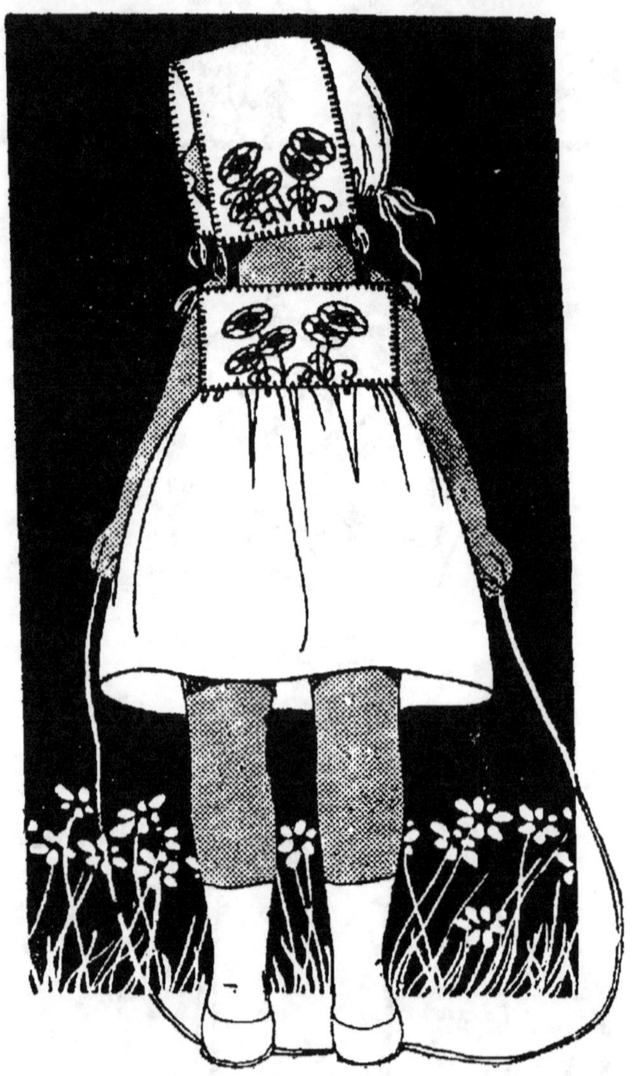

Fig. 209. (*Les Modes de la Femme de France*).

Ce bonnet peut servir de base à une grande
variété de modèles et de broderies différentes.
Celui-ci (fig. 212) qui est très simple aussi se

composé d'une bande droite festonnée, semée

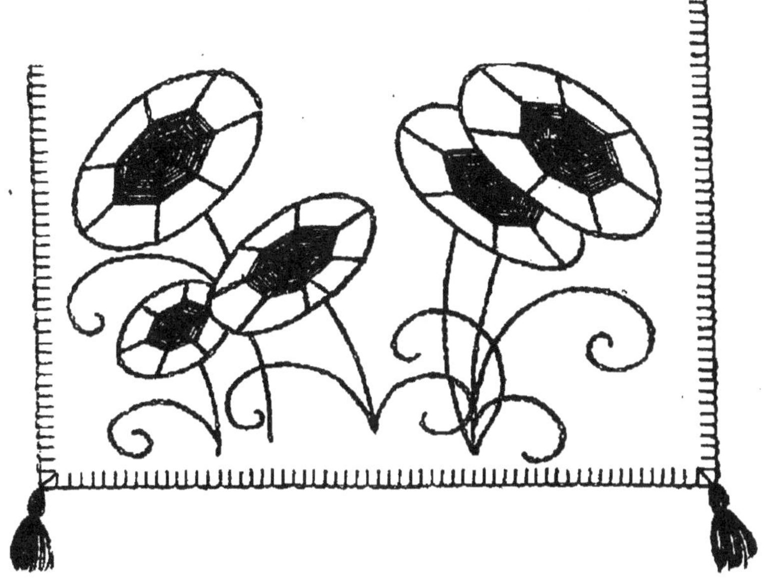

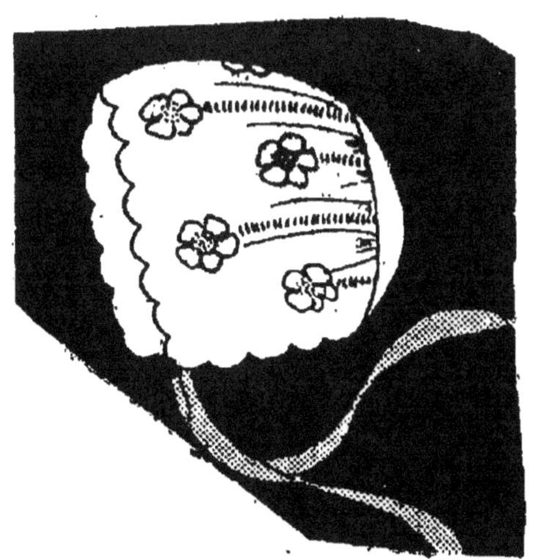

Fig. 211 et 212 (*Les Modes de la Femme de France*).

d'églantines brodées (fig. 213). Cette bande est
montée à fronces autour d'un petit rond.

Celui-là (fig. 214) ressemble au premier modèle, mais sa bande brodée est plus étroite. Elle

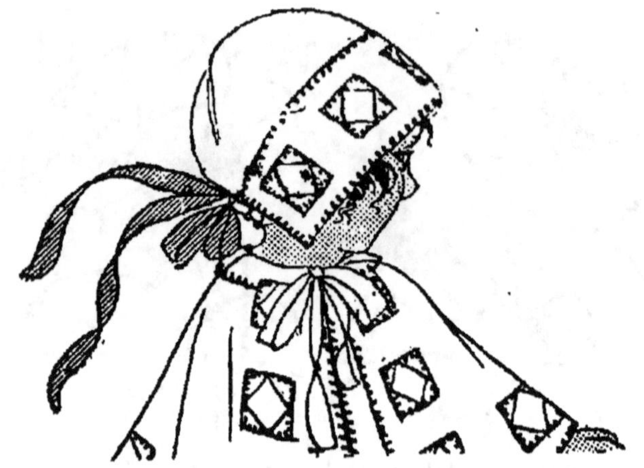

Fig. 213 (*Les Modes de la Femme de France*).

est ornée de simples carrés ajourés que l'on peut
varier à l'infini, notamment en repliant les quatre

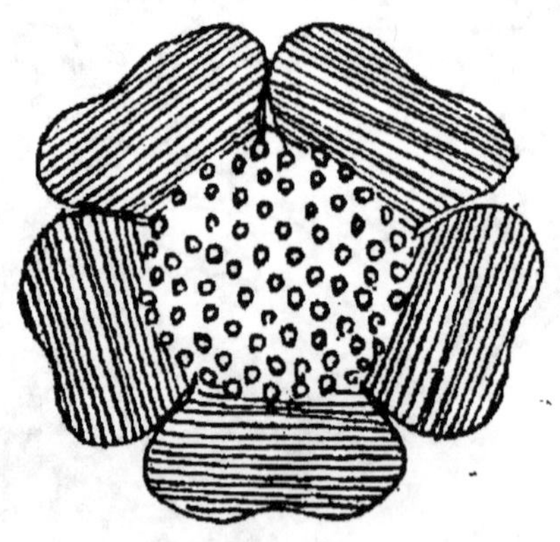

Fig. 214.

coins du carré avec un point de soie de couleur
(fig. 215).

En voici un autre (fig. 216) froncé, en linon,

et arrêté de chaque côté sur les oreilles par un
rond brodé de perles monté par un jour sur un

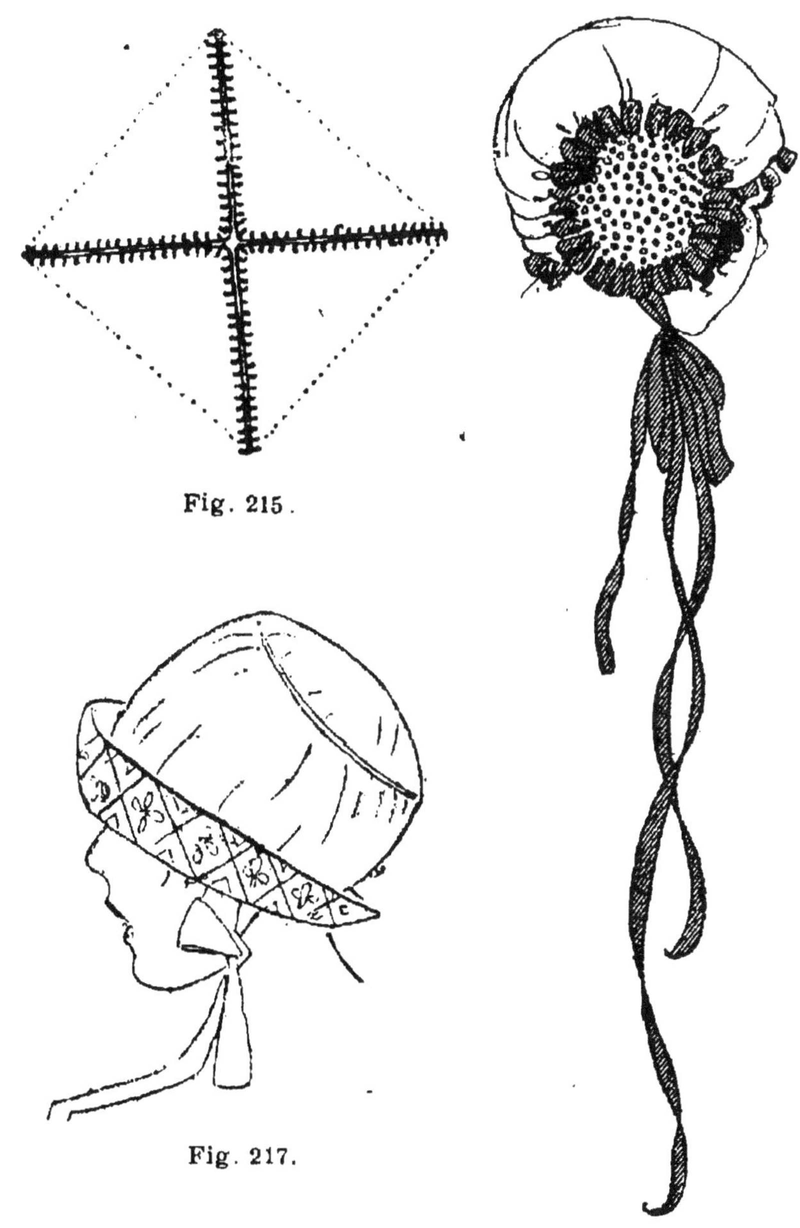

Fig. 215.

Fig. 217.

Fig. 216.

(Les Modes de la Femme de France)

plissé de rubans. Les perles pourraient être remplacées par des fleurettes au point lancé ou au point de tige. Cette simple broderie au joli mouvement enroulé peut remplacer les fleurettes. Le fond froncé sera cousu de façon légère sur la coiffe composée d'une bande de linon montée après un rond qui prendra bien la tête.

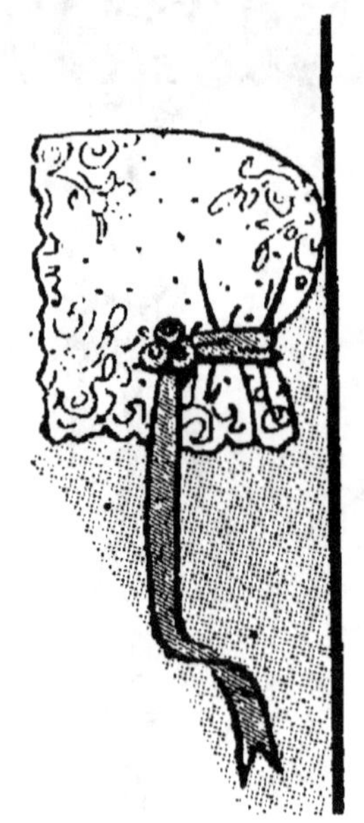
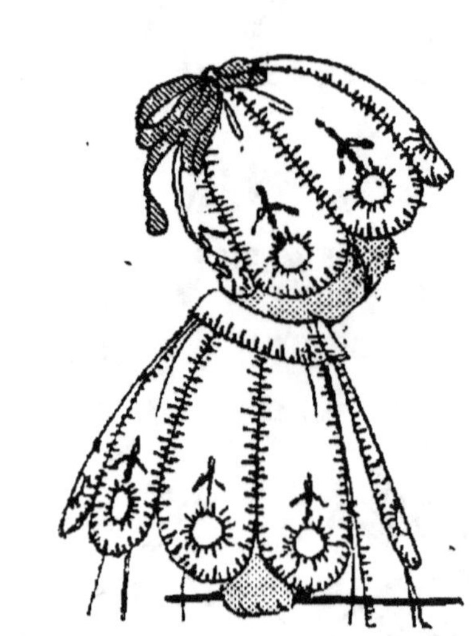

Fig. 218 et 219.

Cet autre (fig. 217) a un rebord très souple, en mousseline à patron recouvert d'un tissu de faille brodé. Le fond en calot est en pongée ou faille unie. Des brides de rubans le finissent joliment.

En voici d'autres qui s'expliquent tout seuls. Celui-là (fig. 218) que l'on fait avec un simple carré brodé et ces capuchons (fig. 219 à 221) qui se font avec quelques centimètres de tissus, crépon, flanelle ou voile — un motif brodé,

de gros points festonnés — voilà comment sont
faits nos capuchons.

Voici le véritable bonnet de tout petit. 0 m. 15
de mousseline brodée en un mètre de largeur.

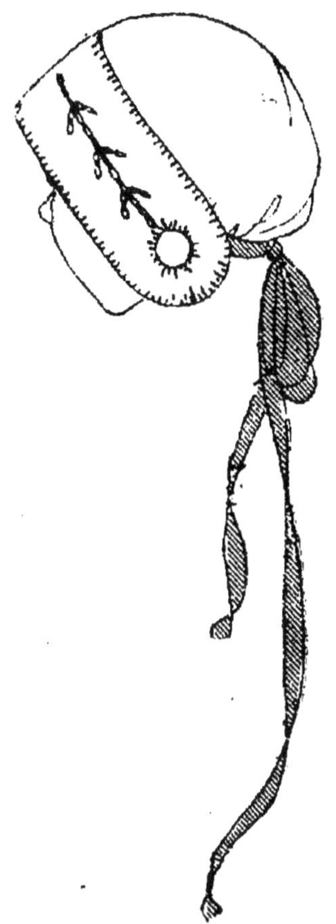

Fig. 220 (*Les Modes de la Femme de France*).

Sur le fond de ce bonnet, petit rond de 58 millimètres de diamètre ourlé en roulotté. On fixe la
partie froncée de la passe en laissant à celle-ci
une tête d'un demi centimètre.

Des lignes parallèles (fig. 222) montrent l'emplacement des coulisses en percale cousues à l'in-

térieur du bonnet, dans chacune desquelles on
fixera du ruban comète pour froncer la passe à

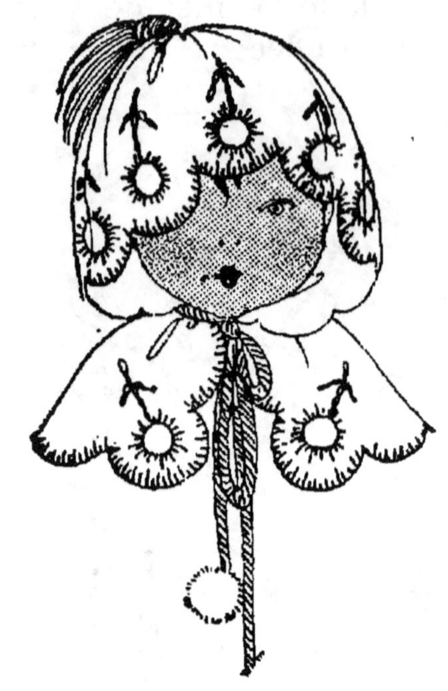

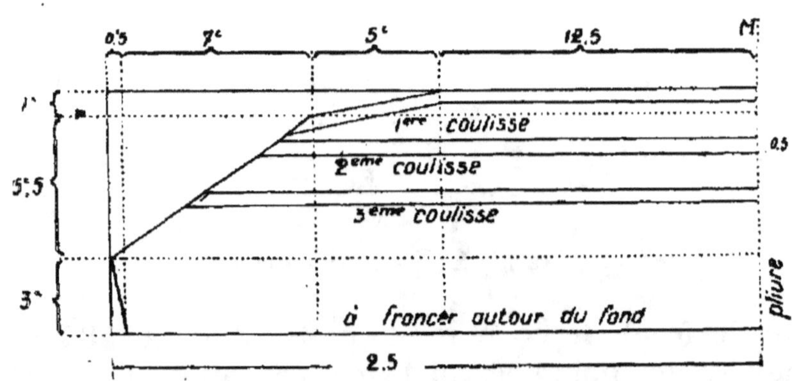

Fig. 221 et 222 (*Nos Loisirs*).

demeure. Terminer par de la Valenciennes. Les
brides sont en ruban (fig. 223).

Voici un modèle de linon rose froncé et retenu autour de la tête par des biais de linon bleu posés

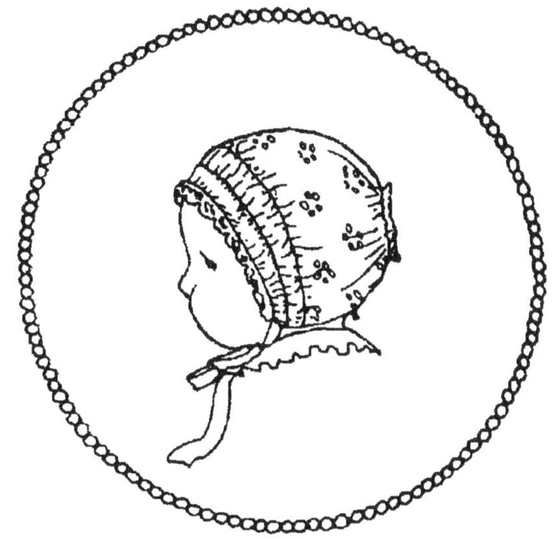

Fig. 223 *(Nos Loisirs)*.

en cerceau. Le volant de linon qui forme charlotte est terminé par une petite dentelle de Malines

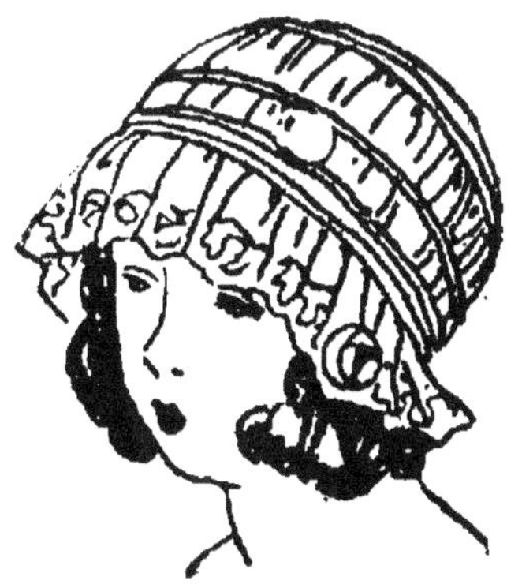

Fig. 224.

dans laquelle vient se piquer un bouton de rose en ruban (fig. 224).

La petite cloche sera minuscule, très courte

derrière avec la calotte coulissée, soit en Valenciennes, ou tout en petits volants de rubans. En voici une tendue. La passe est garnie joliment de pastilles de soutache (fig. 225).

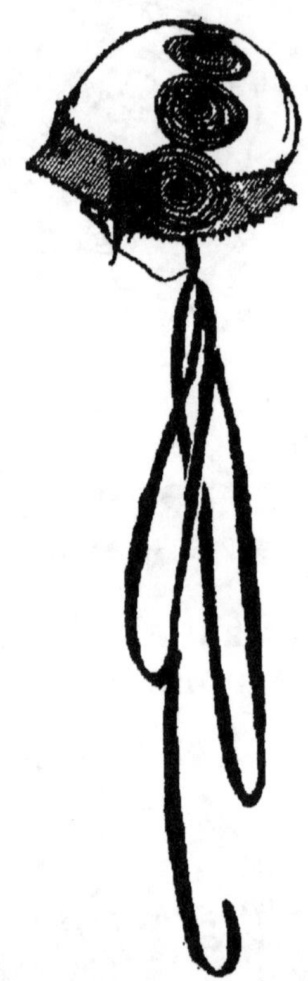

Fig. 225 (*Les Modes de la Femme de France*).

A propos de soutache, il y a plusieurs espèces de soutaches. On emploie pour ces objets de lingerie la soutache de coton. On en trouve de grosseurs différentes et l'aspect du travail change beaucoup suivant la dimension que l'on emploie. Pour les bonnets d'enfants, on emploie surtout la soutache fine avec laquelle on obtient de si jolis résultats.

On pose la soutache à plat ou on la pose de côté.
On se sert aussi de la soutache comme on se ser-
virait de coton à broder, avec une grosse aiguille
à laine pour remplir des fleurs ou des feuilles
ou autres motifs. Enfin, on fait des nœuds avec

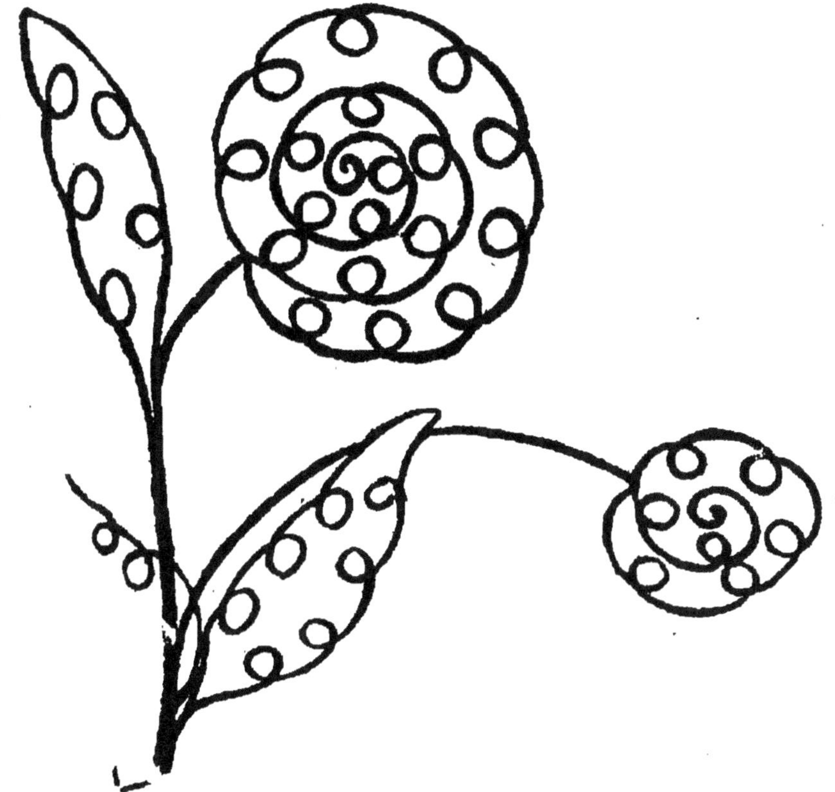

Fig 226 (*Les Dimanches de la Femme*).

la soutache et ces nœuds peuvent devenir une
ornementation complète ; on les fait comme les
nœuds de broderie.

On pose souvent la soutache de côté, et c'est la
plus jolie manière. Elle n'est pas beaucoup plus
difficile. Pour les bonnets de tulle particulièrement

la transparence permet de tenir la soutache en
dessous avec la main gauche qui la guide tandis

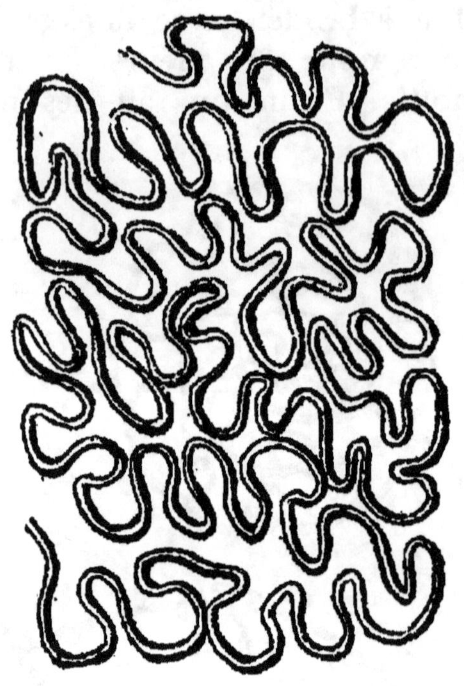

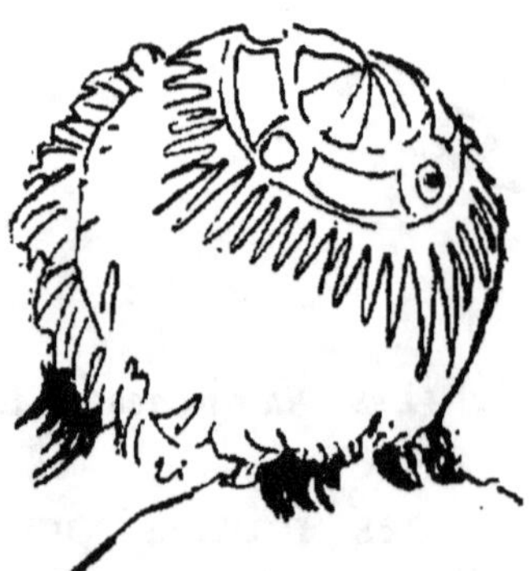

Fig. 227 et 228 (*Les Dimanches de la Femme*).

que la main droite fait des points de côté pour
la fixer.

Voici un petit échantillon du vermicelle (fig. 226

à 228) ; c'est un sujet connu mais dont on ne se lasse pas pour les bébés. Votre main s'habituera

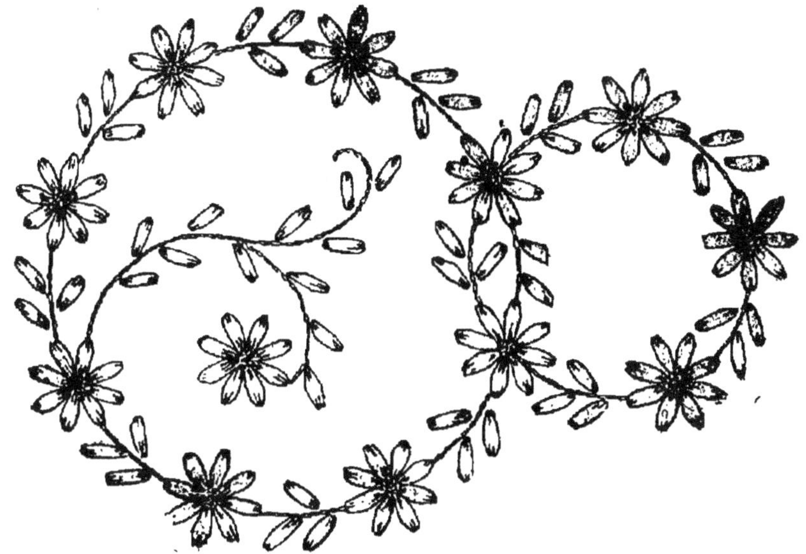

Fig. 229

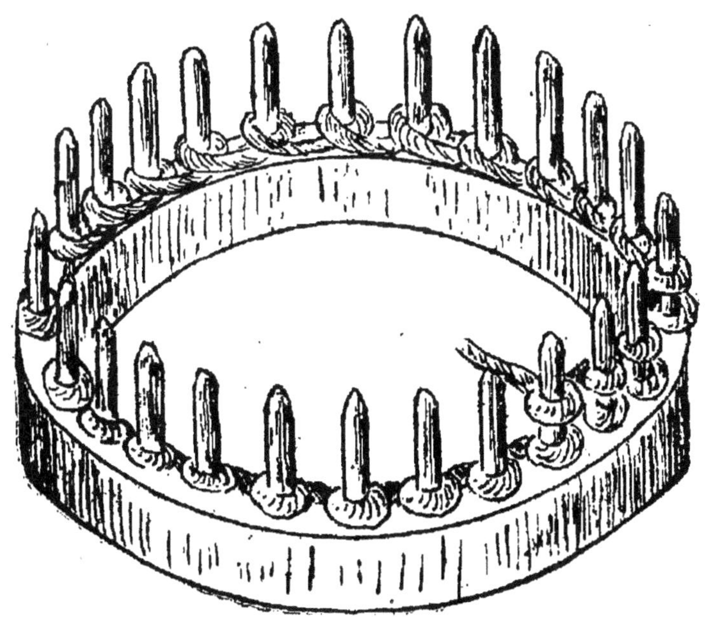

Fig. 230. — Pose du fil sur le rateau.

d'elle-même à tracer tous ces petits arrondis qui
se combineront les uns dans les autres bien mieux
qu'en suivant un dessin. Le vermicelle est beaucoup plus joli avec la soutache de côté. On en

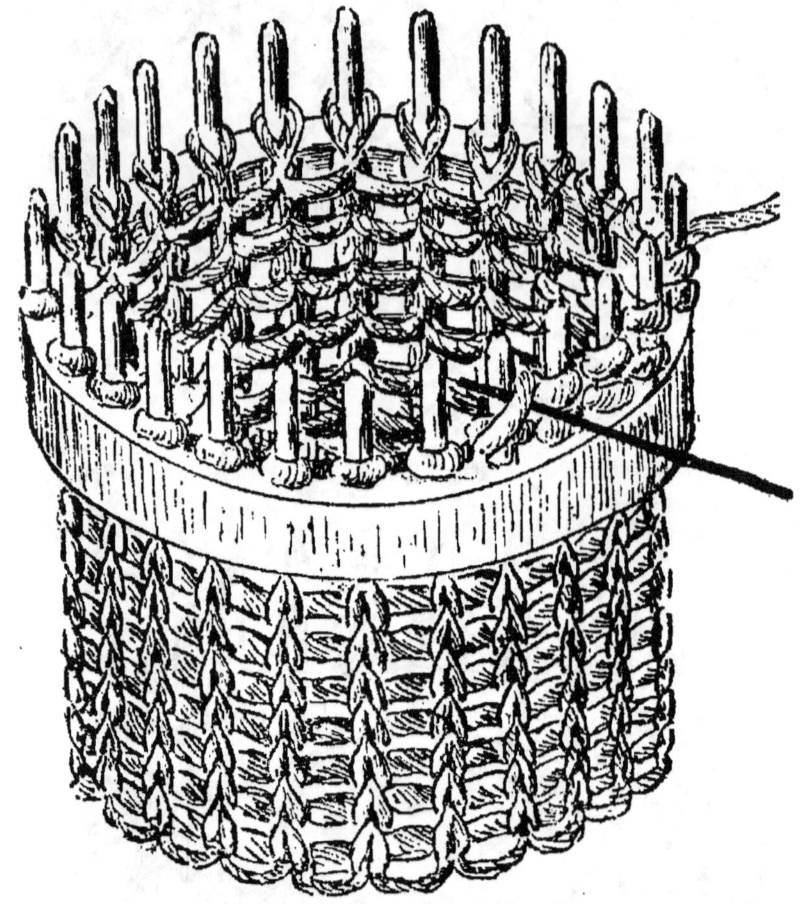

Fig. 231. — Polo en exécution (*Les Dimanches de la Femme*).

garnit entièrement les fonds de bonnets ou char
lottes.

On peut aussi broder les fonds de bonnet au
rococo (fig. 22). La broderie se fait avec d'é-
troits rubans ilés dans une aiguille à tapis-

serie pointue. Faites d'abord le point de tige des tiges en soie, puis les fleurs et feuilles en rubans. Terminez par les points noués au centre des fleurs.

On fait aussi quelquefois des chapeaux d'en-

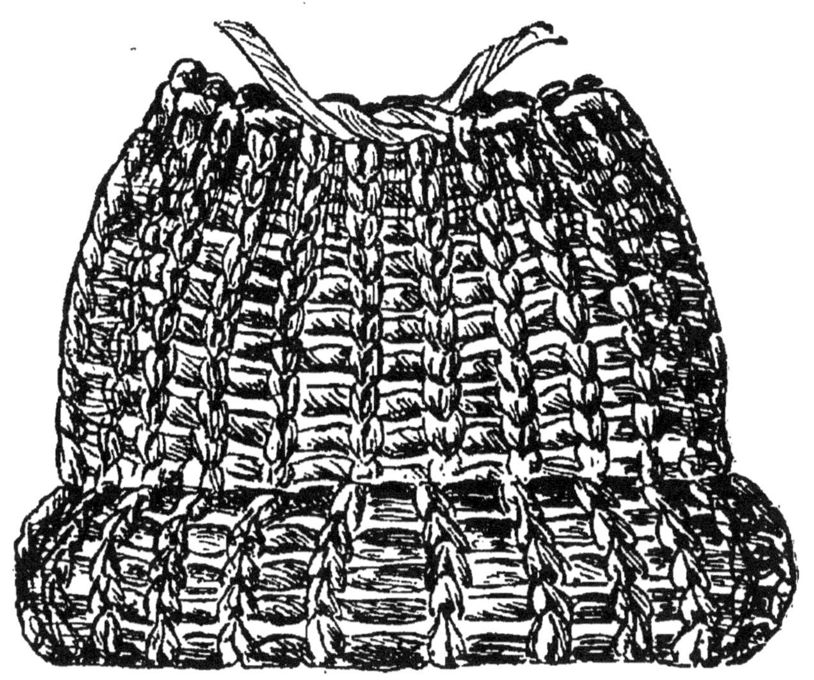

Fig. 232 (*Les Dimanches de la Femme*).

fants en tricot. En voici un modèle très pratique, fait au rateau.

Sur un moule rond à la forme que notre dessin représente (fig. 230-231) et auquel vous ferez donner environ 20 centimètres de diamètre, sur 5 à 6 centimètres d'épaisseur, vous ferez fixer des pointes ainsi que le montre la figure 230.

Avec de la laine ou de la soie de grosseur similaire, vous entourerez les pointes deux fois superposées comme le montre également la figure 231. Puis prenant un poinçon ou une pointe quelconque, vous ferez passer la maille inférieure par-dessus la maille supérieure et laisserez tomber le travail à l'intérieur du cercle. Le travail est tou-

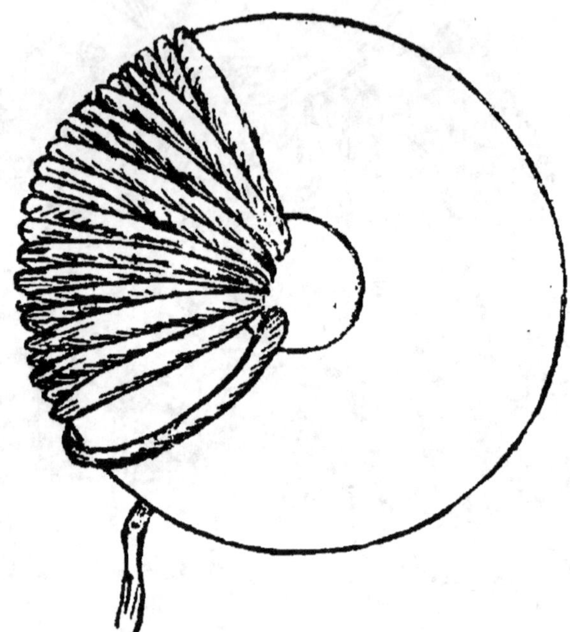

Fig. 233 (*Les Dimanches de la Femme*).

jours le même. Il n'y a ni augmentation ni diminution. C'est en quelque sorte une réminiscence d'un jeu d'enfance alors que l'on faisait de jolies chaînes sur des bouchons creusés et ornés d'épingles à leur partie supérieure.

Lorsque le tricot a une longueur d'environ 25 centimètres, passer une laine dans le haut pour éviter que les mailles ne se dépassent et arrêter la laine avec une aiguille, bien solidement.

Froncer le haut (fig. 232) pour donner la forme du polo et cacher le dessus avec un pompon.

Manière d'exécuter le pompon. — Prendre deux

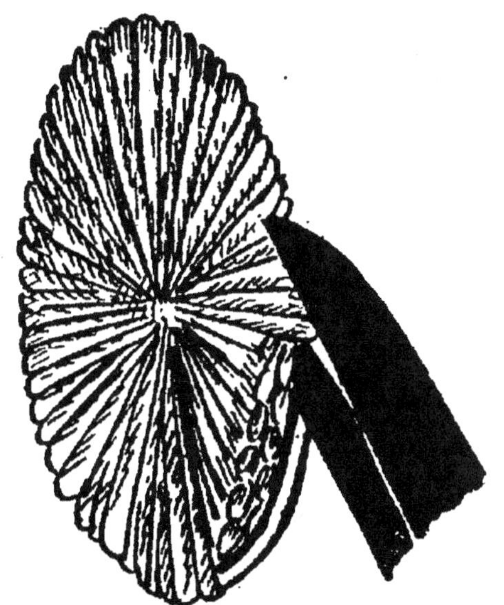

Fig. 234. — Manière d'exécuter le pompon.

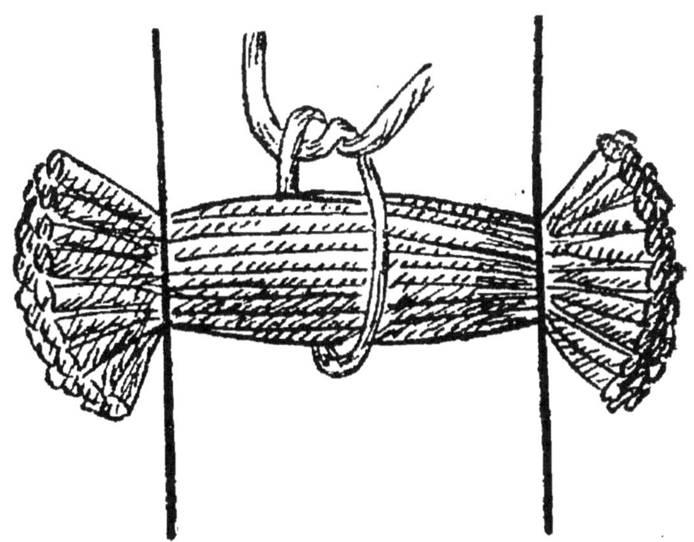

Fig. 235 (*Les Dimanches de la Femme*).

rondelles de carton fort, percées au milieu, passer

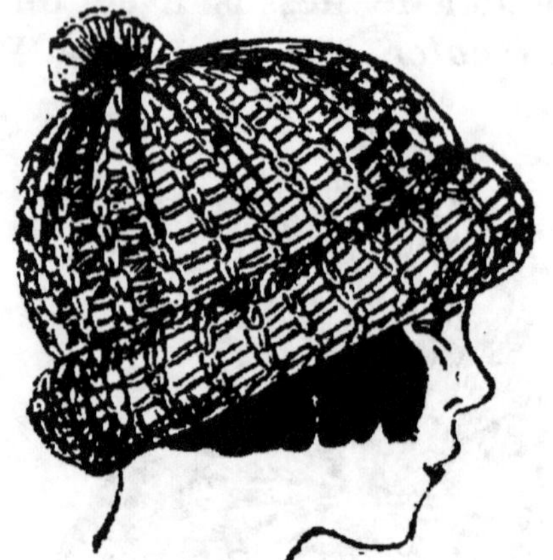

Fig. 236.

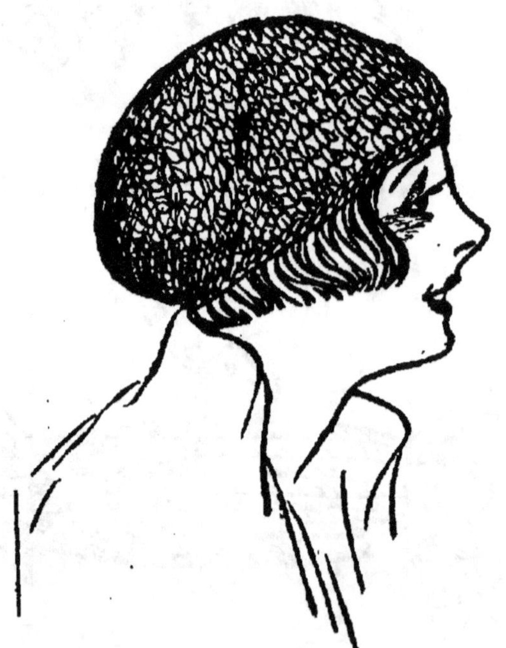

Fig. 237. — Béret basque (*Les Dimanches de la Femme*).

la laine par-dessus (fig. 233). Lorsque le rond
est bien recouvert, couper ainsi que le montre la

figure 234 et écartant chaque rondelle du côté de chaque extrémité, lier au centre avec une laine ou un cordonnet assez fort (fig. 235). Le pompon est terminé. On roulera ensuite le bord inférieur

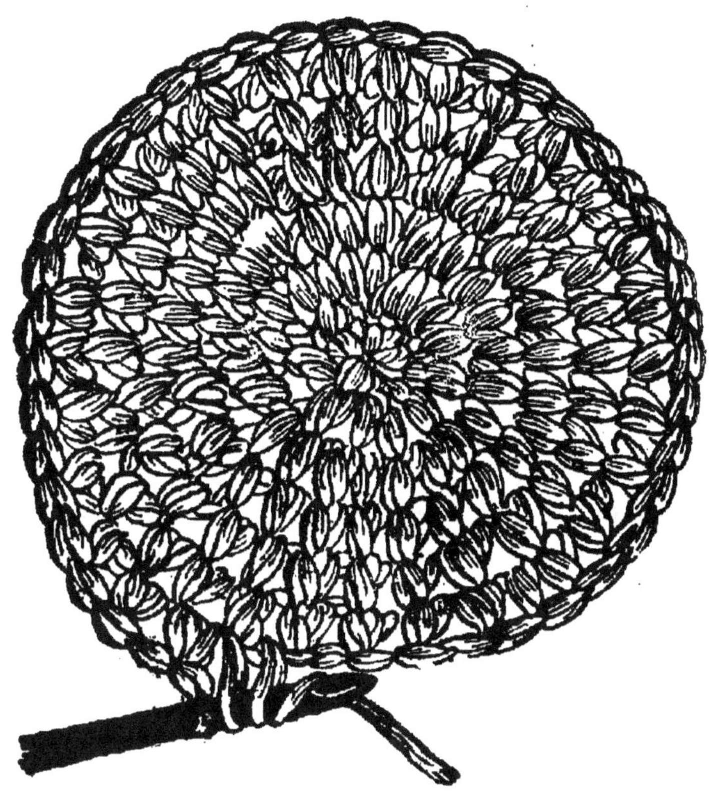

Fig. 238. — Travail en voie d'exécution.
(Les Dimanches de la Femme).

du polo comme l'indique la figure 236 et la coiffure est terminée.

Béret basque au crochet (fig. 237). — Il est facile à exécuter et ne demande que très peu de laine, 30 grammes environ pour un enfant de cinq à six ans.

Il se commence par le fond. Monter trois

mailles chaînette. Fermer en rond. Augmenter jusqu'au cinquième tour. Un point tous les deux points ; au cinquième tour faire tout le rang sans augmentation ; sixième tour, augmenter d'un point tous les trois points ; septième tour, sans augmentation ; huitième tour, un point augmenté tous les trois points ; neuvième tour, sans augmentation ; dixième tour, sans augmentation ; onzième tour, augmenter d'un point tous les trois points douzième tour, sans augmentation ;treizième, quatorzième, quinzième, seizième tours, sans augmentation ; dix-septième tour, sans augmentation ; dix-huitième tour, diminuer de un point tous les trois points ; dix-neuvième, vingtième tours, sans diminution ; vingt et unième tour, diminuer un point tous les trois points ; vingt-deux, vingt-trois, vingt-quatre, vingt-cinqtième tours, sans diminution ; vingt-sixième tour, on commence la bande de l'entrée de tête, soit quatre tours de mailles serrées prises dans la maille arrière ; arrêter la laine.

Ce béret se fait au point dit « point double », c'est-à-dire que l'on pique sans prendre de la laine sur le crochet, dans la première maille on ramène le brin de laine, on pique dans la suivante, on ramène la laine, on tire toutes les boucles ensemble, le trou où on a pris la deuxième maille devant. Celui de la première et de la deuxième se piquent dans le suivant ou dans la maille qui suit immédiatement et ainsi de suite (fig. 238).

Les Bonnets du matin

L'exécution d'un bonnet du matin ne se fait généralement pas dans les ateliers de mode, pas

plus que la coiffure de bain, le bonnet d'enfant
ou les chapeaux de deuil, ces derniers étant presque toujours faits dans des maisons spéciales

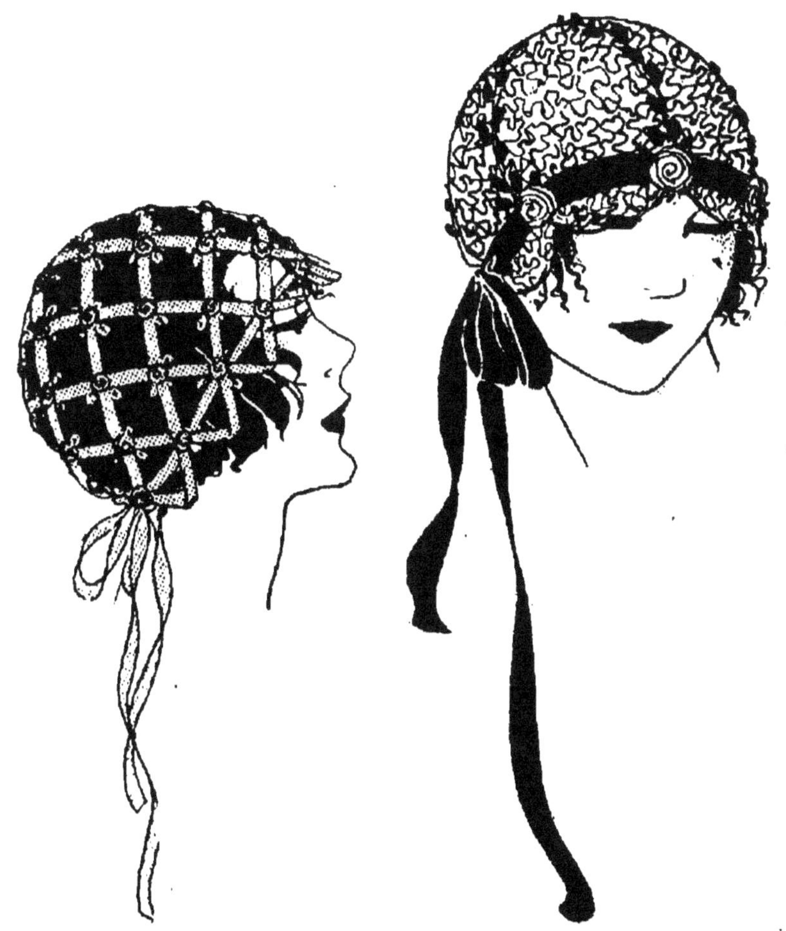

Fig. 239 et 240 (*Les Modes de la Femme de France*).

Mais cependant il me paraît intéressant de
montrer comment on s'y prend pour faire les
bonnets du matin puisque j'ai décrit aussi la
façon de faire pour les chapeaux d'enfant, deuil,
etc... car une modiste ne doit pas être prise au

dépourvu quand on lui demande de confectionner
l'un ou l'autre de ces objets.

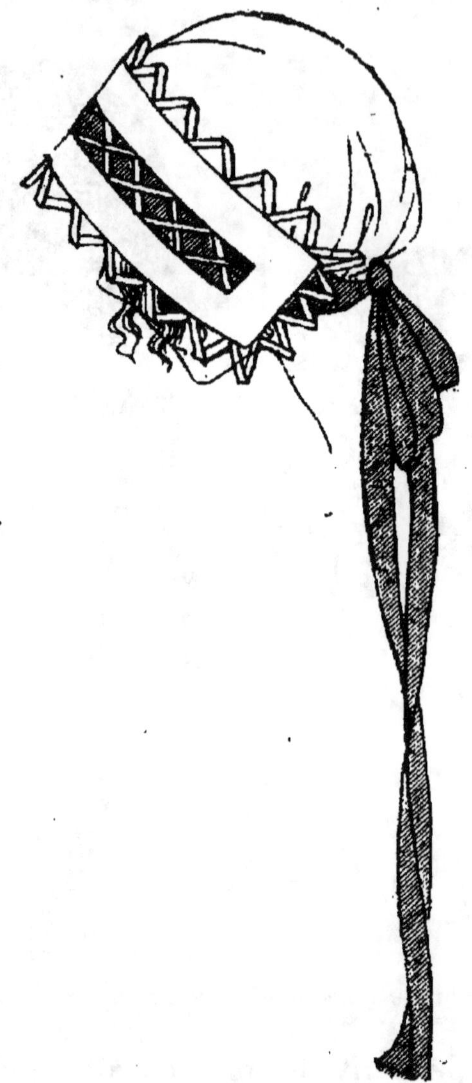

Fig. 241 (*Les Modes de la Femme de France*).

En voici quelques-uns accompagnés d'un schéma
facile à comprendre (fig. 239 à 246).

11.

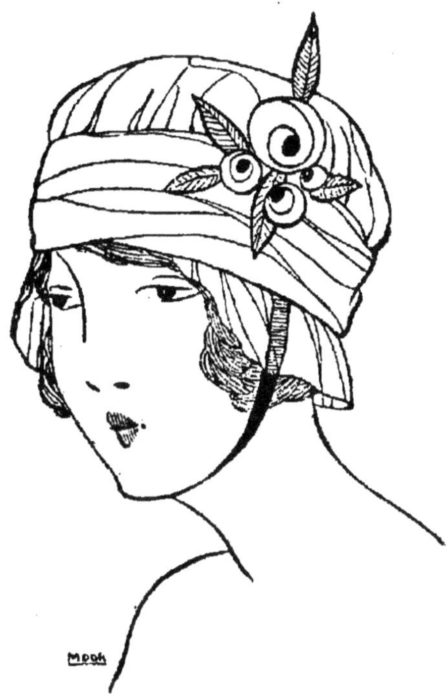

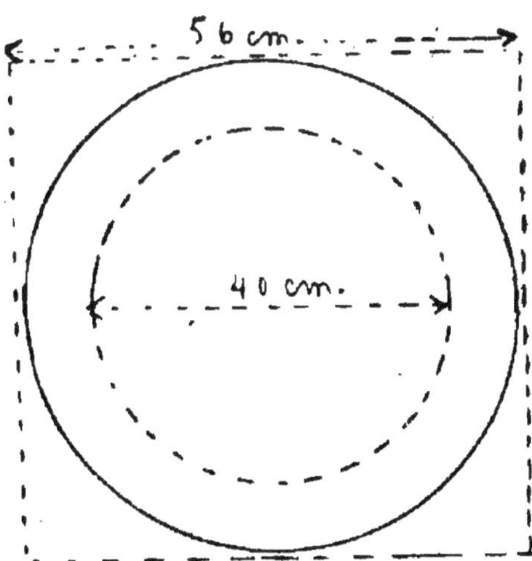

Fig. 242. — Bonnet de crêpe de Chine « vieux rose »; sur le côté, un petit bouquet de roses et de feuillage. Une étroite bride sous le menton (*Les Modes de la Femme de France*).

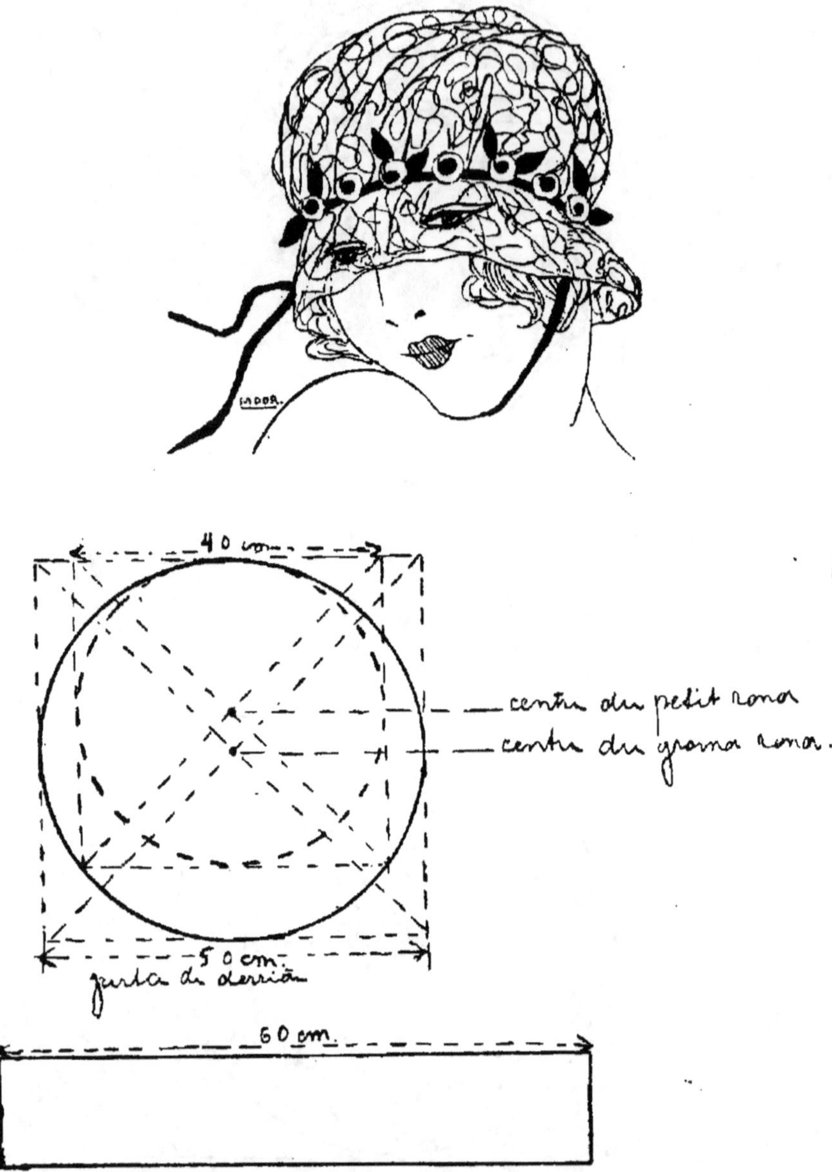

Fig. 243. — Dentelle ancienne, garnie de petites roses « cerise »
et d'un ruban de velours du même ton.
(*Les Modes de la Femme de France*).

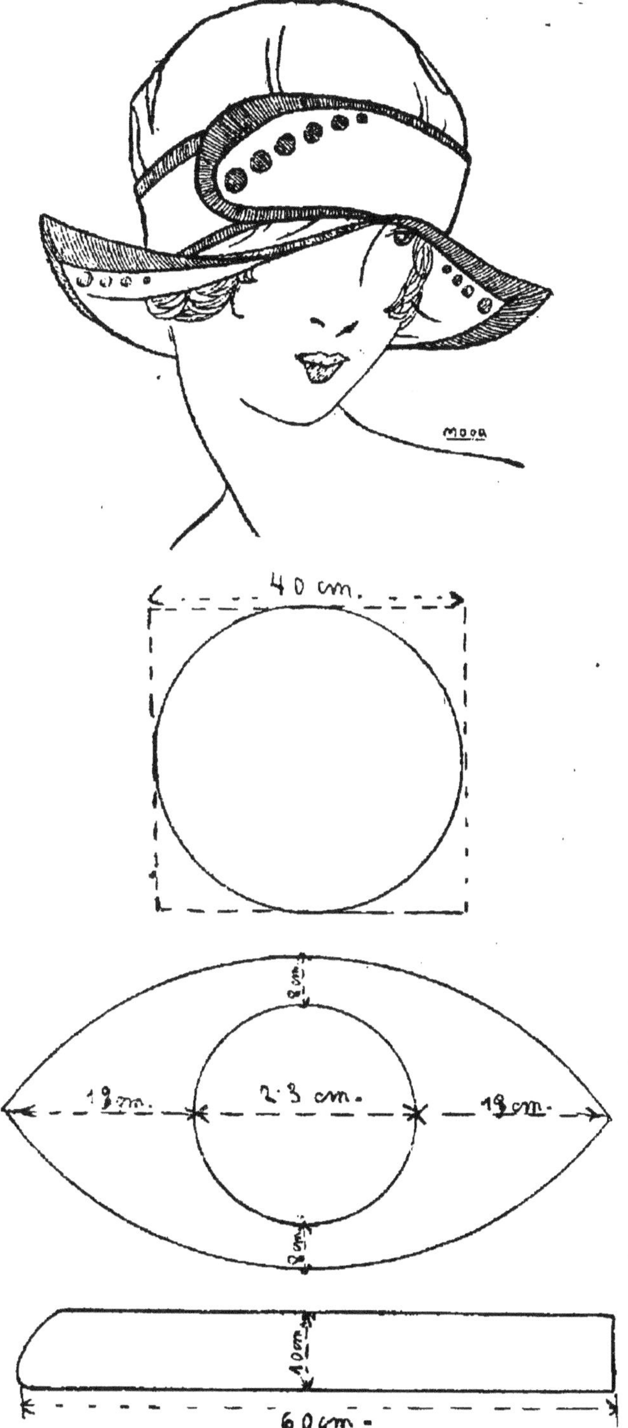

Fig. 244. — Petite coiffe hollandaise en satin « jaune pâle » bordée de ruban « orange et garnie de bouton du même ton ».

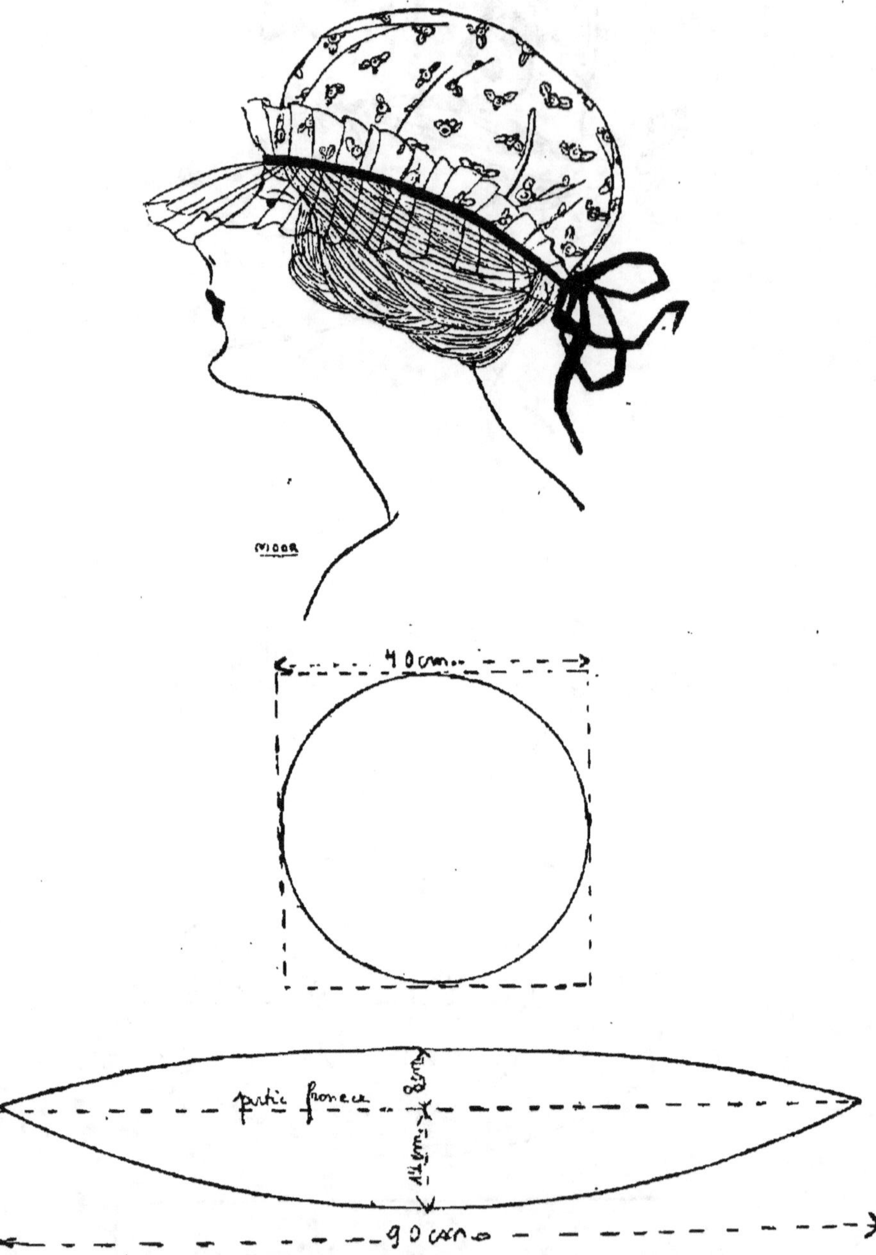

Fig. 245. — Petite coiffure en satin imprimé à petite visière de tulle,
retenue par un ruban de velours « noir » .
(*Les Modes de la Femme de France*).

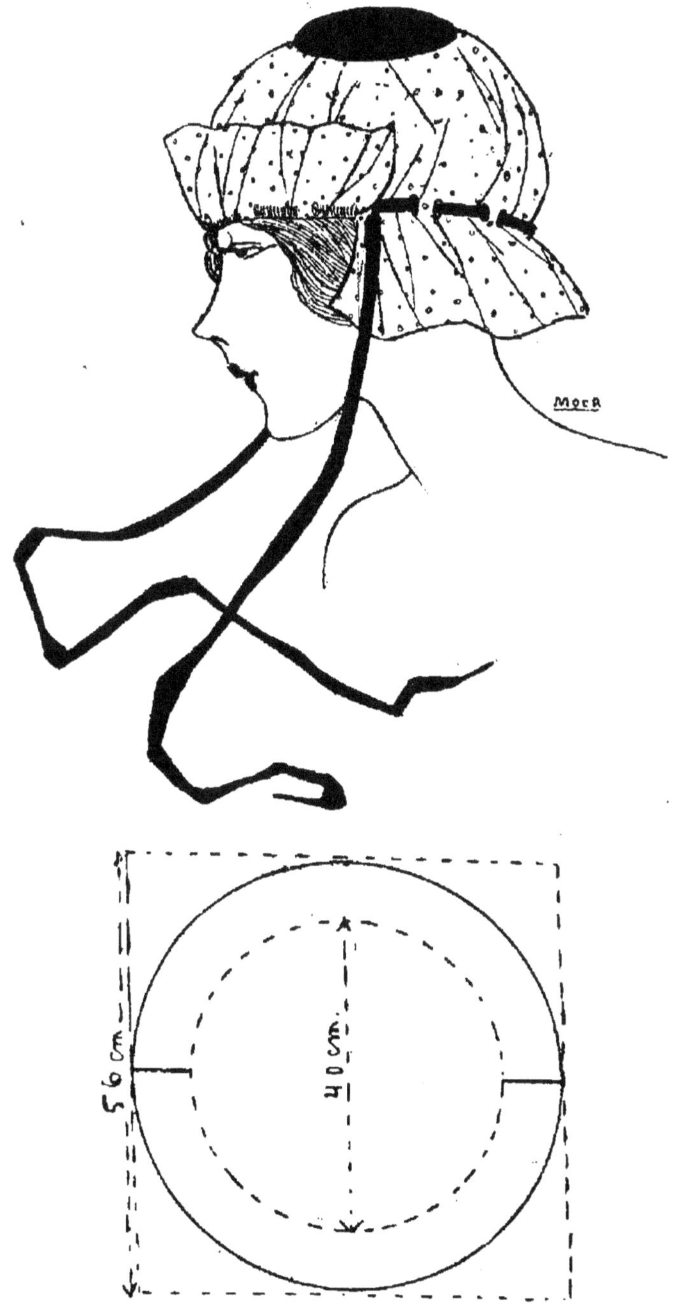

Fig. 246. — Béret d'aviateur en mousseline de soie lavable, garni d'un ruban moirée et d'un gros cabochon de soie moirée également (*Les Modes de la Femme de France*).

Les Chapeaux de sport

J'ai déjà parlé des chapeaux piqués accompagnés de leur calotte à tranches, le chapeau souple et de sport par excellence qui ne craint rien.

Monté soit sur un biais souple en mousseline raide ou tendu sur une forme de sparterie molle

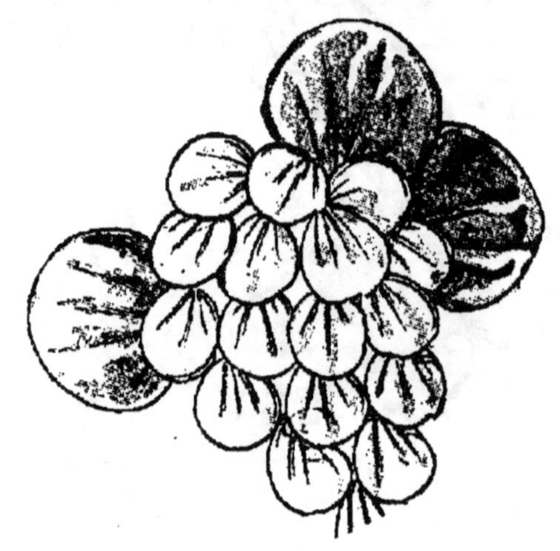

Fig. 247.

ou de toile tailleur, que l'on donne à piquer quand elle est encore à plat avant de la monter à l'entrée de tête, on les borde soit d'un biais rond fait d'une bande de sparterie emboîtée et recouverte de tissu ou encore de peau ou de cuir. Ces formes s'accompagnent de la calotte à tranches dont les ganses ressortent mieux du tissu quand elles sont aussi en cuir ou en peau ou de la calotte plissée à la tête garnie d'une jarretière faite en ces mêmes matériaux. On fait ces chapeaux en toutes sortes

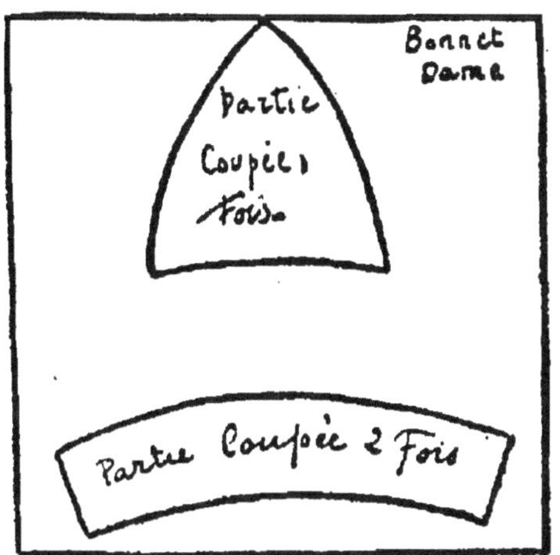

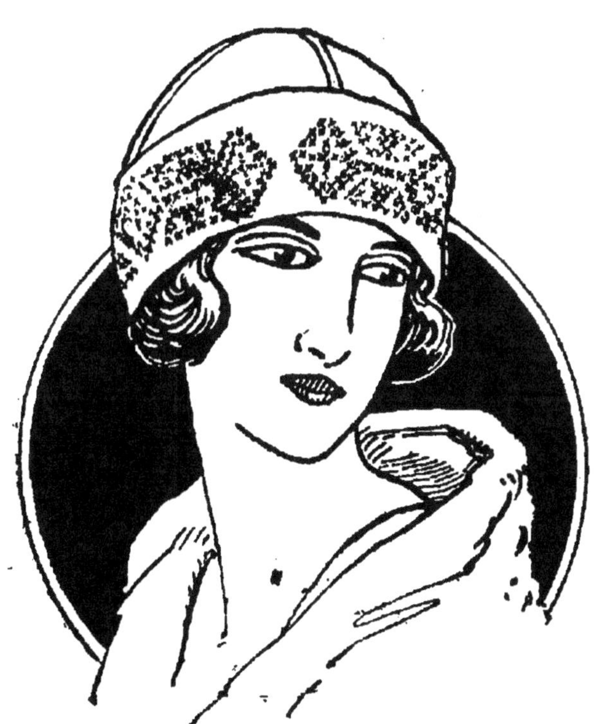

Fig. 248 et 249.

de tissus, en piqué, en toile, en ottoman, en peau
de pêche, duvetine, satin ou velours. Ils sont
infiniment pratiques. Les piqûres et la garniture
peuvent être d'un ton opposé à celui du chapeau.

Parfois, au lieu d'un breton, ces formes ont

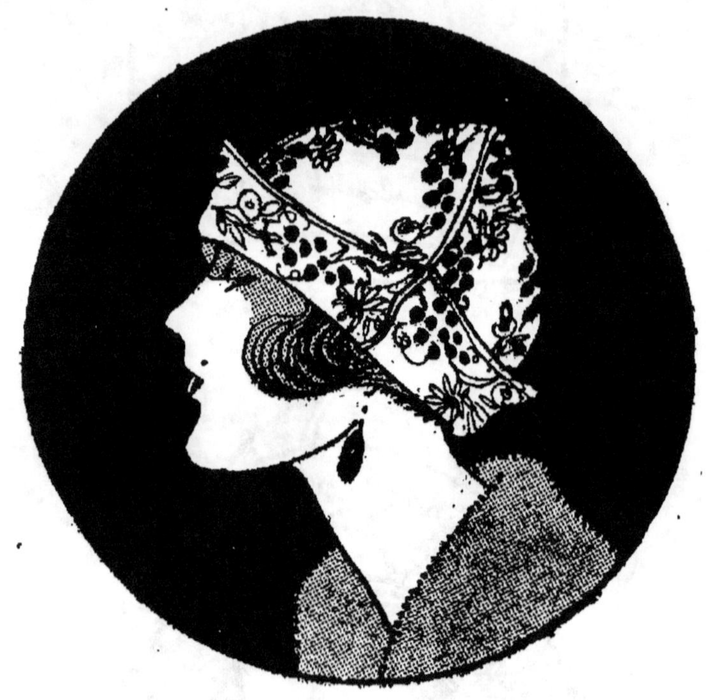

Fig. 250.

des passes plates ou à peine cloche dont la calotte est béret. Ceux-ci peuvent aussi se faire en
sparterie molle que l'on fait piquer avant de les
monter, ainsi que le béret qui fait la calotte.

Les chapeaux de peau sont très jolis dans les
tons vifs, rouge, vert, bleu vif ou chamois. On
peut leur donner une forme plus recherchée ;
alors ils seront bien emboîtants, en petites clo-

ches ou bretons ou tout petits canotiers. On peut les orner de petites fleurs de cuir ou de petites grappes de fruits composés de petits pétales (fig. 247) que l'on monte superposés en bouquets et qui font très bien en relief sur la peau ou le cuir.

On coudra soigneusement et délicatement dans ces peaux qui se déchirent facilement. Les coutures s'y feront en fins surjets.

La toile cirée est infiniment seyante, surtout en noir. Elle peut être brodée de raphia aux tons multicolores. On la plisse plutôt qu'on ne la tend sur les formes car elle ne se prête pas facilement. Elle fera aussi de jolis bonnichons qui se font tant pour l'auto et qui sont très variés.

Voici quatre petits chapeaux que l'on peut faire en peau ou en duvetine.

Le premier avec un métrage de 0 m. 80 en un mètre de large. Ce patron comprend deux parties : le revers que l'on coupera deux fois et l'une des tranches que l'on coupera quatre fois. Poser chaque partie dans le sens indiqué par le plan. Couper en tenant les coutures et les rentrés en plus. Les quatre parties seront assemblées par des coutures ou des rentrés piqués. Une bande droit fil, ajustée selon la tête, se posera intérieurement pour empêcher le bord de se déformer ; le revers assemblé sur les côtés par une couture se monte en couture et se retourne ensuite.

Une doublure taillée exactement comme le tissu se fixera par des points de côté juste à l'emplacement des coutures (fig. 248-249).

Pour le deuxième (fig. 250-251), la calotte est faite de quatre triangles réunis par de grosses

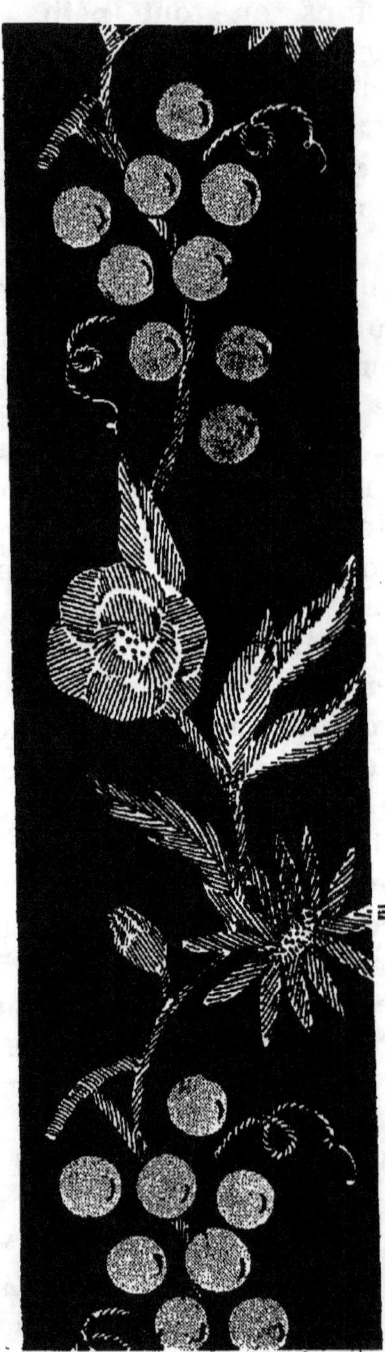

Fig. 251.

ganses. La passe? Une bande droit fil laitonnée
permettra d'en varier la forme selon le caprice
de chacune.

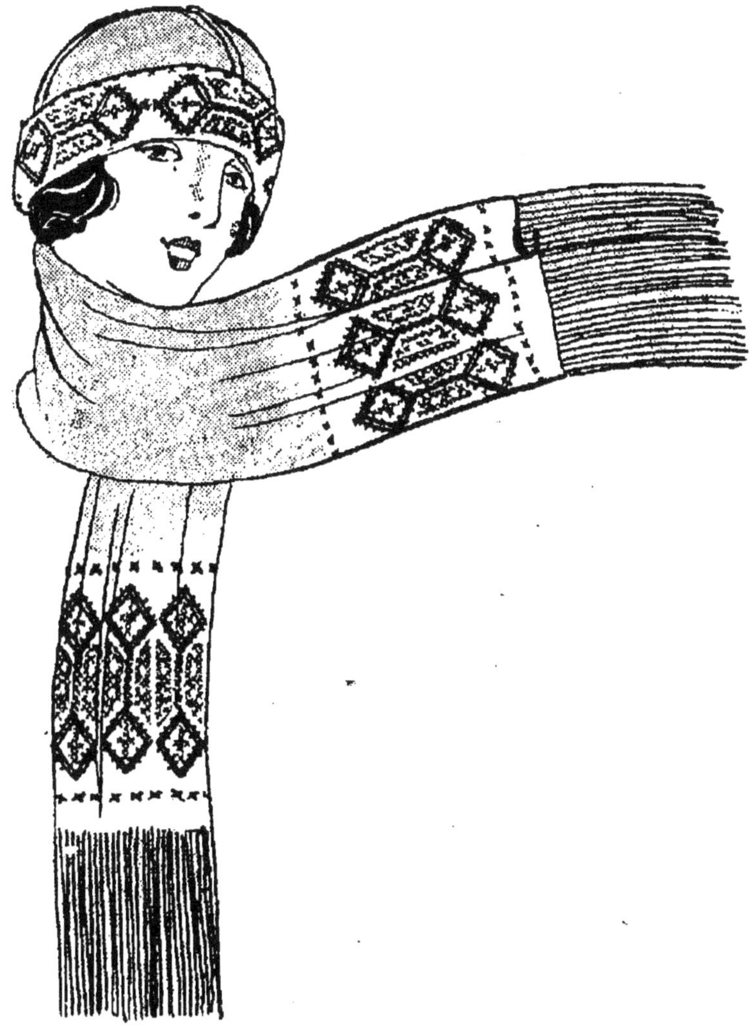

Fig. 252 (*Les Modes de la Femme de France*).

Les quatre coutures sont encadrées de guirlandes brodées au passé en camaïeu. Nous vous
donnons le dessin de cette bande brodée. Des per-

les de porcelaine d'un ton vif simulent des grappes de raisin et donnent la note amusante et
neuve de ce petit « bambin ».

Pour le troisième (fig. 252-253), il faut re-

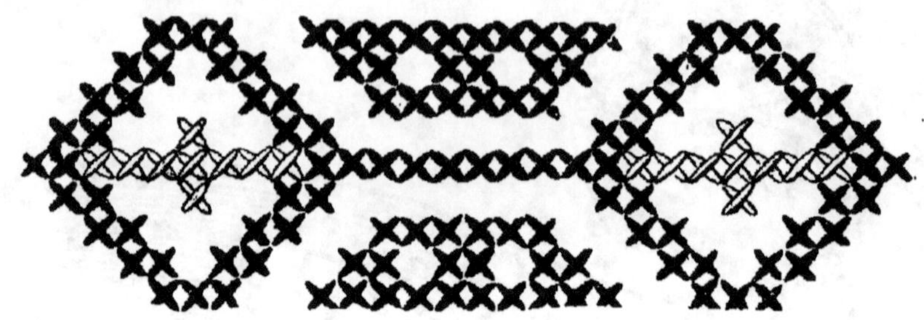

Fig. 253 (*Les Modes de la Femme de France*).

marquer les fines et pittoresques broderies au
point de croix.

La délicatesse, la finesse de ces broderies atteint
souvent à un degré invraisemblable de perfec-

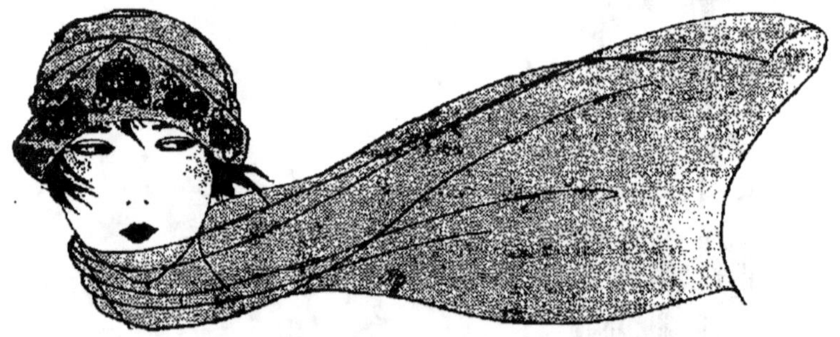

Fig. 254 (*Les Modes de la Femme de France*).

tion et font de ces ouvrages de véritables petites
œuvres d'art.

Pour le quatrième (fig. 254 à 257), il faut,
pour exécuter le chapeau, 0 m. 60 de soierie,
satin, ou mieux crêpe de Chine, en petite lar-

geur ; 0 m. 50 de toile anglaise (la toile anglaise
est une sorte de toile tailleur souple à gros réseau),

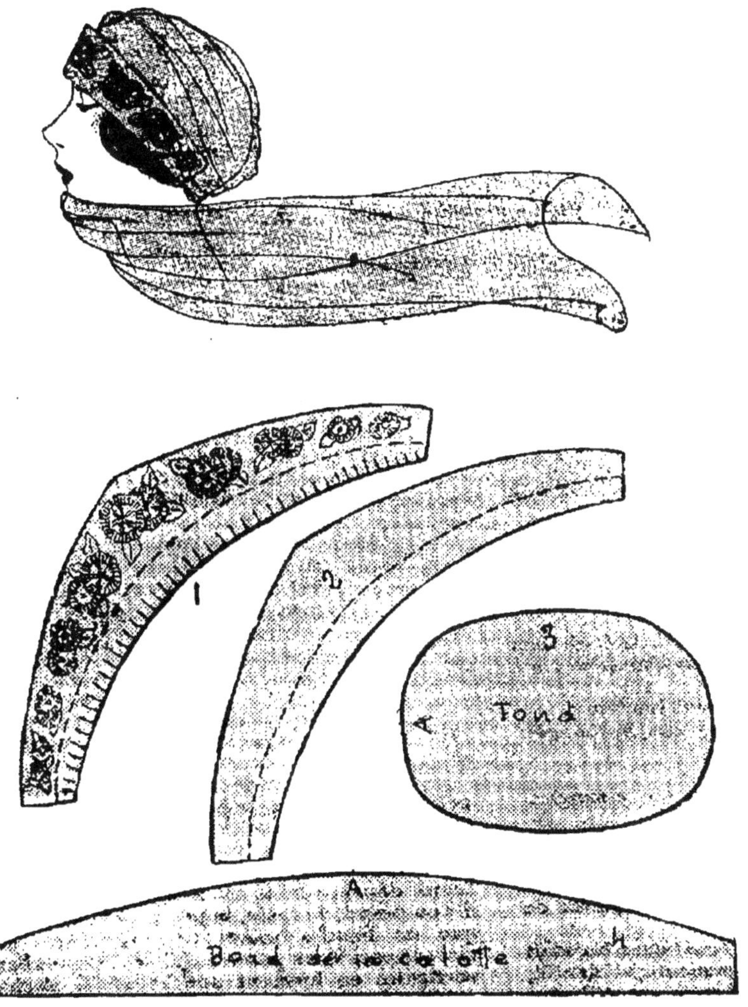

Fig. 255, 256 (*Les Modes de la Femme de France*).

un écheveau de soie à broder, du fil d'or ou d'argent, un peu de chenille.

Disposez le patron du petit diadème qui forme

le revers du chapeau en plein biais au coin de l'étoffe (n° 1), passez un fil de bâti qui en marque le contour. Décalquez la forme de ce même patron sur un papier transparent. Dans cette

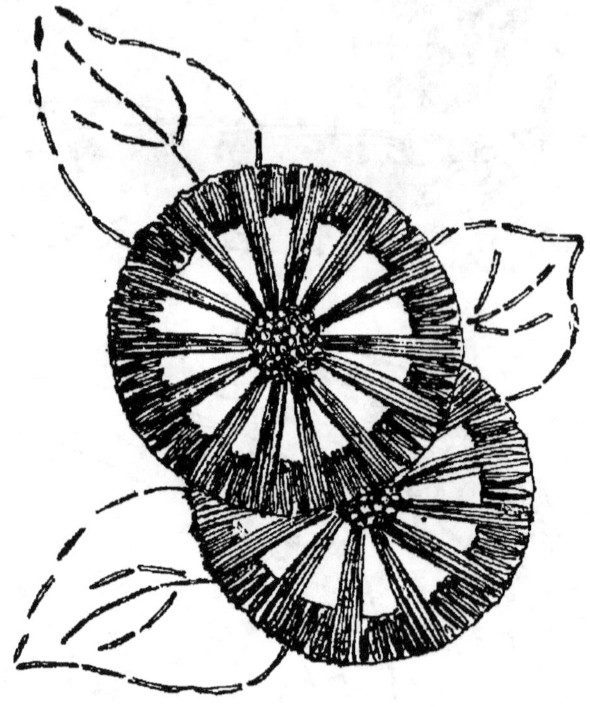

Fig. 257.

forme, décalquez neuf fois le motif de broderie à l'aide du crayon.

En le plaçant chaque fois dans un sens différent, et en supprimant, une, puis deux feuilles, puis une fleur au fur et à mesure que vous approchez des coins. Cette broderie ne doit pas être régulière, mais volontairement asymétrique.

Posez bien exactement votre dessin sur le bâti et décalquez au fer chaud.

Avant de rien couper, tendez votre étoffe sur le métier ou le tambourin.

Les fleurs sont brodées au passé en soie de cou-

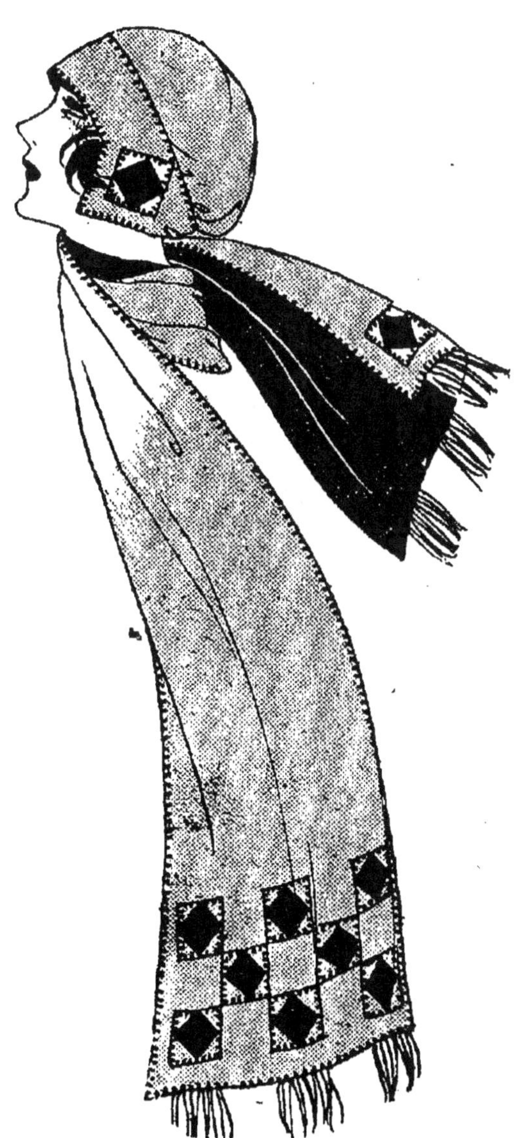

Fig. 258 (*Les Modes de la Femme de France*).

leur, les feuilles d'un simple point de piqûre en métal. Des points noués en chenille font le centre ; la broderie faite, repassez-la à l'envers, puis taillez les différents patrons comme l'indique le schéma.

Bâtissez chacun sur son semblable de toile anglaise (sauf le n° 2 qui est la doublure du diadème). — Dans les retombes, taillez un biais dont

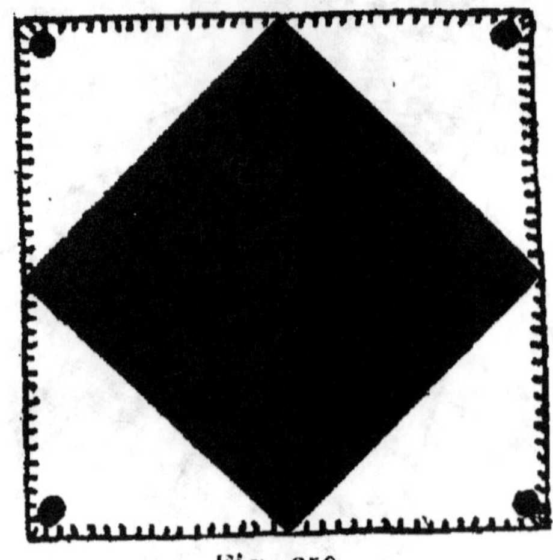

Fig. 259.

vous habillerez une ganse qui fournira la couture du fond de votre chapeau. Faites celle-ci après l'avoir bâtie soigneusement. Au bas de la calotte ainsi obtenue, faites un rentré cousu au point de chausson.

Doublez le diadème et posez-le après avoir fait des crans à la place indiquée ; la coiffe est taillée sur le même patron que la calotte et se pose comme une doublure.

Votre chapeau est terminé.

Drapez-le d'une souple écharpe de mousseline de soie ou de crêpe Georgette si vous le destinez

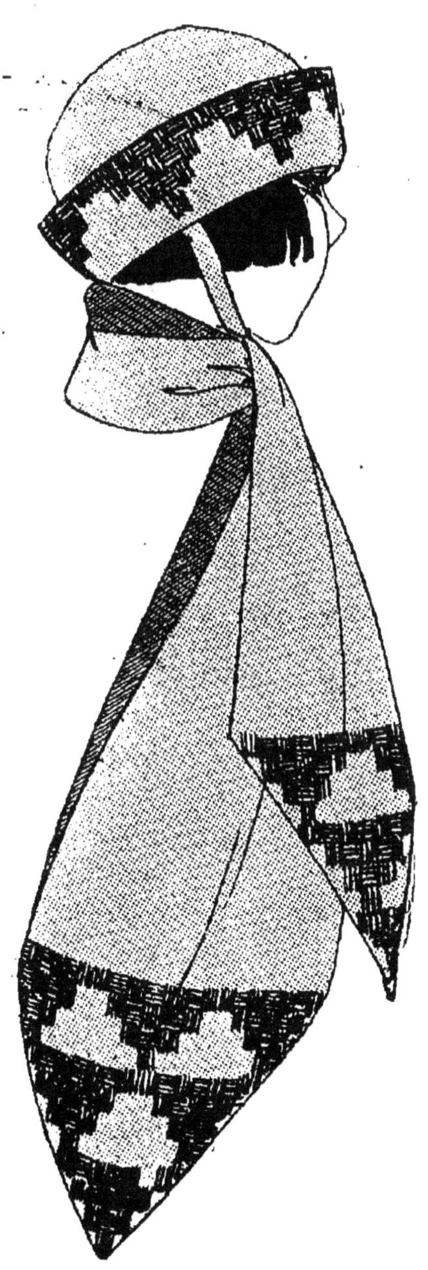

Fig. 260 (*Les Modes de la Femme de France*)

à la mer ou au voyage, ou d'une voilette légère
qui flottera autour.

Voici des bonnets et des capuchons accompagnés de leurs écharpes .

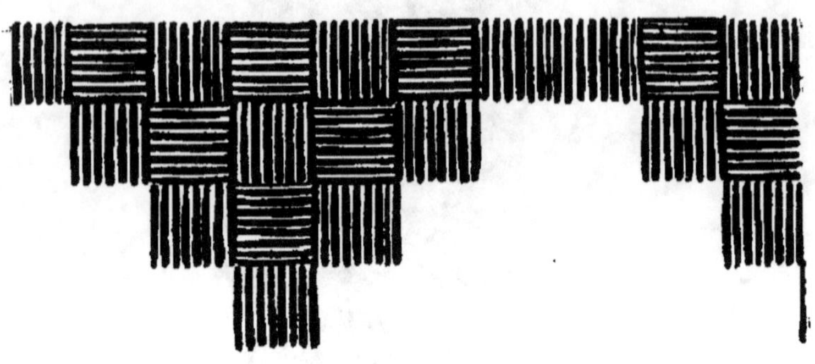

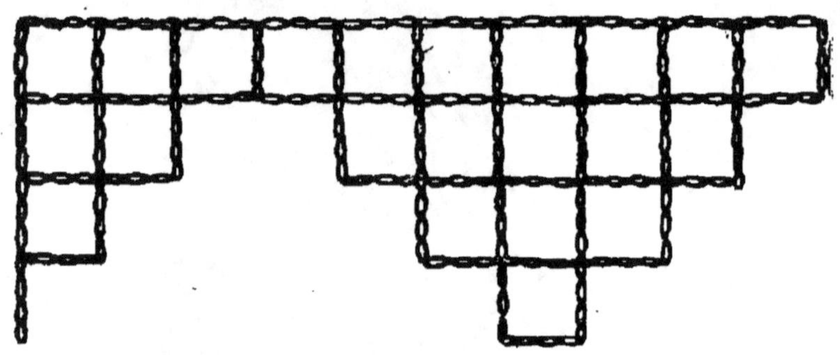

Fig. 261.

Il ne faut pas du tout que les futures modistes
s'effraient d'avoir à confectionner ces jolies frivolités qui ressemblent aux travaux de la couture.

Sans vouloir imiter les maisons anglaises qui
font toujours marcher de rang la mode et la couture, beaucoup de grandes maisons de modes
françaises font exécuter dans leurs ateliers de

jolies choses qui si elles ne se rapportent pas tout
à fait aux chapeaux relèvent quand même du
travail de la modiste par leur exquise recherche
et ce je ne sais quoi d'artiste auquel n'atteignent

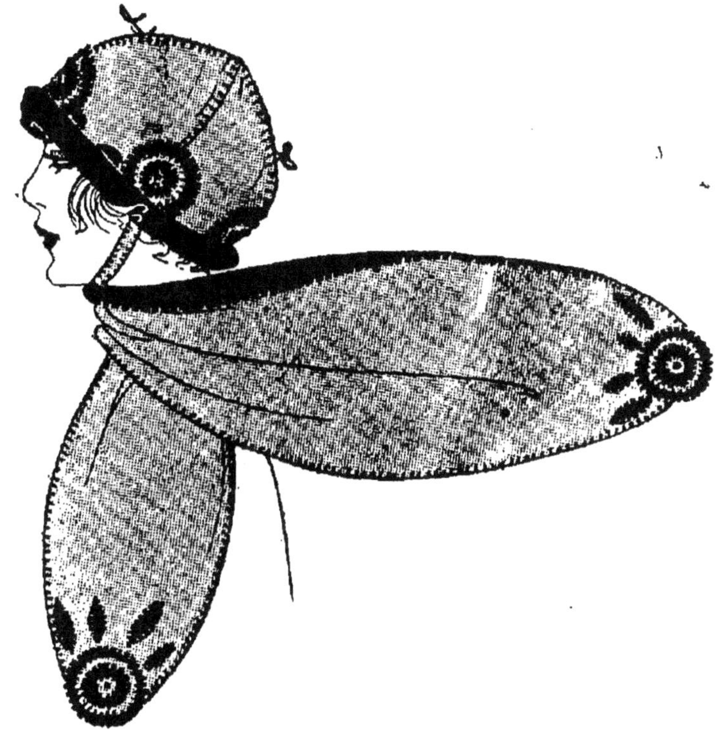

Fig. 262. — Chapeau et écharpe de duvetine beige doublés et
festonnés de jade. Les fleurs appliquées sont des deux tons.
(*Les Modes de la Femme de France*).

presque jamais pour ces sortes de travaux les
doigts de la couturière. C'est ainsi que l'on con-
fectionne dans la mode, non seulement des écharpes,
mais des cols de fourrure, des manchons, etc...
sans parler des coussins et des poupées modernes

si à la mode que les grandes maisons de modes
offrent au moment des étrennes à leurs fidèles
clientes.

Pour en revenir aux écharpes, il est naturel

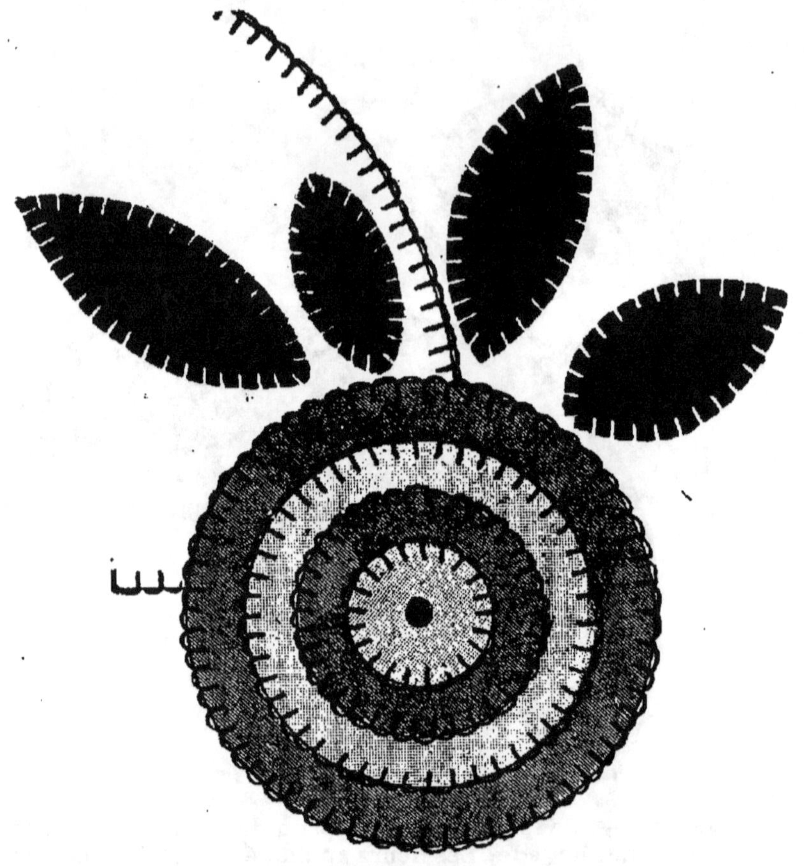

Fig. 263.

de les faire faire par les modistes qui ont déjà fait
le chapeau, ayant en mains le tissu qu'il faut
employer et ayant déjà fait la garniture qu'il faut
répéter sur l'écharpe, elles pourront parfaitement
assortir la parure (fig. 258 à 263).

12.

Les modèles d'auto varient depuis le béguin hollandais souple aux pointes retournées, jusqu'à la petite cloche serre-tête (fig. 264) et la casquette de jockey. Tout cela sera drapé de voile de mousseline ou de crêpe georgette que l'on dispose de façon seyante en écharpe autour du cou, après s'en être voilé le visage.

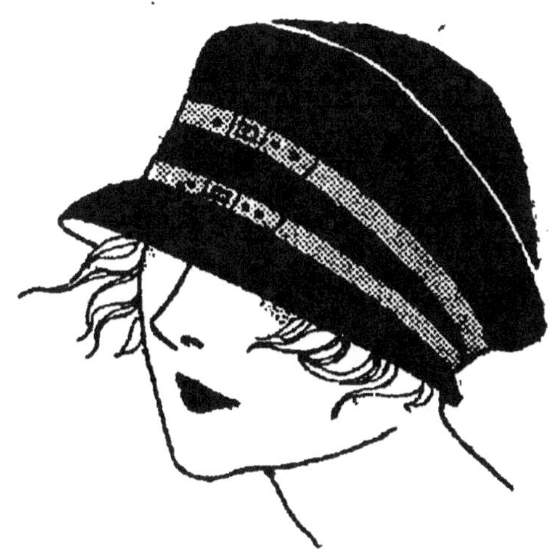

Fig. 264. — Ce chapeau si jeune, si seyant, est en crêpe marocain noir : il est doublé de peau rouge-dhalia et la calotte ceinturée de deux étroites bandes de même peau, de même rouge.
(*Les Modes de la Femme de France*).

Les Coiffes

Et pour clore la question des apprêts, je vais vous dire comment on met les coiffes, bien que je suppose que vous savez déjà les poser, mais **souvenez-vous** pourtant que pour qu'elles soient bien mises on doit prendre un biais de taffetas 15 centimètres de haut et non un droit fil.

Il faut ourler ce tissu d'un seul côté et le poser
à l'intérieur du chapeau à un centimètre à l'intérieur de l'entrée de tête en le cousant à
points droits et invisibles, en faisant très atten-

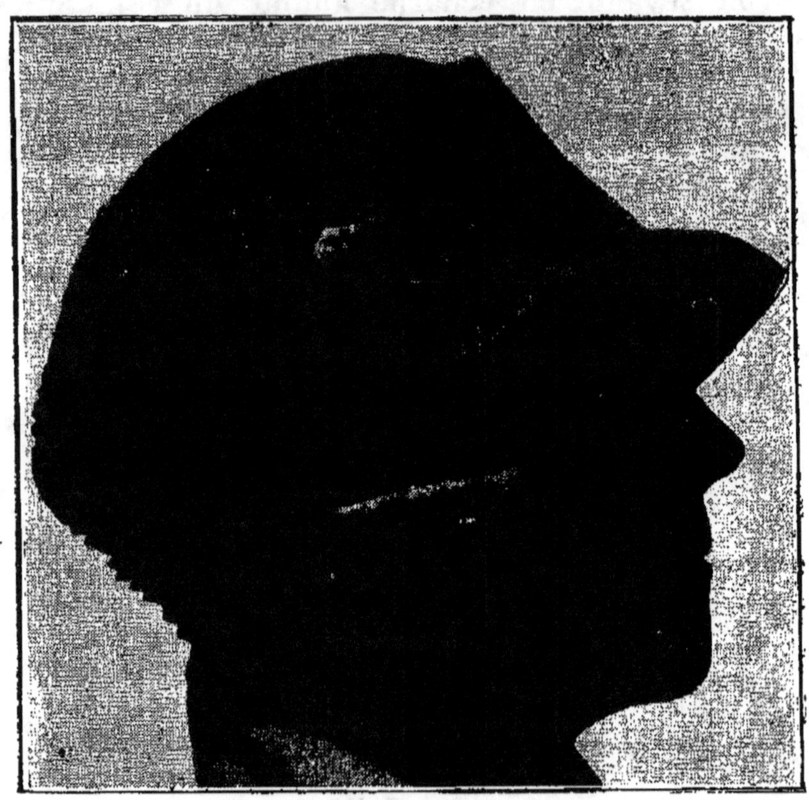

Fig. 265 (*Eve*).

tion de ne pas rétrécir l'entrée en tirant trop la
coiffe. Passer un petit ruban dans l'ourlet pour
coulisser la coiffe et pour finir, poser dans le
fond de la calotte un carré de taffetas pareil à
celui de la coiffe afin de le cacher.

On signe le chapeau en cousant la marque de

la maison au milieu de ce carré. La marque des
grandes maisons donne une valeur incontestable
au chapeau ; les clientes, cela se comprend, en
sont très fières, mais il faut avouer que cette
marque est évaluée bien cher dans la note déjà
respectable de ces chapeaux.

Le nom d'une grande maison se paie, mais enfin
il faut avouer que leurs chapeaux sont toujours en
tissus de première qualité et toujours de la der-

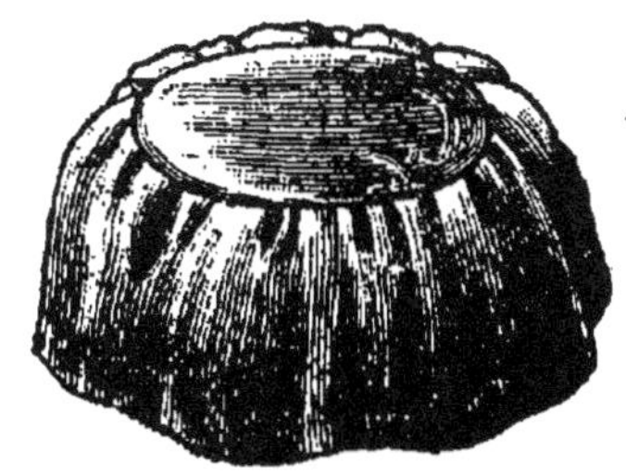

Fig. 266.

nière nouveauté. Un tout petit chapeau, fût-il
garni d'une simple cocarde (fig. 265) est d'une
richesse très grande s'il est en tissu précieux et si
la simple cocarde est faite avec art. Et ces simples
petits chapeaux très chics sortent toujours de ces
grandes maisons.

Pour en revenir aux coiffes, certaines maisons
les posent en calot. La figure 266 l'expliquera.
C'est une bande de la grandeur de l'entrée de
tête montée à fronces autour d'un rond. On la
coud à points de renfilés très soigneusement autour de l'entrée de tête. Si elle est trop grande,
quelques plis bien faits peuvent s'y pratiquer.

Après les coiffes, voici les barrettes. Elles se

font de moins en moins et même presque plus. La mode les ramènera peut-être.

Elles se composaient souvent d'une bande de tulle raide bordée de velours ou d'une sorte de croissant allongé bordé ou recouvert de velours. Elles soulevaient le chapeau à l'endroit où on le voulait. C'était bien commode, mais n'ajoutait, il faut le dire, aucune grâce au coiffant.

A présent, la barette molle en velours composée d'un seul biais roulotté sur 2 ou 3 centimètres de large est suffisante et parfaite pour combler le vide d'une entrée de tête trop grande, On la pose sous la coiffe ou bien le velours est apparent et cousu à points coulés.

CHAPITRE IV

LES GARNITURES

Le Coiffant

C'est une importante question. Il n'est pas un chapeau qui puisse être seyant s'il manque de coiffant, cette chose si subtile à saisir et qui consiste surtout dans la ligne de la forme et aussi dans la garniture où rien ne doit choquer et présenter un aspect de lourdeur.

La garniture doit s'adapter à la physionomie et au genre de la personne.

Les garnitures varient à l'infini, suivant le goût du jour, le goût personnel, la coiffure et la toilette que doit compléter le chapeau.

Pour bien coiffer une cliente, la modiste devrait, avant de suivre la mode, savoir si la mode lui convient. Regardez-la bien ou, si sans être professionnelle vous faites simplement des chapeaux pour vous, regardez-vous bien dans un miroir à trois faces. Regardez-vous de face, de profil et de dos.

Les grandes femmes peuvent porter des chapeaux hauts, tandis qu'une femme petite, contrairement à ce que l'on imagine, au lieu de se grandir, serait écrasée par un chapeau trop élevé.

Un visage large paraîtra plus large encore sous
de petits bords et une petite figure disparaîtra
sous les bords d'une immense capeline.

Le grand chapeau est ravissant à la figure

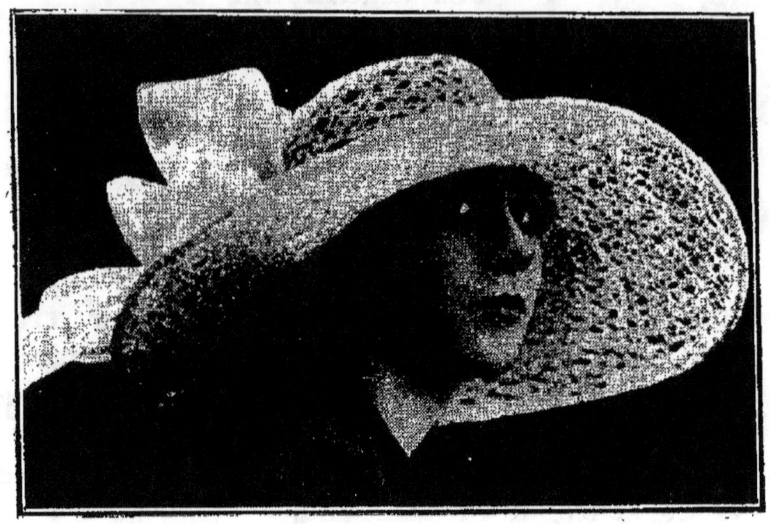

Fig. 267. — De la dentelle de paille (*Eve*).

qu'il affine et ombre avec mystère. Pour l'été les
souples capelines d'organdi, de tulle, de crin, de
pailles fines (fig. 267-268). Pour l'hiver, les très
seyantes formes de velours, de panne, de tissus
soyeux aux coloris chatoyants.

Un grand chapeau apprêté d'une façon chic et
nette demande assez peu de garniture. Quelquefois
une grosse cocarde, une fantaisie, un grand nœud.

Pour les capelines légères, elles se garnissent
davantage de dentelles, d'écharpes, de fleurs ou de
fruits. Tout dépend du genre du chapeau et c'est

là où l'on reconnaît le doigté et le savoir de la modiste.

Ceci est le travail de la première qui coud les garnitures, qui dispose les drapés, les nœuds, les fleurs. C'est elle qui a créé la forme, qui a donné

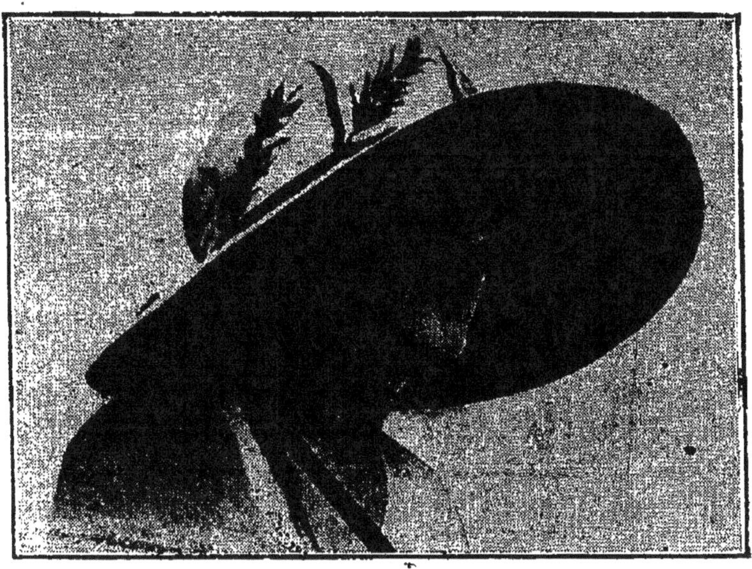

Fig. 268 (*Eve*).

l'idée de l'apprêt, exécuté par l'apprêteuse qu'elle a guidé constamment. C'est donc le travail de la première que nous allons expliquer en parlant des garnitures que l'on dispose en dernier lieu sur la forme, mais avant de la confectionner et de la garnir, on a déjà souvent choisi sa garniture et combiné les tons de la paille ou du tissu qui sera assorti à cette garniture.

Il importe donc que le chapeau soit très pro-

portionné ; c'est difficile et l'on n'y parvient guère
qu'à force d'essayer et de rectifier.

Il en est de même pour les garnitures. Trop de
choses sur un chapeau le rendent lourd.

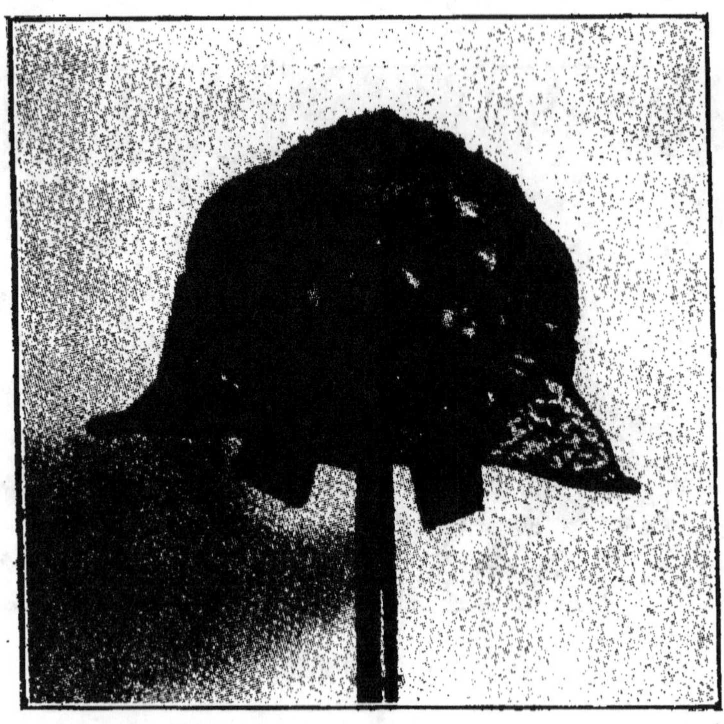

Fig. 269. — La cocarde se pose de côté ou de trois-quarts.
(*Nos Loisirs*).

La mode en ce moment est aux chapeaux
simples ou plutôt d'aspect simple. Les garnitures
sont nettes, presque appliquées sur les formes
Les belles plumes aux longs brins que l'on posait
il y a quelques années paraissent lourdes et
« vieille dame ». Et certains chapeaux à présent,
si on ne les voit pas sur une tête ont presque tous

l'air de chapeaux d'enfant tant ils sont petits et
peu garnis.

Sous prétexte d'utiliser de vieilles choses « encore très bonnes » mais qu'on ne possède pas

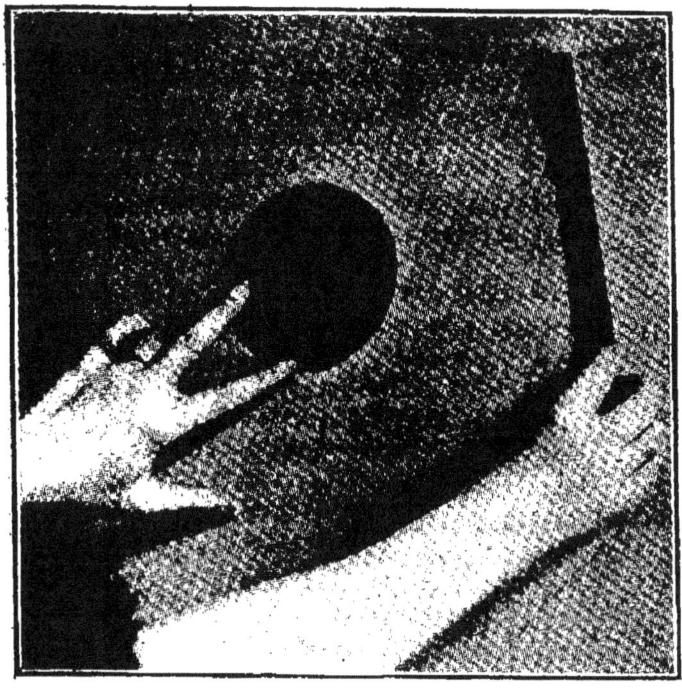

Fig 270. — La patte à chou. La patte à aile (*Nos Loisirs*).

en quantité suffisante pour composer à elles seules
un chapeau, gardez-vous bien (je parle aux no-
vices) de mettre ensemble un morceau de galon,
un bout de guipure, un reste de velours, une
plume et quelques perles de jais. Le tout donnerait un fouillis fané et aussi inélégant que possible.

En général, peu de matériaux dissemblables sur le même chapeau et toujours des choses d'une parfaite fraîcheur.

Un chapeau garni d'un ruban neuf noué avec

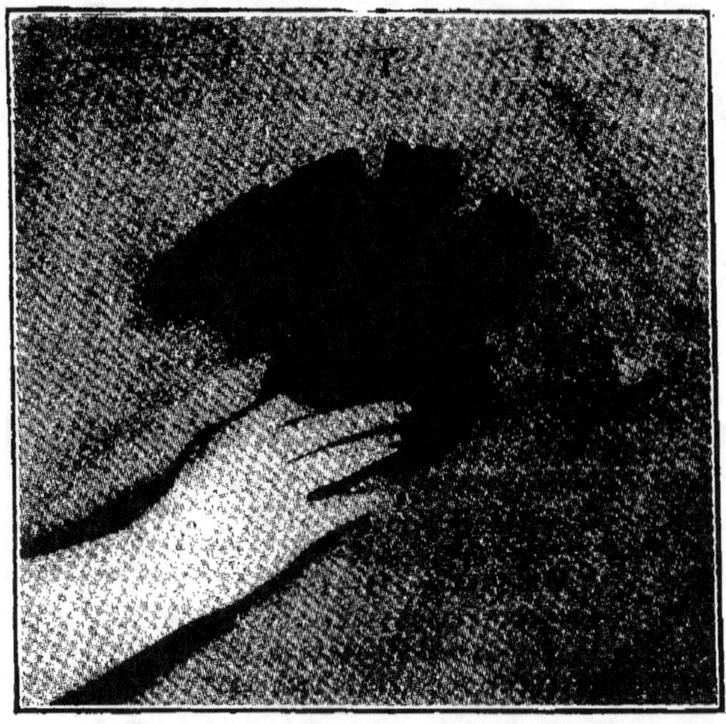

Fig. 271. — La cocarde de ruban commencée (*Nos Loisirs*).

chic sera cent fois plus élégant qu'un chapeau façonné avec des vieilleries retapées tant bien que mal.

Les cocardes. — Elles se posent le plus souvent à gauche et très en arrière sur la calotte d'une cloche ou sur le bord d'un tricorne qu'elles

semble retenir et relever (fig. 269). On en fait
en rubans de faille, de moire, ou de satin, en gros
grain, en galon d'argent, d'or ou d'acier.

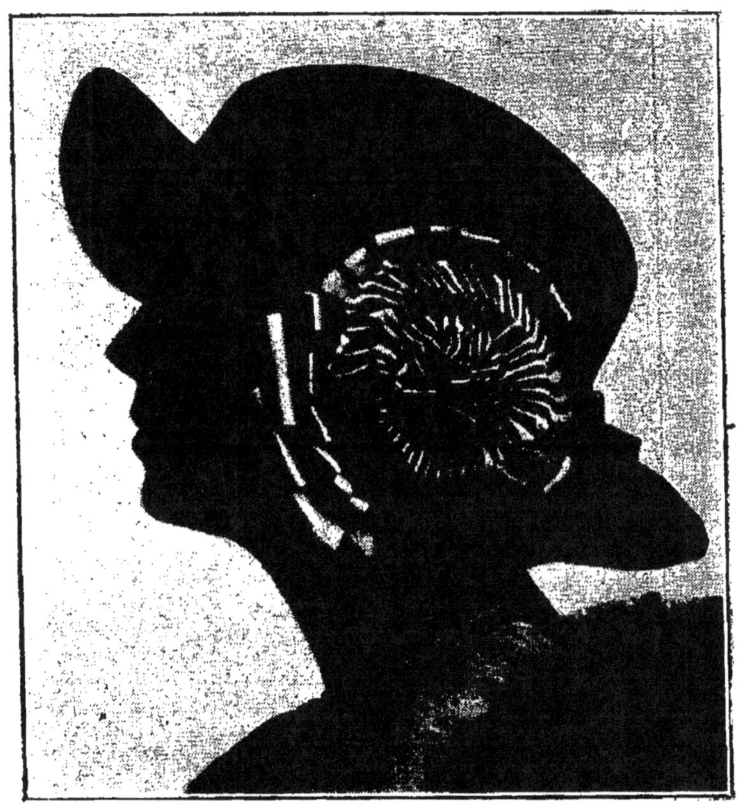

Fig. 272 (*Eve*).

Il faut, pour exécuter une cocarde, commencer
par faire une « patte » ronde sur laquelle vous
coudrez le ruban (fig. 270).

Pour cela vous taillez dans du tulle raide un
rond un peu plus petit que la cocarde que vous

voulez faire et vous laitonnez le rond de tulle avec
du laiton léger en le cousant à petits points bien
serrés. Fixez solidement les deux bouts du laiton.

Il est utile que le tulle soit très tendu entre les

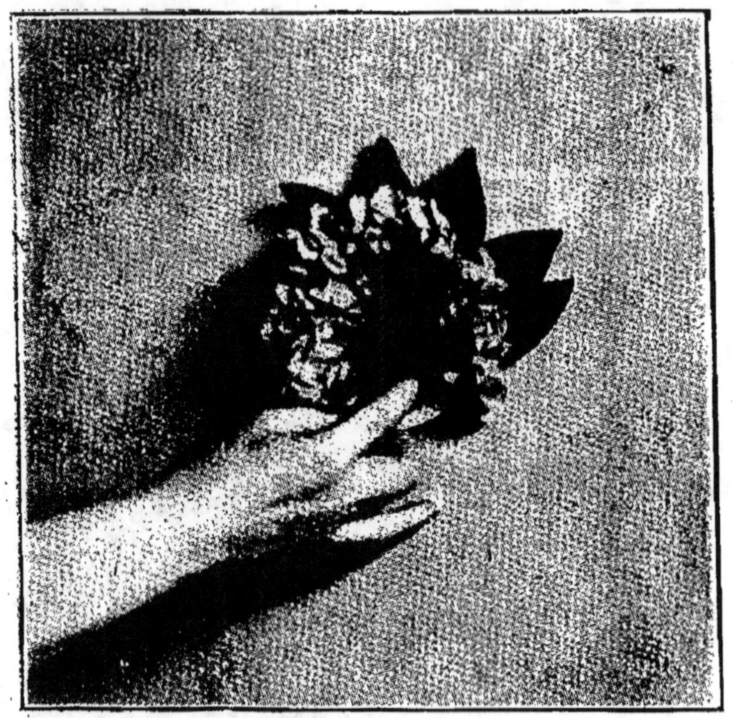

Fig. 273. — La cocarde de fleurs commencée (*Nos Loisirs*).

laitons. Cette patte terminée, bordez-la à cheval
avec un petit ruban, ce qui la consolidera et lui
donnera l'air soigné.

Sur cette patte, cousez les coques de rubans
que vous avez choisies en leur faisant dépasser la patte de 1 à 2 centimètres pour dissimuler celle-ci. Coupez d'avance les coques de ruban

de façon à ce qu'elles soient toutes exactement de la même dimension. Cousez-les les unes à côté des autres bien serrées et régulières (fig. 271).

Le premier rang fini, posez un second rang de

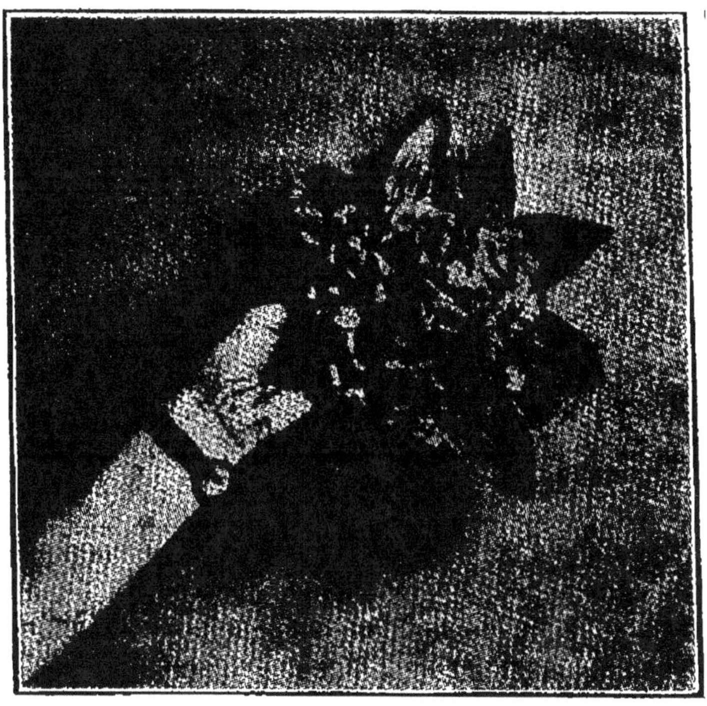

Fig. 274. — La cocarde de fleurs terminée (*Nos Loisirs*).

coques de rubans en leur donnant moins de hauteur et cousez-les les unes à côté des autres, bien serrées et régulières.

On finit les cocardes par un petit nœud, un cabochon, un bouton bombé recouvert de ruban.

Faites des cocardes en coques (fig. 272), en

rubans plissés ou gaufrés, en galon ruché. Li-
vrez-vous à toute votre fantaisie. On peut varier
les cocardes à l'infini. Toutes petites, moyennes ou
grosses, veillez seulement à ce qu'elles soient toujours extrêmement rondes et régulières.

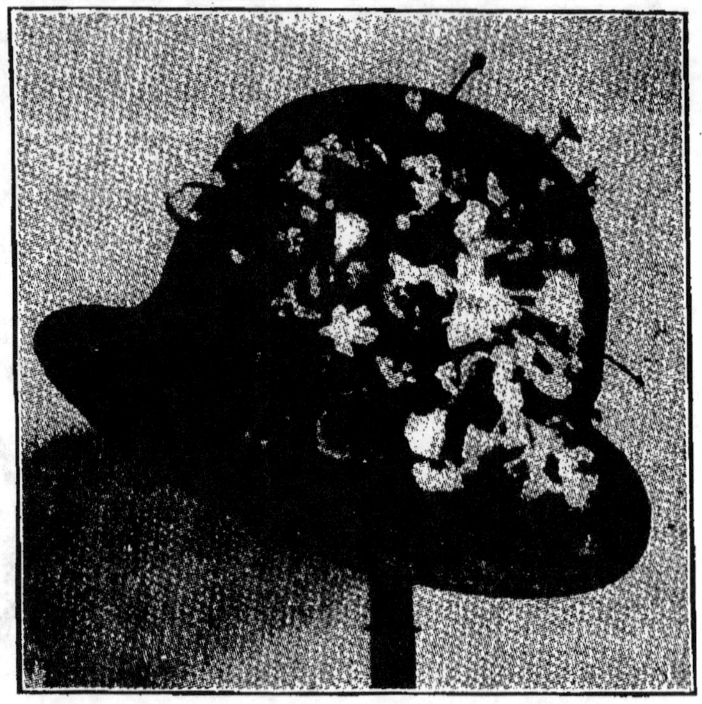

Fig. 275. — Un bouquet de fleurs printanières (*Nos Loisirs*).

Les cocardes de fleurs se portent autant sinon
plus que celles en rubans. Elles se font de la
même manière mais beaucoup plus grandes, car
une cocarde de fleurs doit à elle seule garnir le
chapeau.

Les fleurs se cousent comme le ruban sur une

patte de tulle laitonnée (fig. 273). Si vous voulez
entourer la cocarde de feuilles, commencez par
celles-ci. Cousez-les bien régulièrement autour de
la patte la dépassant, puis cousez les fleurs une

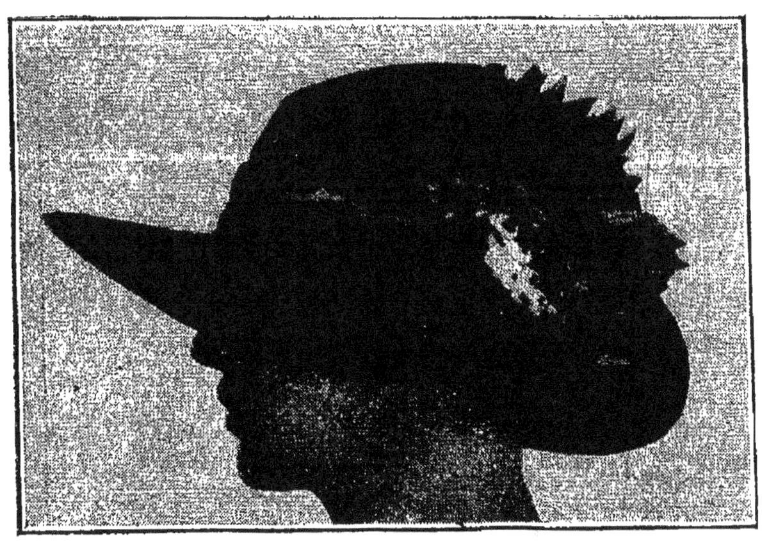

Fig. 276 (*Eve*).

par une bien serrées en rond sur la patte en com-
mençant toujours par le bord extérieur (fig. 274).

Si vous mélangez plusieurs sortes de fleurs, il
est plus joli de faire un rang entier de chaque
espèce choisie. Cela donnera à votre cocarde
l'aspect d'un bouquet de jardinier bien régulier,
très amusant

Les cocardes de fruits : cerises, groseilles, ci-
trons, sont aussi très jolies. Si vous faites un
bouquet, c'est autre chose : faites-le aussi irrégulier, aussi échevelé que possible. Autant une

cocarde doit être régulière, autant un bouquet peut avoir de fantaisie (fig. 275-276).

Les Nœuds

Les nœuds. — Les nœuds sont toujours une

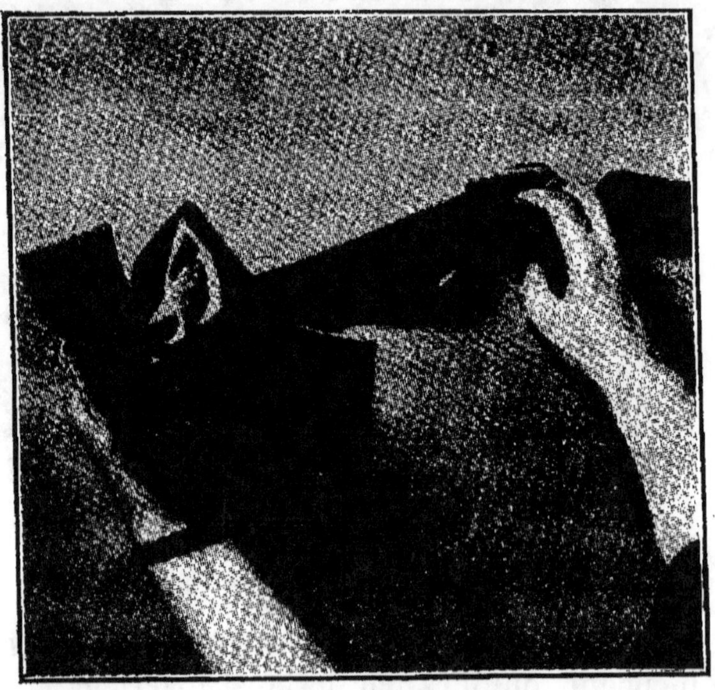

Fig. 277. — Un nœud en ruban de velours (*Nos Loisirs*).

des plus jolies façons de garnir les chapeaux. Rien n'est plus difficile à faire. Ils demandent de l'adresse, de la dextérité, de l'habitude et du goût.

Un nœud doit être fait en un tour de main et du premier coup, sans fil et sans laiton.

13.

On s'y prend de la même façon pour faire
tous les nœuds, qu'ils soient hauts, plats, larges
ou allongés, que le ruban soit large ou étroit.

Ayez du ruban souple, mais ayant cependant
du soutien, du beau ruban autant que possible.

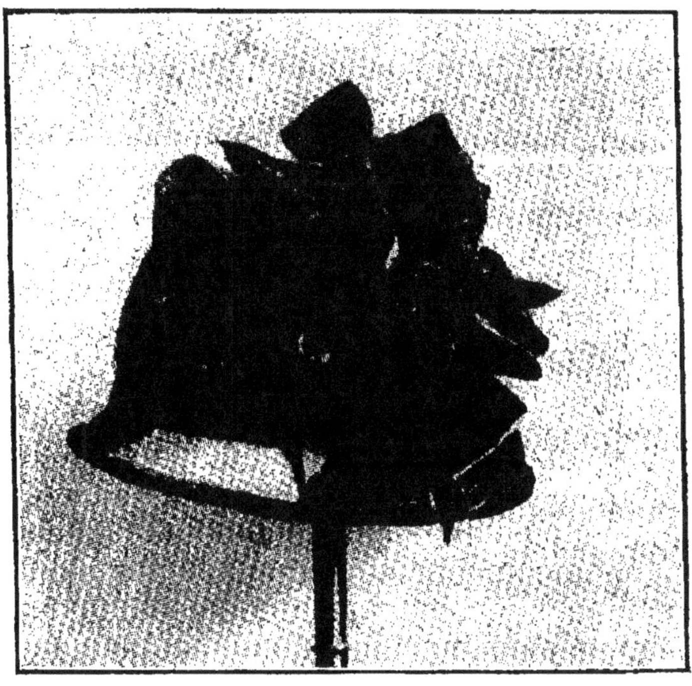

Fig. 278. — Le nœud terminé posé sur le chapeau (*Nos Loisirs*).

Prenez le bout du ruban dans votre main gauche. Avec la main droite, ramenez le ruban par
dessous, de façon à former une coque, les lisières bien droites. Puis faites une autre coque
de la même dimension allant alors de gauche à
droite ,le ruban retournant dessous et non dessus.
Tenez-le entre le pouce, l'index et le majeur et

serrez fortement le ruban entre vos doigts en fronçant le bas des coques.

Continuez ainsi à disposer vos coques une à gauche, une à droite, jusqu'à ce que vous en ayez au moins quatre de chaque côté. Prenez alors

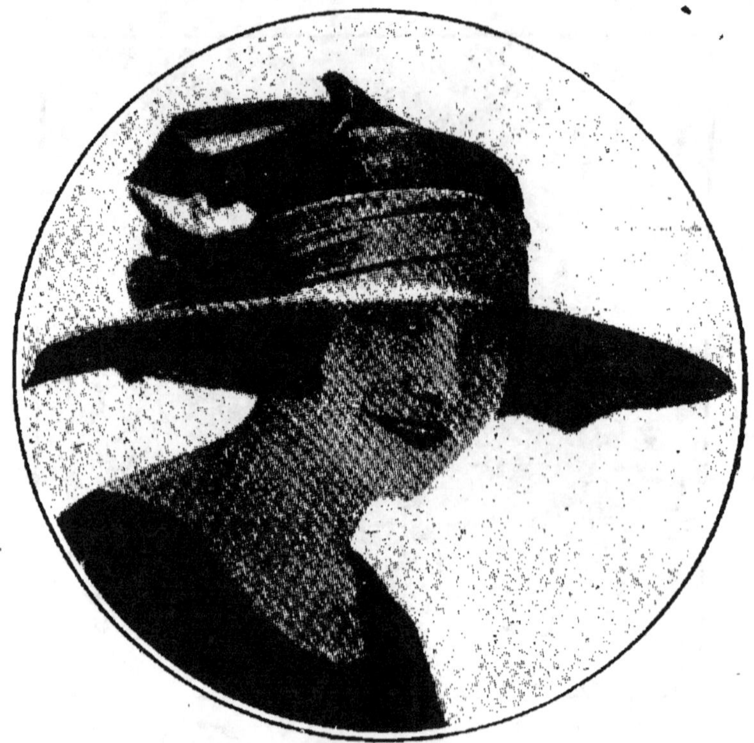

Fig. 279. — Capeline picot mordoré, nœud, ruban glacé même ton.
(*Nos Loisirs*).

le bout du ruban, tournez-le franchement deux fois en serrant le milieu de vos coques. Passez le bout du ruban dans la boucle formée par ce lien et serrez de toutes vos forces. Si ceci est bien fait, votre nœud n'a besoin d'aucun fil, d'aucun point pour le tenir (fig. 277-278).

Si vous voulez faire un nœud rond comme un

chou (fig. 279), faites toutes les coques d'égale
longueur. Si vous préférez un nœud ayant quelques
coques élevées, faites les deux ou les quatre premières coques du commencement du nœud petites,

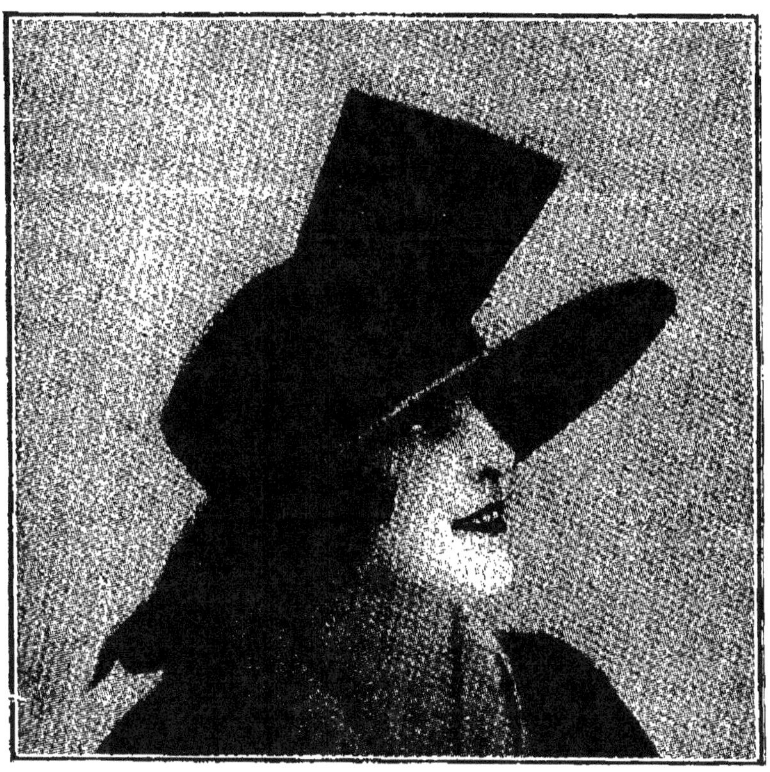

Fig. 280 (*Nos Loisirs*).

puis deux ou quatre plus longues et dernières de
moyenne longueur ; elles soutiendront les coques
hautes.

Pour un nœud long destiné à être posé à
plat sur un chapeau (fig. 280), faites toutes les
coques très longues. Lorsque le nœud est noué
et énergiquement serré, vous redresserez les co-

ques en les tirant bien, le milieu très serré leur donne de la consistance.

Si vous voulez faire un nœud avec du tissu au mètre, velours, satin, taffetas, organdi, coupez des bandes en biais, assemblez-les, ourlez-les et faites le nœud comme avec du ruban.

Un nœud de tulle se façonne comme un nœud de ruban, de même qu'avec le ruban, vous superposerez les coques de droite à gauche en tirant fortement le tulle. Nouez bien serré avec le bout du tulle, puis le nœud fait, ouvrez toutes les coques du tulle avec vos doigts en donnant à celles-ci toute la légèreté qu'il convient.

Les Ailes et les Plumes

Les ailes et les plumes. — La pose des ailes et des plumes est délicate : il s'agit de les coudre solidement (fig. 281 et 282). Rien n'est plus ridicule qu'une aigrette ou un piquet de plumes se balançant à chaque mouvement de la tête. Vous n'arriverez à leur donner de la stabiliité qu'en cousant à l'intérieur de la plume ou du couteau d'autruche une petite patte longue et mince en tulle raide laitonné. Cette patte cousue au pied de la plume la soutiendra le long de la côte sur une longueur de 8 à 10 centimètres. Grâce à la patte, vous pourrez donner à la plume le mouvement que vous désirez.

Vous pouvez, si la plume est très longue, coudre aussi un fin laiton de soie assorti comme nuance à l'intérieur de la plume, toujours en suivant la côte. Il ne faut pas prendre les brins de la plume dans les points.

Arrêtez le laiton à environ 10 centimètres de la tête de la plume qui, pour être jolie et gracieuse doit être laissée souple.

Les ailes se soutiennent avec les mêmes pattes longues.

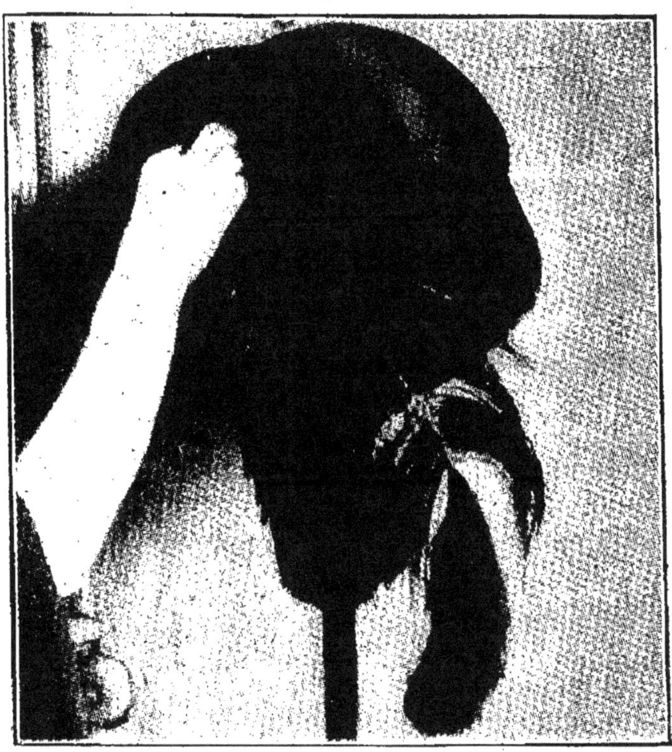

Fig. 281. — La pose des plumes tombantes (*Nos Loisirs*).

Les couteaux, très durs à coudre et dont on laisse voir le bout, ne peuvent être cousus sur des pattes qui seraient visibles (fig. 283). Il faut donc les coudre très solidement avec du gros fil ciré. Je vous conseille de les percer d'abord avec une grosse aiguille, pour préparer le trou afin que l'aiguille les traverse facilement. Cette précaution vous évitera de briser bien des aiguilles et de vous piquer trop souvent les doigts.

Les ruches plates, les garnitures de petites cocardes plissées, de tons dégradés, serrées les unes

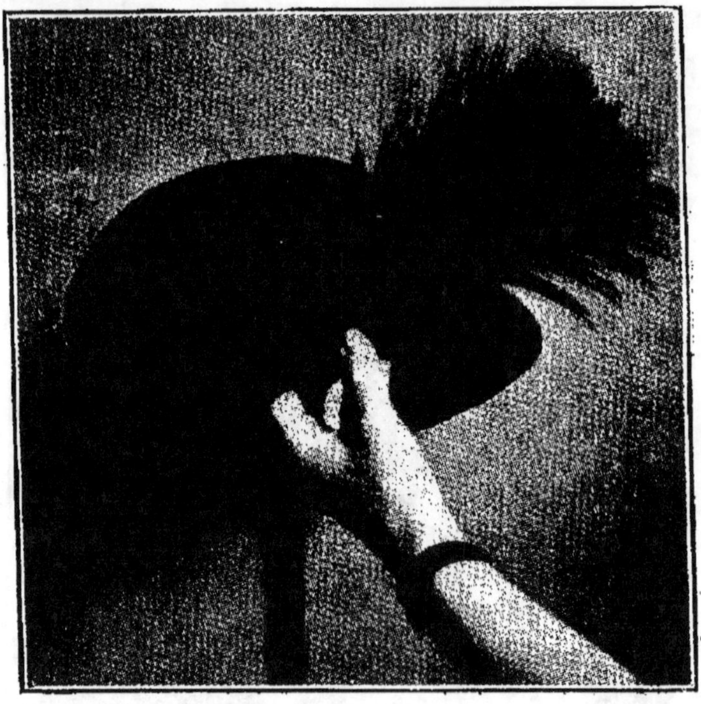

Fig. 282. — La pose de l'aigrette (*Nos Loisirs*).

contre les autres, font de charmantes garnitures. Enfin la broderie, sous forme de bandeaux enserrant les calottes, ornent beaucoup de chapeaux, broderies de soie, de laine, de paille, aux couleurs vives, même criardes. Vous pourrez certainement, avec un peu de goût et d'imagination, exécuter des garnitures originales (fig. 284 à 287).

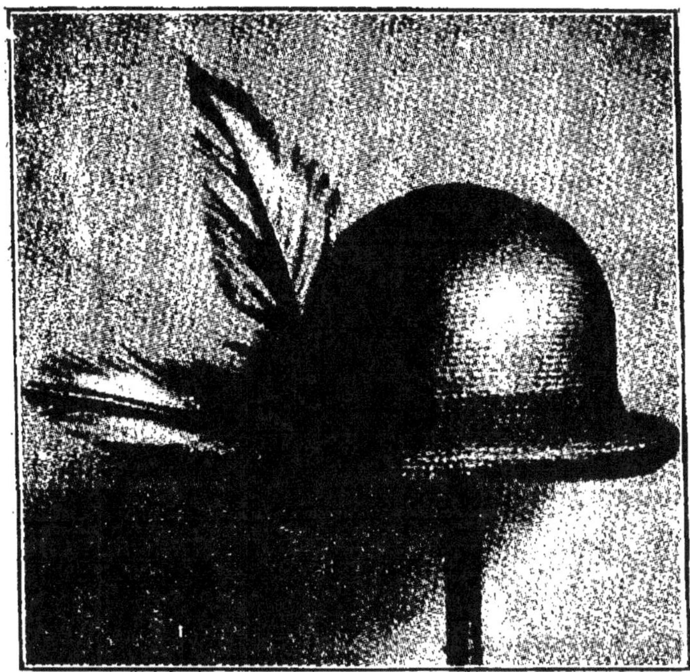

Fig. 283. — Les « couteaux » cousus de côté (*Nos Loisirs*).

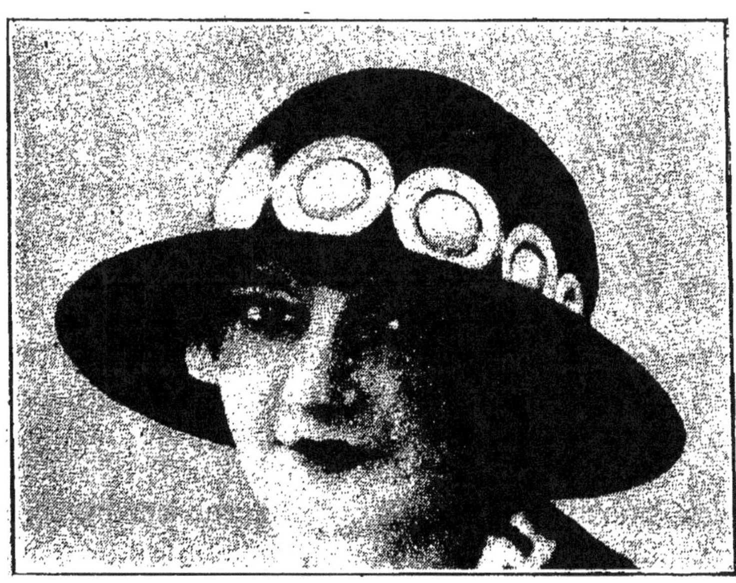

Fig. 284 (*Eve*).

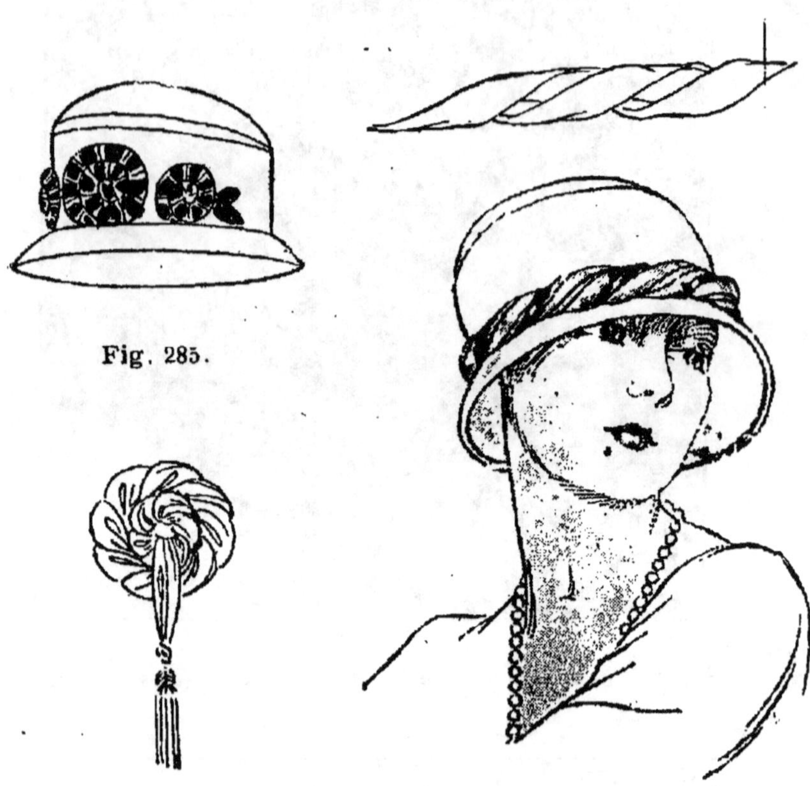

Fig. 285.

Fig. 286.   Fig. 287.

Les Toques

Les toques. — C'est surtout dans ce genre de chapeau qu'il faut étudier le coiffant en disposant les drapés et chiffonnés d'une façon harmonieuse.

Une façon de toque drapée jolie est le turban qui est fait de deux bandes croisées et enroulées autour d'un calotte emboîtante ou montée sur une petite passe cloche. Souvent on y mélange du lamé d'or ou d'argent. On recouvre d'abord le fond de la calotte simplement froncée à la tête sur une calotte très souple ou demi souple avant d'enrouler le turban de la passe (fig. 288).

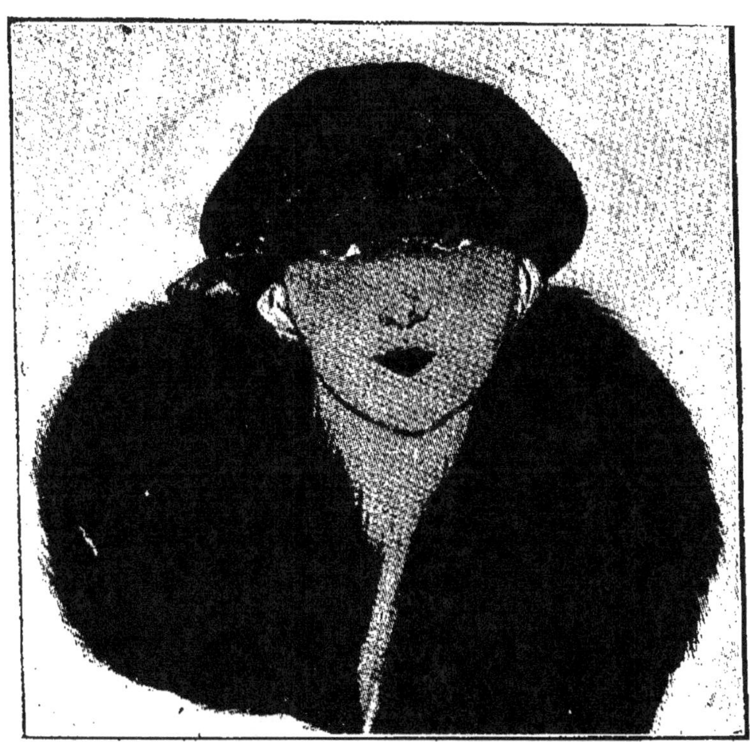

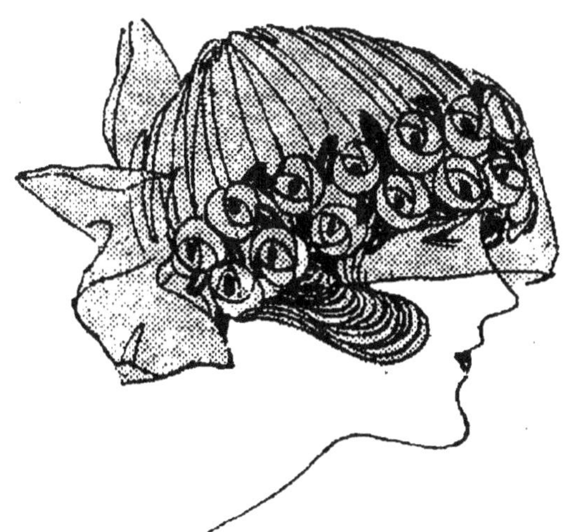

Fig. 288 et 289.

Les toques de fleurs peuvent être d'un seul
ton, comme tout en anémones, en roses, en violettes, d'une seule teinte. Le plus souvent elles
sont dégradées. Je trouve cela plus recherché. Les

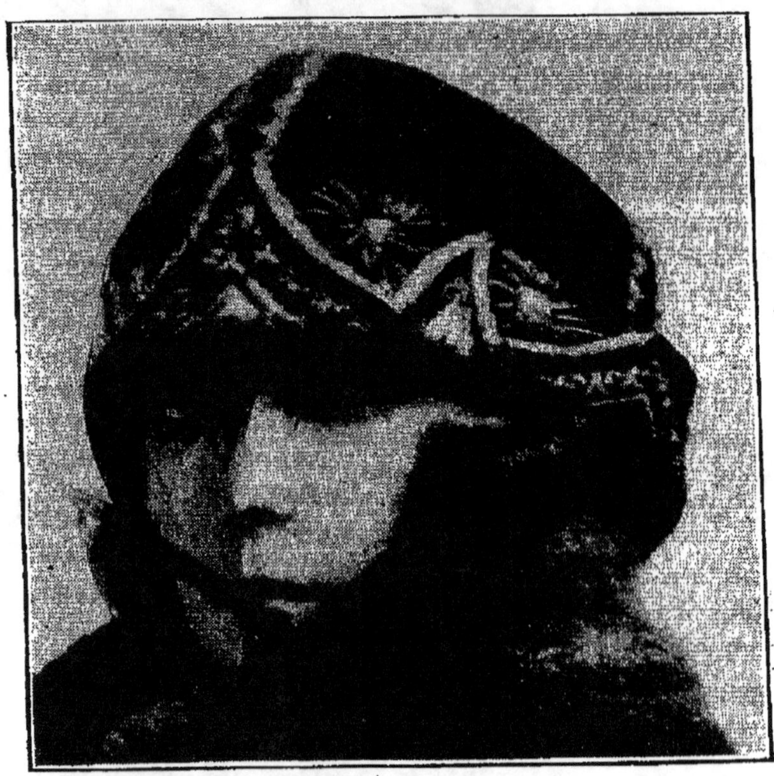

Fig. 290 (*Eve*).

roses de plusieurs roses qui vont jusqu'au rouge
foncé, les mauves jusqu'au violet, les bleus jusqu'au marine, évitent la fadeur et le résultat
obtenu est ravissant (fig. 289).

Les toques de fruits sont aussi très jolies.
Elles peuvent être mélangées à du feuillage pour
éviter la lourdeur. Le raisin est très heureusement

employé sur les toques ; les grosses cerises aussi.
Ces fruits en noir mat font de belles toques de
deuil.

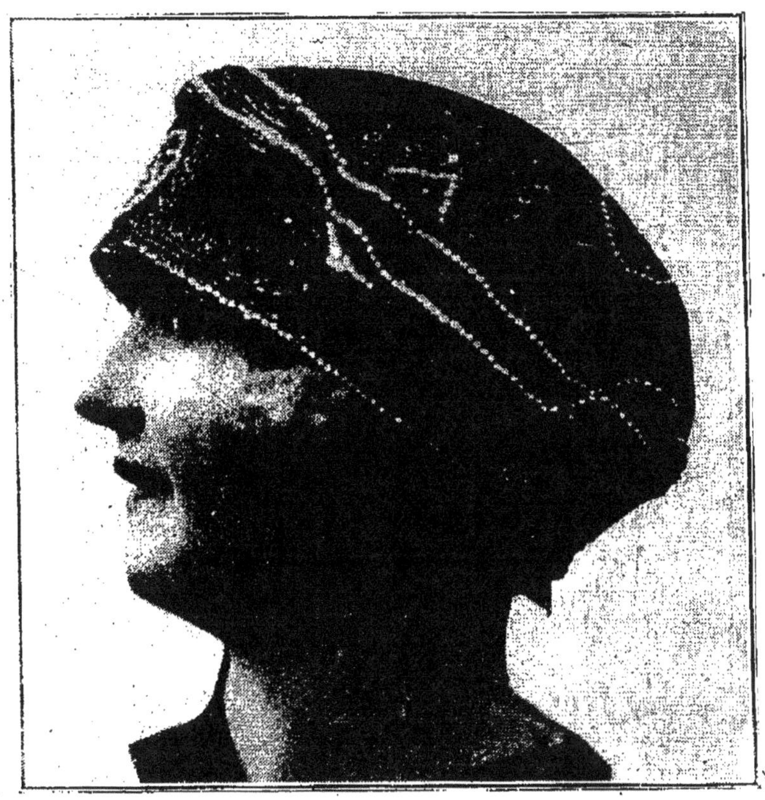

Fig 291 (*Eve*).

La toque drapée chiffonnée, est très coiffante
pour la femme d'un certain âge.

La toque drapée et serrée, bien emboîtante,
fait une commode coiffure de sport (fig. 290 et
291). Recouverte de cocardes et de plissés mis
d'une façon régulière, elle est aussi très coiffante.

En satin tendu, couverte d'aigrettes, elle est infiniment séduisante et chic.

Pour l'été, cousue en paille fine ou en grosse paille fantaisie pour trotter, elle est très pratique.

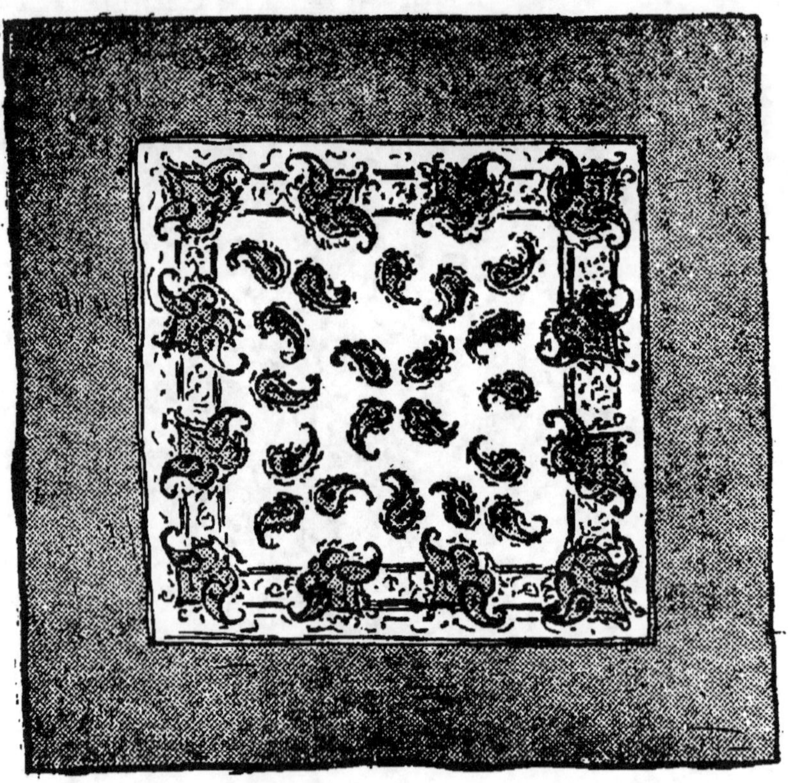

Fig. 292 (*Petit Echo de la Mode*).

Pour accompagner les toilettes habillées, la toque de fleurs et la toque de feuillage sont habillées.

Une toque tendue en velours noir ceinturée d'une guirlande très fine en fleurs et fruits, de tons choisis et délicats, une toque béret en velours noir drapée sont bien parisiennes.

Pour faire une toque de fleurs il faut se servir d'une forme très légère, de sparterie très souple ou mieux encore de tulle de coton. Un taffetas assorti aux fleurs sera tendu sur la forme. Les fleurs seront ensuite épinglées une à une, la queue coupée à ras et cousues ensuite quand on

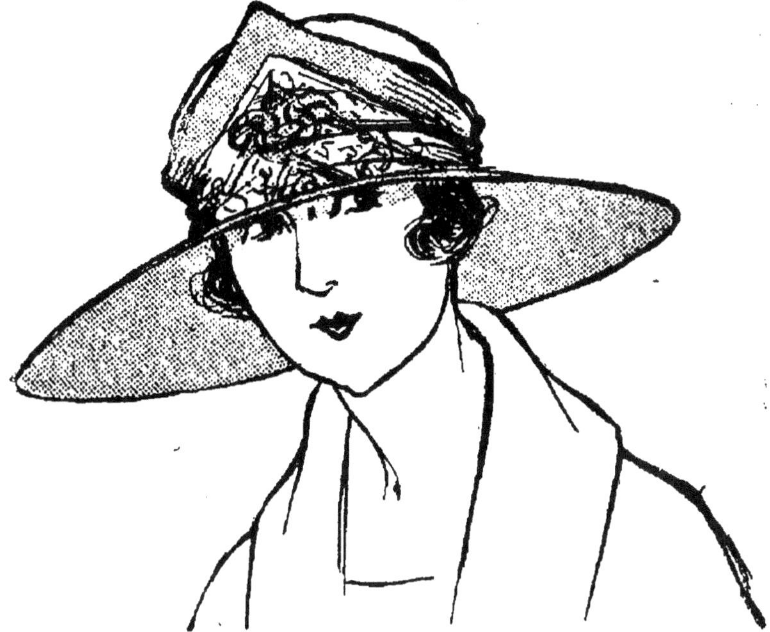

Fig. 293. — Drapé avec un mouchoir de soie
(*Petit Echo de la Mode*).

est satisfait du résultat. Les fleurs les plus jolies de couleur ou de forme seront posées devant. Les creux peuvent se cacher avec du feuillage. Le petit fond souple sera recouvert de quelques grosses fleurs dont on fait tenir les bords ensemble par des points noués.

Pour le drapé, on l'épinglera aussi préalablement, comme du reste toutes les garnitures, en général, afin de voir sur la tête si la pose est seyante. Il faut éviter dans les drapés la lourdeur et un trop grand nombre de plis. Il faut pour ainsi dire qu'ils viennent naturellement dans les mains qui les chiffonnent sans leur enlever leur fraîcheur, ce qui fait dire qu'un chapeau « n'a pas été touché » (fig. 292-293).

Les Couleurs

Les couleurs. — En plus de la beauté de la ligne de la forme, du coiffant, qui est absolument indispensable, et de la garniture qu'il faut légère, choisie dans le ton et la note voulue, certains chapeaux pour être jolis doivent paraître d'une couleur homogène. Ainsi, une petite forme de feutre rouille toute garnie de petits couteaux qui semblent avoir été trempés dans le même bain de teinture que la forme plaira infiniment comme la toque grise couverte de minoches du même ton de gris qui sans doute s'harmonisera avec un costume assorti. Rien ne choquera dans cette douce harmonie de gris.

Mais il y a une réelle beauté à avoir deux tons bien assemblés, comme le marine et cerise, le beige et marine, le gris et bleu, le bleu et blanc, le noir et blanc, le noir et bleu roy, le noir et vert, le loutre et cerise, etc...

Le noir, en général, ainsi que le blanc, se marient à toutes les couleurs. Les tissus d'argent et d'or sont d'un emploi facile aussi, surtout avec le noir et blanc, le gris, le bleu sombre et le rouge.

Le Chapeau sec et le Chapeau flou

Le chapeau sec et le chapeau flou. — Il y aura deux genres bien distincts : la forme souple, c'est-à-dire drapée, froncée, chiffonnée, le plus souvent en velours ou en satin qui a un chic et une dou-

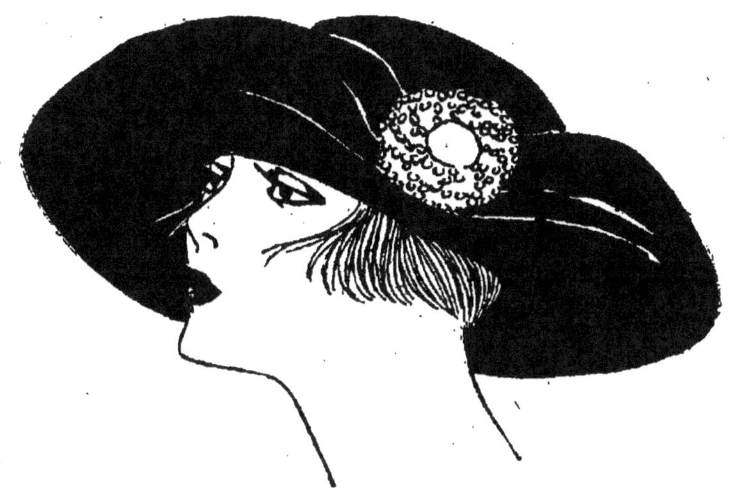

Fig. 294 (*Les Modes de la Femme de France*).

ceur indicible aux figures chiffonnées et aux cheveux flous (fig. 294).

Il y a enfin l'autre genre, le chapeau tendu, sec ou apprêté très peu, généralement, d'une lame ou de biais, qui va parfaitement avec les tailleurs. Tendus de velours noir, ils vont aussi très bien avec les robes floues de l'été et font un heureux contraste avec leur fraîcheur.

Autres genres de plumes

Les plumes. — Le paradis, l'aigrette, les crosses, sont pour les chapeaux habillés. Quelle élégance et quelle richesse auront ceux-ci ainsi garnis. Quelle belle coiffure du soir on obtiendra aussi en

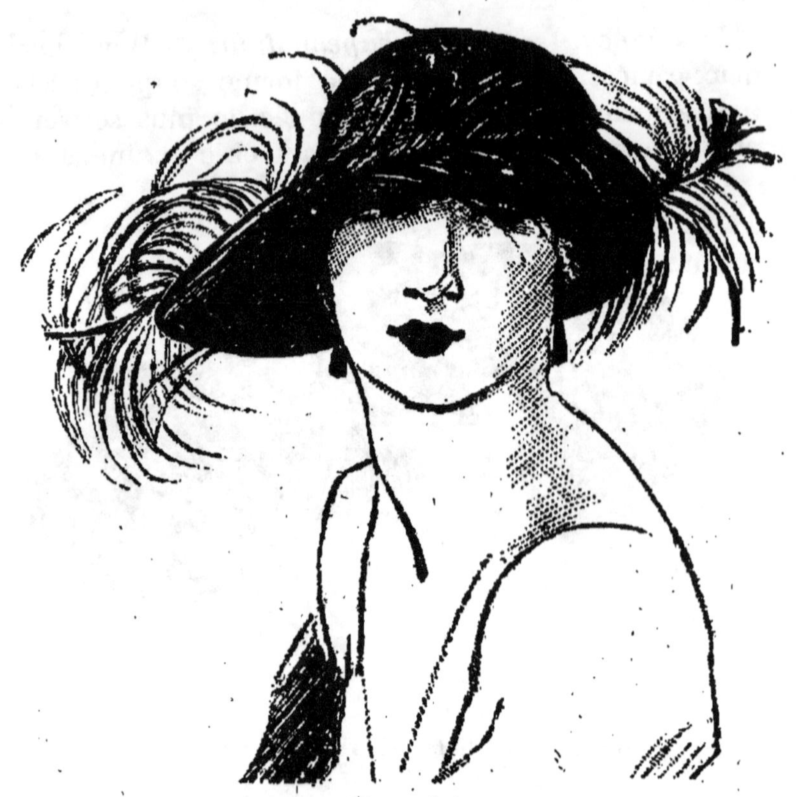

Fig. 255.

mélangeant au tissu d'or et d'argent, la flamme ondoyante d'un paradis, cette magnifique garniture terriblement coûteuse.

Les coiffures du soir sont parfois garnies d'autruche défrisée que l'on emploie aussi beaucoup en toques. On ne fait plus guère l'autruche frisée comme on en a tant vu et trop vu sans doute.

Les plumes glycérinées quoique bizarres forment une garniture très seyante quand, au bord d'une passe, elles ombrent le visage.

Fig. 296. — Bandeau faisan doré.

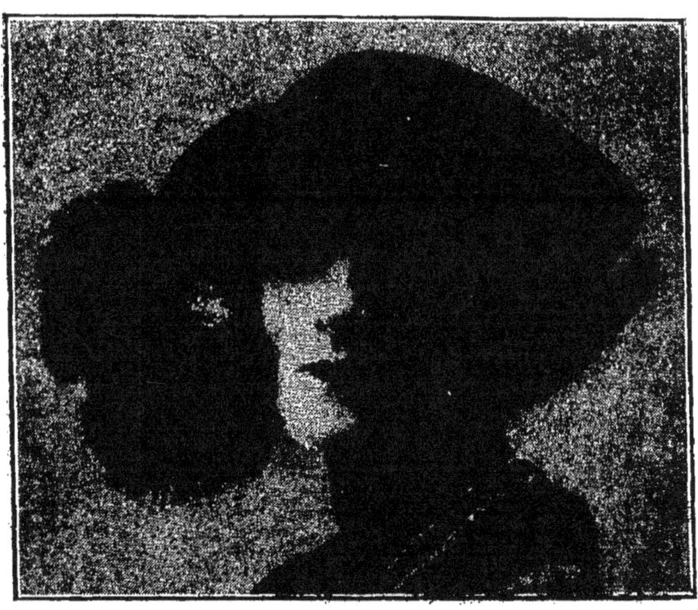

Fig. 297 *(Eve)*.

Mais que de genres de plumes, que de variétés, parmi lesquelles le numidie, le héron, le faisan, le coq, le marabout, etc... (fig. 295 à 297).

Pour parler de la plus riche de ces garnitures,
le paradis, elle est assez difficile à poser. Les
deux flancs, si on peut en disposer, doivent, le plus
souvent être contrariés, l'un baissé en avant,
caresse la joue, l'épaule, l'autre s'envole en arrière.
Le paradis posé en l'air à gauche, fera le cha-

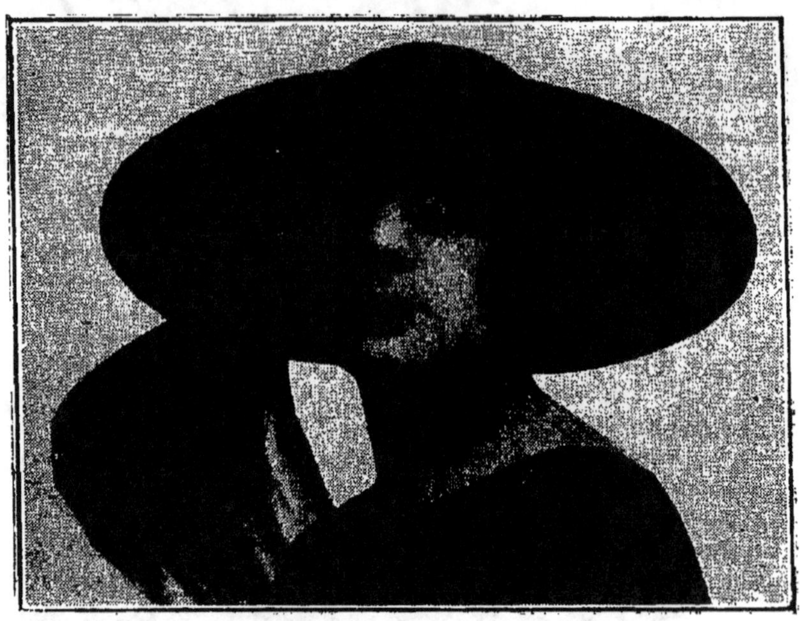

Fig. 298 (*Eve*).

peau moins jeune. Un flanc de paradis posé à
plat sur le côté droit du chapeau lui donnera
beaucoup d'allure (fig. 298). Une passe de petits
paradis montés autour de la calotte (fig. 299)
forme une très jolie garniture sur un grand chapeau plat. Ces sortes de couronnes sont toujours
montées par le plumassier.

Les crosses sont également, la plupart du temps,
montées par le marchand (fig. 300). On les pose
sur des formes recouvertes d'un petit taffetas qui

devra être invisible après s'il s'agit de chapeaux entièrement en crosses. On fait ainsi de jolies toques ou de minuscules bretons et cloches.

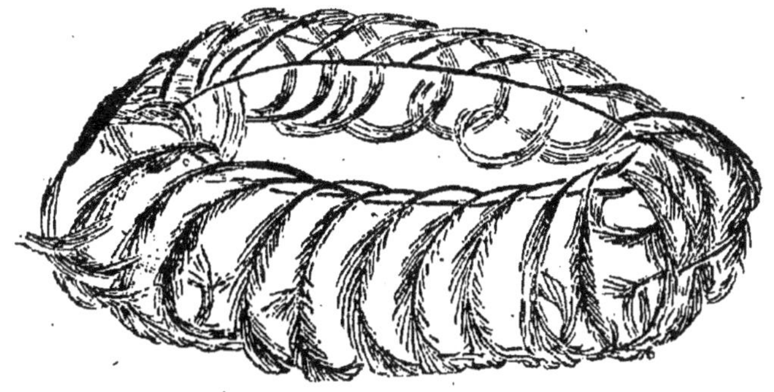

Fig. 299.

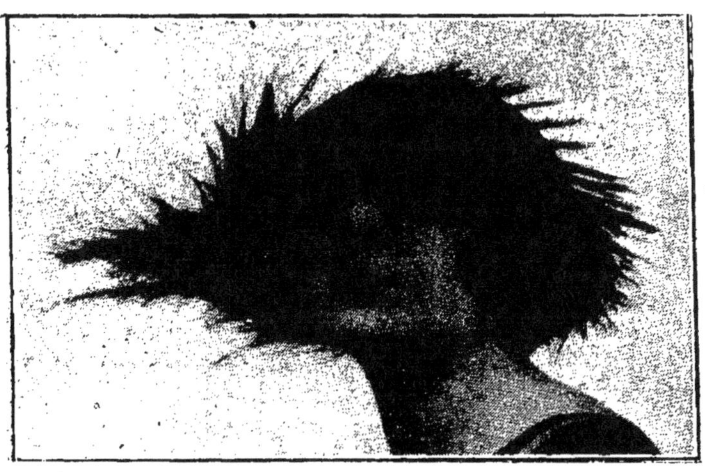

Fig. 300 (*Eve*).

L'aigrette colonel est moins difficile à poser. Elle se fait beaucoup moins, du reste. Il n'y avait guère qu'une façon de la poser, c'était de la piquer crânement sur le devant d'une toque.

Quelquefois cependant elle se pose aussi sur la passe.

La plume d'autruche a toujours demandé une grande habileté pour la poser (fig. 301). Il faut

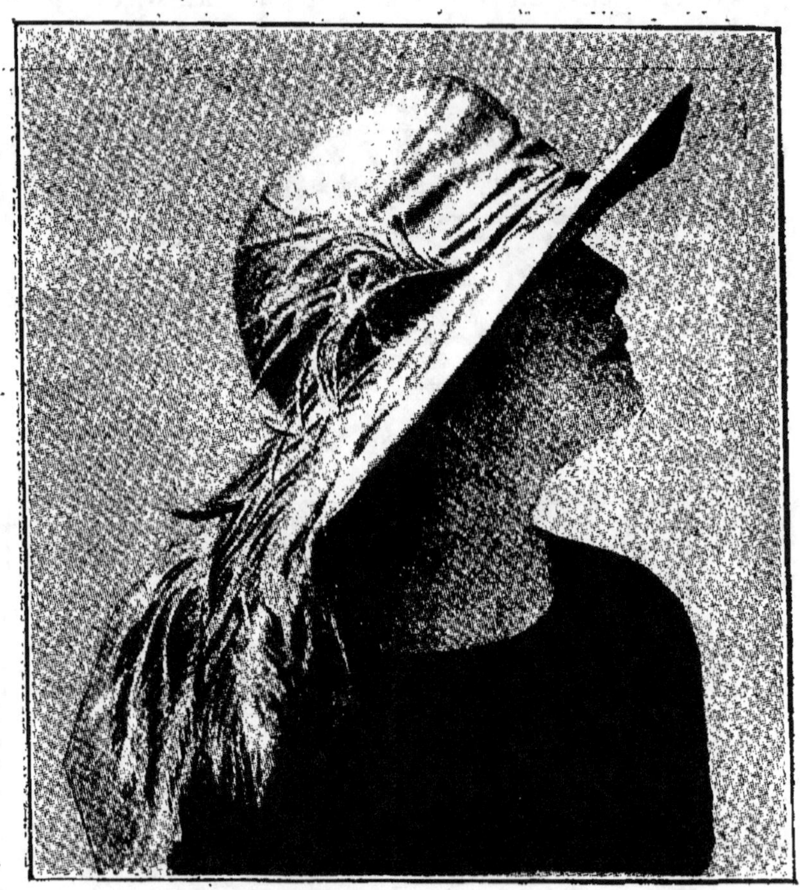

Fig. 301 (*Nos Loisirs*).

que la plume soit cousue dans la côte même très solidement, mais il ne faut pas que cela se voie. Si l'extrémité d'un pouf d'autruche est trop importante, trop échevelée, on la tient par des points solides mais très lâches par en-dessous.

14.

Le pied est toujours monté sur une patte, petit rond ou petit triangle de gros tulle laitonné qui donne une grande facilité pour la pose en piquet.

La plume d'autruche glycérinée est très employée pour les trotteurs (fig. 302).

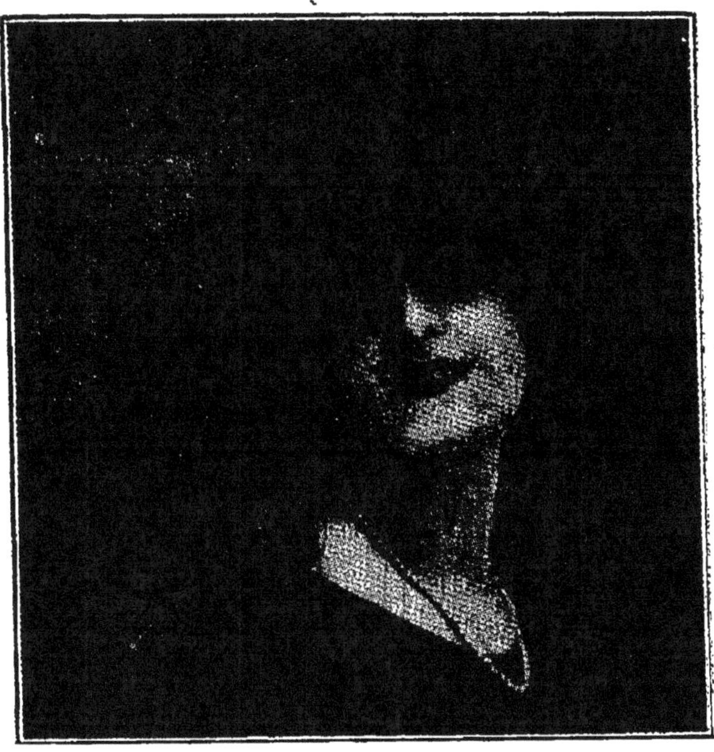

Fig. 302 *La Femme chic).*

Le faisan se fait en bandeaux, autour des toques et des calottes. En grands couteaux souples également.

Les couteaux d'argus aussi ont un joli mouvement roulé au bout. Ils s'enroulent autour des calottes des grands canotiers plats.

Le héron, le vautour, le numidie, sont indiqués pour les toques sérieuses.

Le casoar et le coq se montent en poufs. Ils ont beaucoup d'allure sur les chapeaux relevés.

Les ailes de tous genres et Dieu sait toutes les formes et fantaisies que l'on peut leur donner, sont charmantes sur les trotteurs ou chapeaux du matin.

Pour coudre une toque de crosses ou d'aigrettes, si la monture n'est pas faite par le plumassier, contrairement à ce qui arrive le plus souvent, il faut prendre les aigrettes une par une, et on coud légèrement de place en place sans surtout prendre les brins, ce qui n'est pas commode. Les points seront faits finement avec du fil de la couleur des aigrettes. Ces points seront espacés de 3 centimètres. On fera ainsi le tour du chapeau soit en lame soit en passe. Les aigrettes seront placées à un ou deux centimètres d'intervalle. Les plus belles, les plus fournies seront toujours pour le devant.

Les Fleurs et les Fruits

Les fleurs et les fruits. — Les très jolies fleurs en guirlandes sont presque toujours montées par les fleuristes. Le montage est exécuté par les artistes de ce métier. Je parle des fines et belles guirlandes de prix, car dans le bon marché, il n'est pas de belles fleurs. Je ne vais pas ici décrire toutes les fleurs. Il est cependant certaines fleurs, certains fruits qui font un effet plus ou moins joli en garniture. Ainsi les fleurs plates, en général, font de jolies toques, car elles se

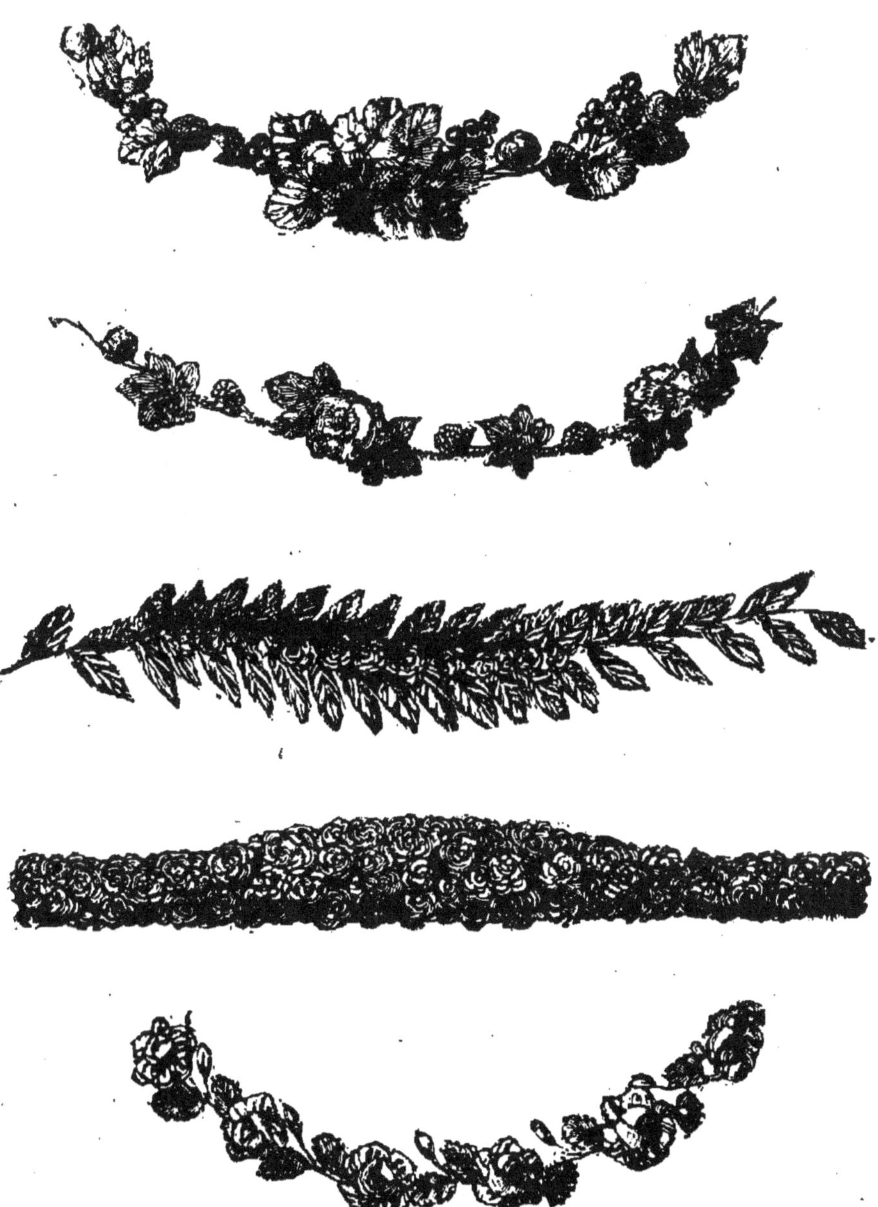

Fig. 303.

posent très bien. On garde les petites fleurs pour
les guirlandes, mais on en rompra la monotonie
en en mettant quelques grosses de place en place.

Mais comment une guirlande de fleurs pourrait-

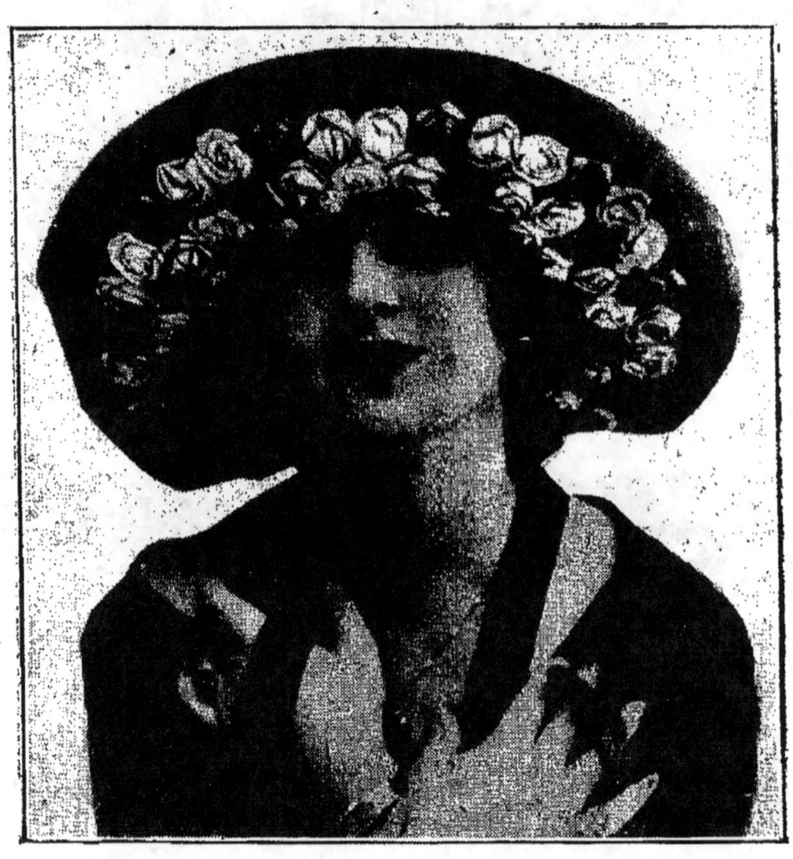

Fig. 304 (*Eve*).

elle être monotone, avec de telles variétés de tons.
Souvent on y mélange de petits fruits.

Pour monter une guirlande, on prend de la cannelette noire ou verte. C'est une sorte de fil de fer
mince et flexible que l'on enroule autour des
branches et au pied des fleurs, car si longue que

soit la guirlande, on ne la coud jamais. Elle doit

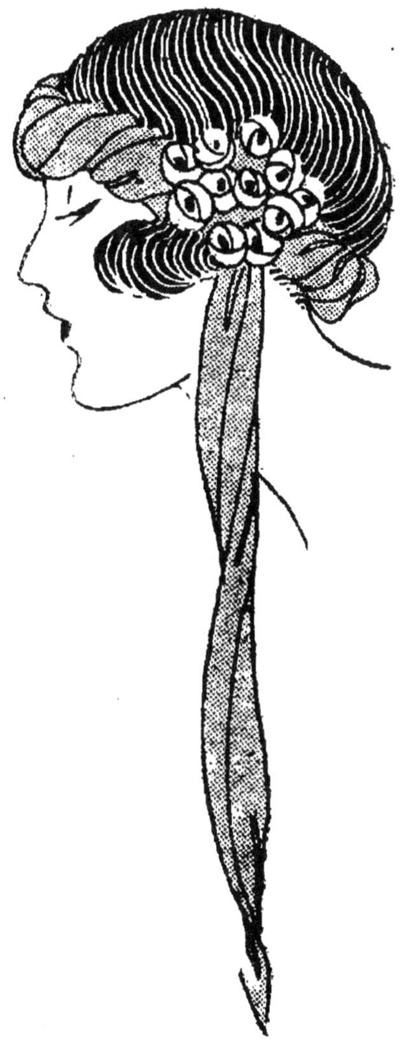

Fig. 305. — Uné coiffure du soir en gaze d'argent, au pan flottant
sur l'épaule; sur le côté un bouquet de fleurs de ruban rose.
(*Les Modes de la Femme de France*)

tenir par l'enroulement de la cannelette. Les
fleurs sont montées une par une et les trop lon-

gues queues sont coupées au fur et à mesure pour
éviter l'épaisseur (fig. 303).

Ce sont les tiges superposées des fleurs elles-
mêmes ou des feuillages qui forment le cordon
de la guirlande.

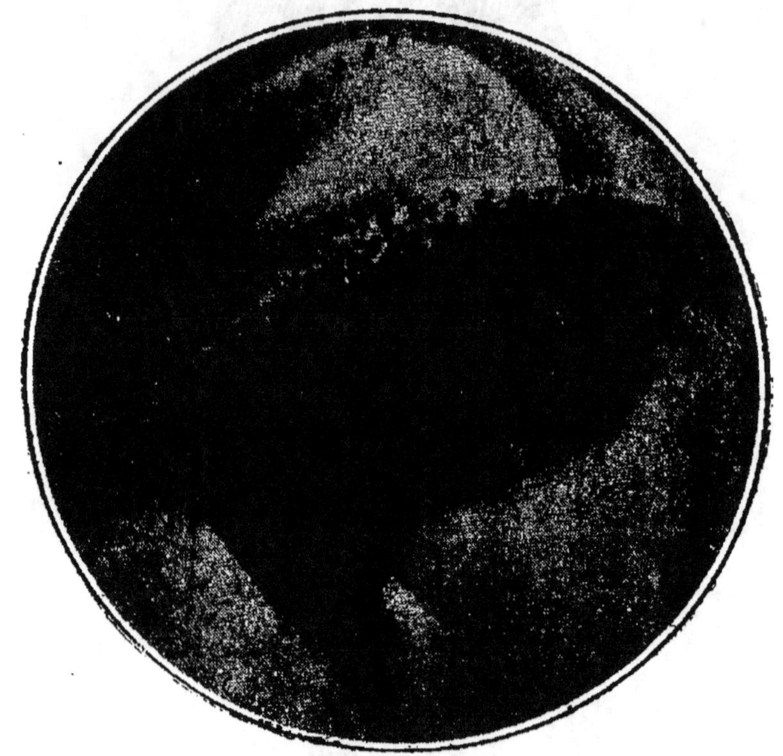

Fig. 306 (*Eve*).

Les piquets tout seuls se posent aisément.

La seule façon de les coudre sur les chapeaux
est de traverser le cœur par en-dessous en le cousant hardiment, mais il ne faut pas que les points
soient apparents. Des petits points noués au fil
vert tiendront les feuilles.

Les fleurs fantaisie se font en peau, en cuir,
en celluloïd, voire en cire et en mica, comme les

gros nénuphars que l'on a vus déjà. Enfin, il
y en a en soie et en velours ; ce sont celles que
l'on pose le plus communément. On en met aussi

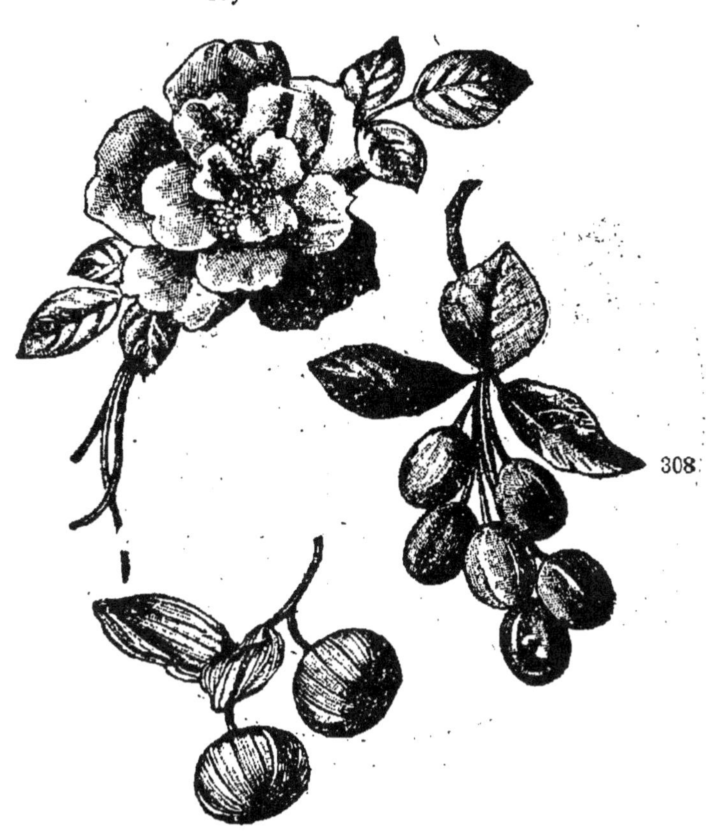

Fig. 307 à 309. — Rose et feuillage velours. — 308. Piquet pommes.
309. Cerises.

en mousseline ou en organdi sur les jolis chapeaux d'été. Les roses en ruban sont un petit
travail de patience qui donnent un joli résultat
(fig. 304 et 305).

Les fruits très fragiles sont presque toujours en verre (fig. 306 à 316).

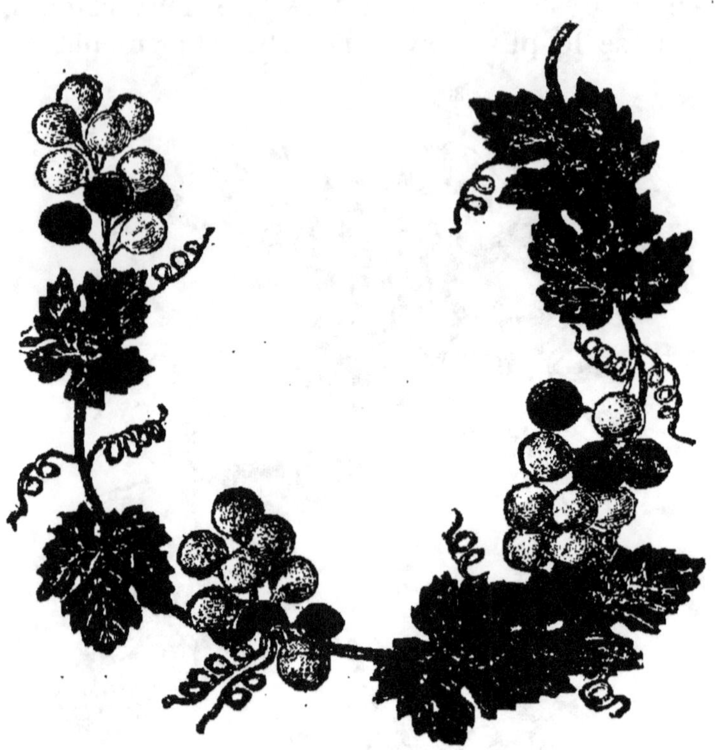

Fig. 310. — Guirlande raisin velours mélangé métal.

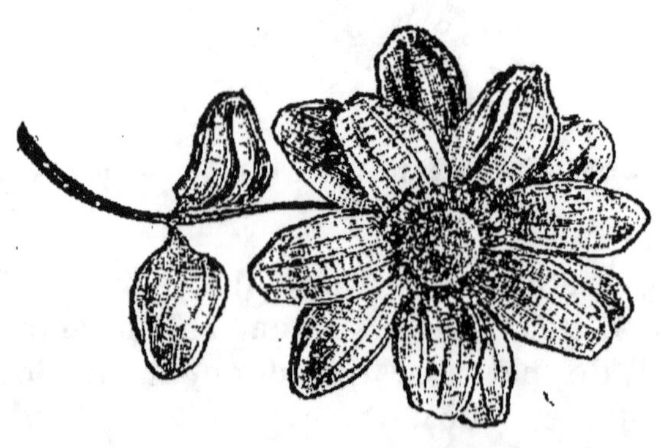

Fig. 311. — Clématite.

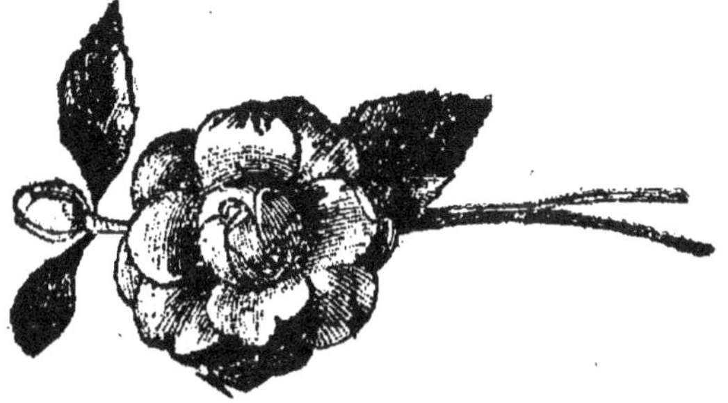

Fig. 312. — Camélia velours.

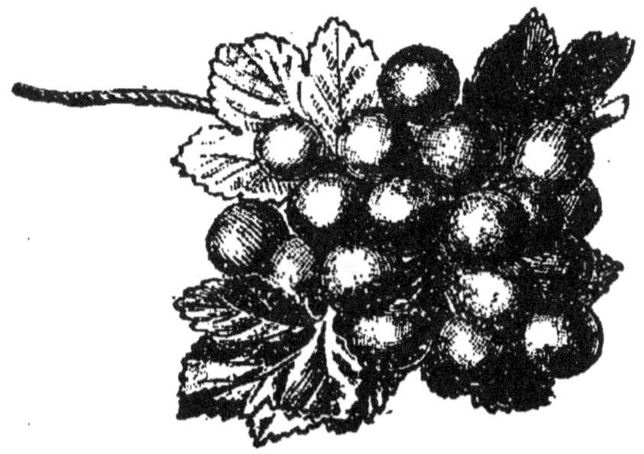

Fig. 313. — Cabochon raisin et feuillage métallisé.

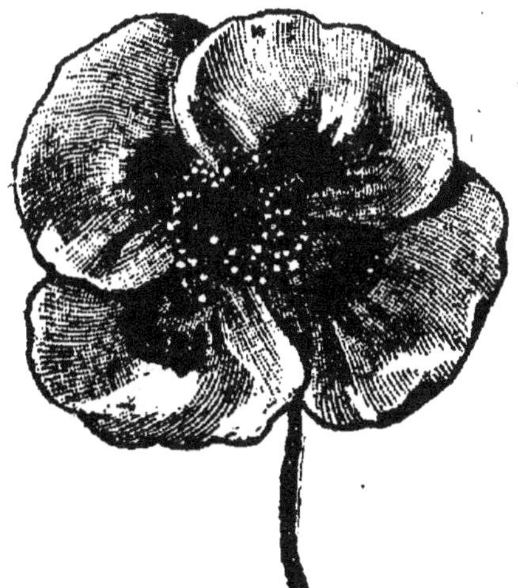

Fig. 314. — Pavot velours.

315 316

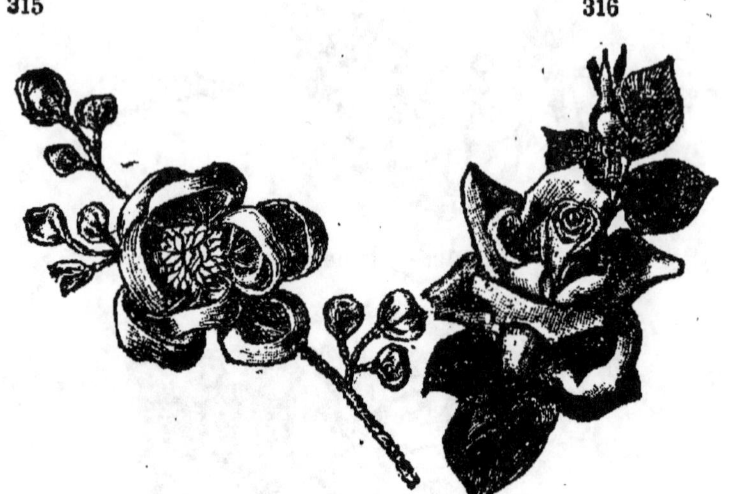

Fig. 315. — Rose et feuillage rococo tissu métal. — 316. Rose
en soie.

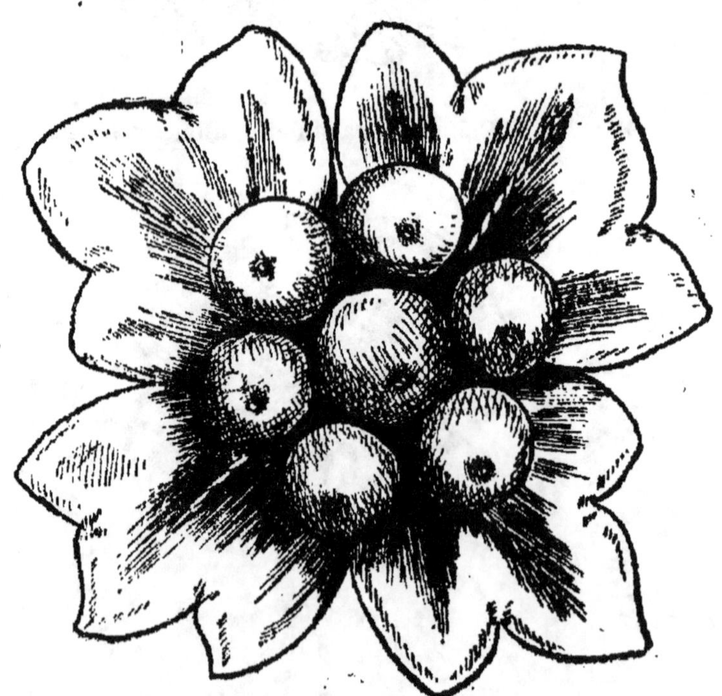

Fig. 317. — Fruits en soie.

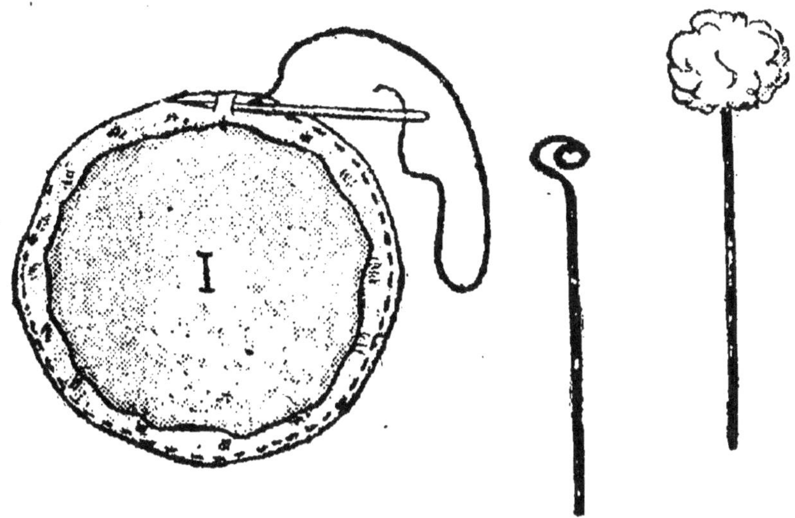

Fig. 318   Fig. 319.   Fig. 320.

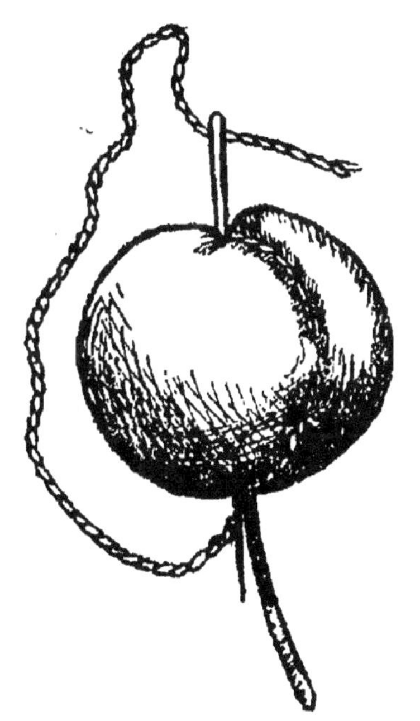

Fig. 321
(*Les Dimanches de la Femme.*)

On emploie beaucoup les raisins très blancs
pour la garniture des chapeaux de deuil et de
demi-deuil.

Pour faire des fruits en soie, on emploie la méthode suivante : prenons par exemple le modèle

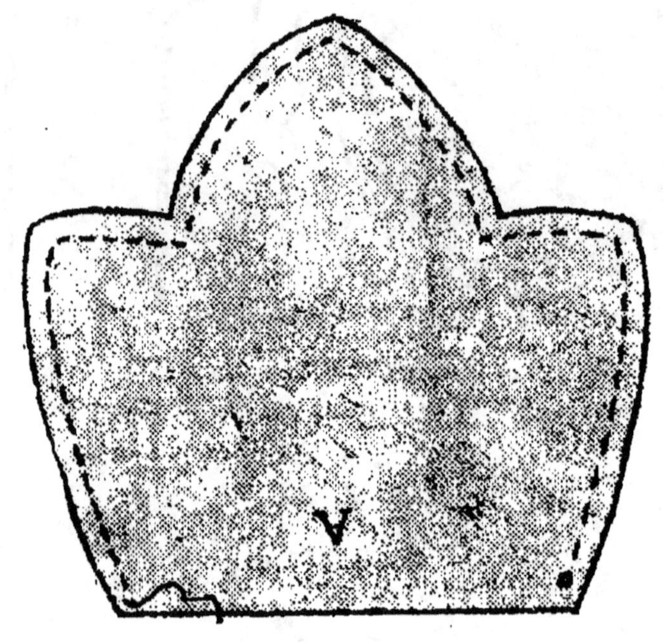

Fig. 322

représenté par la figure 317, un cabochon de
grains de lierre entouré de feuilles.

Les baies rondes se font en taillant un rond de
soie de la grandeur désirée (fig. 318) ; après avoir
fait un petit rempli, on fronce à petits points ;
puis on prend un fil de laiton dont on tortille un
peu le bout (fig. 319), on le recouvre d'une
boule de coton (fig. 320), on le coiffe alors du
petit rond de soie, et on serre bien le fil de
fronces. Si vous désirez former sur le fruit de

petites côtes, vous percez le fruit de haut en bas avec une aiguille enfilée d'un gros cordonnet,

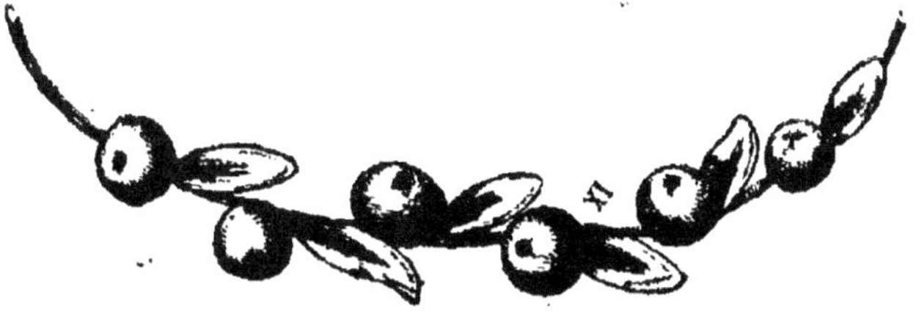

Fig. 323.

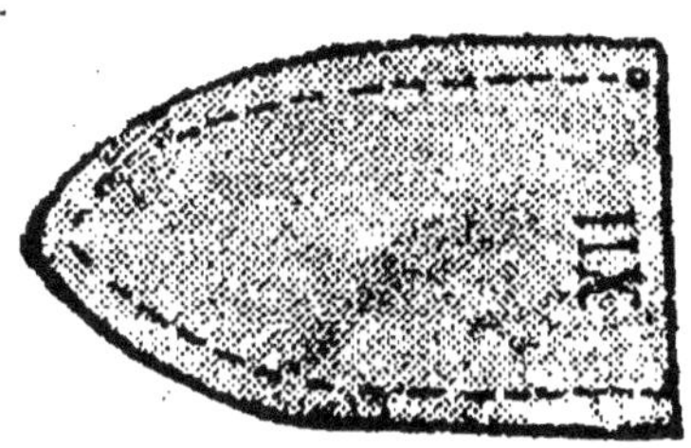

Fig. 324.

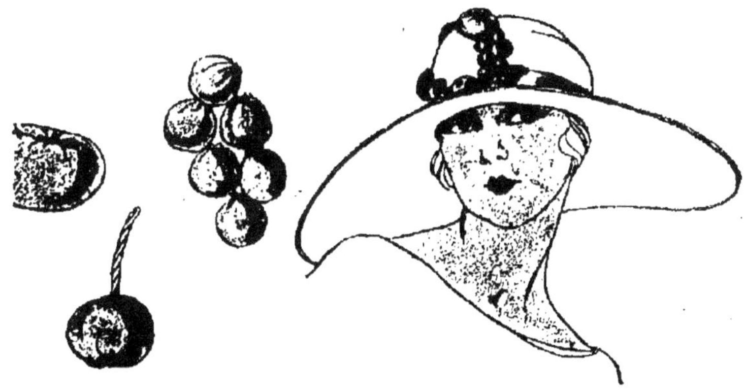

Fig. 325.

vous serrez légèrement et formez ainsi cinq ou six côtes (fig. 321). Ces baies peuvent être montées sur une petite branchette en bois naturel bien

sèche et terminée par un bourgeon sur laquelle
vous pouvez passer une légère couche de vernis.
Les feuilles qui entourent le cabochon de graines

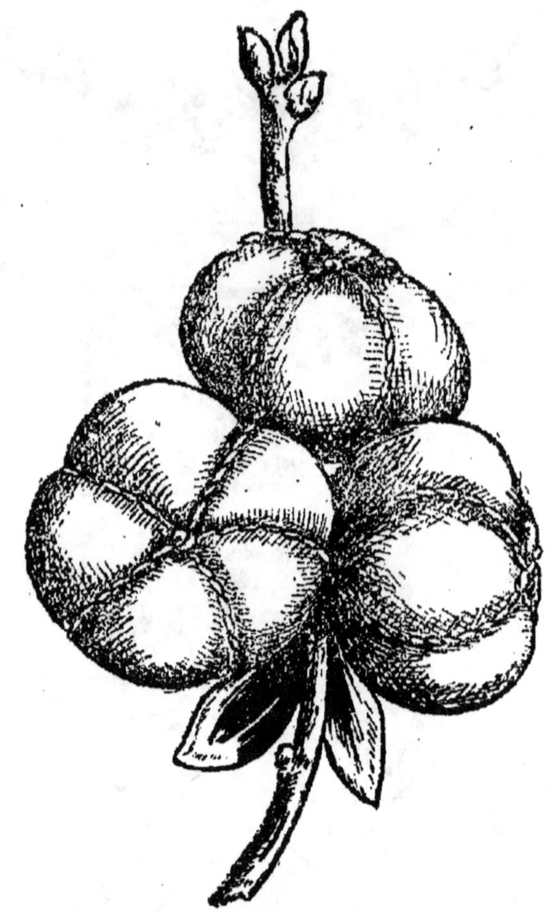

Fig. 326. — Fruits en soie.

sont taillées doubles sur le patron (fig. 322) cousues sur les bords, retournées à l'endroit comme
un petit sac et froncées à la base.

Vous pouvez encore monter des grains en guirlande sur une ganse ronde (fig. 323) avec de petites feuilles (fig. 324 à 327).

C'est ainsi que se terminent nos explications que nos gravures tâchent de rendre plus claires.

La mode, cette roue qui tourne, pourra chan-

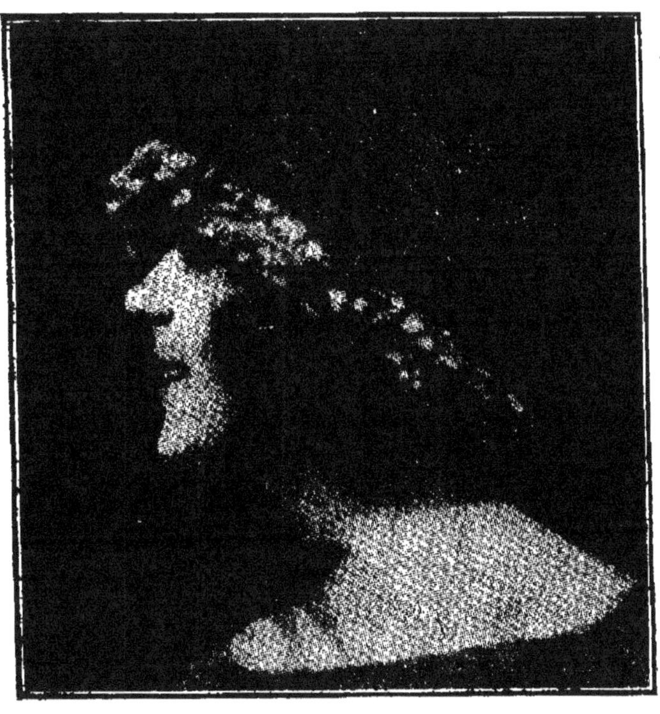

Fig. 327 (*Eve*).

ger, mais ses principes, ses méthodes, pour exécuter tous les apprêts, la façon de faire les formes restera immuable. Certes, elles se transformeront à chaque saison, mais on s'y prendra toujours de même pour nouer et pincer les laitons, pour repasser ou former une passe de sparterie, pour coudre des garnitures que l'on combinera pour-

tant d'une façon différente de celle de maintenant,
pour y revenir ensuite.

Ce sont ces caprices de la Mode, ces engouements
à chaque saison qui donnent tant d'adresse aux
doigts des modistes dont le goût bien connu les
fait de plus en plus comparer à des artistes.

TABLE DES MATIÈRES

	Pages
CHAPITRE PREMIER. — **Les Formes**	5
Les Laitons	5
Manière de faire les formes	6
Les Formes de sparterie	20
Formes au patron	28
Manière de faire des formes sans s'aider d'un type en laiton	30
CHAPITRE II. — **Les Apprêts**	43
Les Lames	51
Les Passes souples	57
Les Coulissés	58
Les Bouillonnés	64
CHAPITRE III. — **Les Différents genres de chapeaux**	66
Les Chapeaux souples	66
Le Béret	68
Les Toques	69
Les Chapeaux de rubans	73
Les Calottes drapées	85
Les Chapeaux de tulle	87
La Paille	102
Les Chapeaux de raphia	122
Les Chapeaux de velours	131
Les Chapeaux de panne	133
Le Poiluchon	133
Les Chapeaux de fourrure	138
Les Chapeaux de deuil	144
Les Chapeaux d'enfants	154
Les Bonnets du matin	187
Les Chapeaux de sport	195
Les Coiffes	210
CHAPITRE IV. — **Les Garnitures**	214
Le Coiffant	214
Les Nœuds	225
Les Ailes et les Plumes	229
Les Toques	233
Les Couleurs	239
Le Chapeau sec et le Chapeau flou	240
Autres genres de plumes	241
Les Fleurs et les Fruits	247

6315. — Imprimerie Jouve et Cie, 15, rue Racine, Paris. — 9-1926.

MANUEL DE L'ÉLECTRICIEN

STATIONS CENTRALES

Dynamos, Alternateurs, Transport d'énergie.

Par A. CURCHOD
Professeur à l'École de Mécanique et d'Électricité Industrielle.

1 vol. in-18 de 328 pages avec 114 figures, cartonné........ 12 fr.

Électricité et magnétisme. — Corps conducteurs et corps isolants. — Grandeurs électriques et unités. — Magnétisme et électromagnétisme. — Description d'une station centrale. — Des dynamos et alternateurs. — Construction des dynamos. — Du fonctionnement des dynamos. — Construction des alternateurs. — Fonctionnement des alternateurs. — Accumulateurs. — Des transformateurs. — Tableau de distributions. — Appareillage. — Installations à basse tension (courant continu) ; — à haute tension (courant alternatif). — Canalisations électriques. — Postes de transformation et sous-stations. Conditions techniques auxquelles doivent satisfaire les distributions d'énergie.

MANUEL DE L'ÉLECTRICIEN

CONSTRUCTION DES RÉSEAUX D'ÉNERGIE

Par M. DAVAL
Ingénieur E. S. E.

1 vol. in-18 de 275 pages avec 102 figures, cartonné......... 12 fr.

Différents genres de distribution. — Distribution directe.

Distribution indirecte. — Courant alternatif monophasé et diphasé. — Alternatif triphasé. — Alternatif haute tension. — Postes de transformations. — Sous-stations. — Distribution série. — Règlements relatifs à la construction des réseaux d'énergie.

Lignes aériennes. — Conducteurs. — Isolateurs (types courants). — Ferrures d'isolateurs. — Supports. — Poteaux métalliques. — Consoles et potelets. — Pylônes pour lignes à haute tension; — en béton armé. — Lignes catenaires. — Appareils de coupure des lignes à haute tension. — Essais des isolateurs.

Canalisations souterraines. — Postes de transformation et de sectionnement. — Montage et entretien des lignes aériennes. — Montage et entretien des canalisations souterraines. — Montage et entretien des postes.

Ajouter pour frais d'envoi : France, 15 % ; Étranger, 20 %.

MANUEL DE L'ÉLECTRICIEN
Moteurs Électriques
Traction Électrique
Par M. STRULOVICI
Ingénieur électricien.

1 vol. in-18 de 580 pages avec 334 figures, cartonné......... **18 fr.**

Introduction. — Energie. — Magnétisme. — Electro-magnétisme. — Moteurs à courant continu. — Fonctionnement des moteurs à courant continu. — Les courants alternatifs. — Moteurs. — Accessoires d'installations des moteurs électriques. — Montage et installations des moteurs.

Dérangements des moteurs. — Causes.

TRACTION ELECTRIQUE. — Généralités. Avantages de la traction électrique. — Comparaison de l'emploi des locomotives avec celui des automotrices. — Construction des moteurs de traction. — Moteurs à courants alternatifs. — Régulation des moteurs. — Moteurs à courant continu. — Moteurs à courants alternatifs. — Alimentation des moteurs.

MANUEL DE L'ARTIFICIER
ARTIFICES — POUDRES — EXPLOSIFS
Par A. E. EVIEUX
Ingénieur-chimiste (E. C. I.), chef de fabrication.

1 vol. in-18 de 396 pages avec 107 figures, cartonné......... **14 fr.**

Phénomènes de l'explosion. — Classification des explosifs. — Qualités des explosifs.

Fabrication des explosifs. — Matières premières. — Fabrication proprement dite.

Pyrotechnie. — Feu d'artifice. — Cartonnages. — Division. — Artifices de mise de feu. — Mèches à feu, etc. — Garnitures. — Etoiles. — Pluie, etc. — Feux fixes. — Lances, gerbes, etc. — Feux mobiles. Fusées. — Artifices d'intérieur. — Combinaisons. — Tir d'un feu d'artifice. — Arrangement. — Précautions pour le tir. — Dosages des compositions. — Formules de composition. — Feux pour le théâtre. — Flammes à alcool. — Lumières au magnésium, fusées paragrêles.

Explosifs dérivés du nitrate d'ammoniaque. — Explosifs chloratés. — Explosifs pour mines. — Nitroglycérines et dynamites.

Dynamites. — Emplois.

Pyroxyle ou coton poudre. — Emploi des nitrocelluloses. — Poudres sans fumée. — Récupération des solvants. — Explosifs pour chargement des projectiles. — Explosifs divers.

Pratique des explosifs. — Amorces et procédés de mise de feu. — Munitions pour armes à feu. — Emploi des explosifs. — Emploi des amorces électriques. — Application des explosifs. — Installation des bâtiments. — Questions administratives. — Analyse des explosifs et des matières premières.

AJOUTER POUR FRAIS D'ENVOI : FRANCE, 15 %; ÉTRANGER, 20 %.

MANUEL DU MINEUR

Par J. DENIS
Ingénieur civil des Mines.

1 vol. in-18 de 384 pages avec 195 figures, cartonné.......... 16 fr.

Notions géologiques sur le terrain houiller. — *Abatage.* — Abatage à la main ; — aux explosifs ; — mécanique. — Disposition des chantiers d'abatage. — *Boisage et soutènement.* — *Remblayage.* — *Transports.* — Transports souterrains. — Transports au chantier. — Roulage dans les plans inclinés. — Roulage dans les galeries principales. — *Aérage, grisou et poussières.* — Généralités sur l'aérage. — Grisou. — Organisation de l'aérage. — Poussières de houille. — Eclairage des travaux souterrains. — *Epuisement.* — *Fonçage des puits.* — Exécution du fonçage. — Soutènement provisoire. — Soutènement définitif. — Fonçage en terrains très aquifères. — *Accidents et sauvetages.* — Eboulements. — Explosions. — Feux. — Inondations. — Coups d'eau. — Premiers soins à donner aux blessés. — *Lectures des plans de mines.* — *Réglage et emploi de l'indicateur de grisou Chesneau.*

MANUEL DU PROSPECTEUR

Par P. BRESSON
Ingénieur civil des Mines.

1 vol. in-18 de 452 pages avec 137 figures, cartonné......... 16 fr.

Notions de géologie. — *Formation des gisements métallifères.* — *Classification des gisements métallifères.*

Prospection. — *Etudes sur le terrain.* — Géologue et prospecteur. — Recherche dans les alluvions. — Recherche des gisements en place. — Echantillonnage. — Lecture des cartes géologiques. — Accoutrement du prospecteur. — Prospection en pays isolés. — *Etude des roches.* — *Etude des minéraux.* — *Etude des minerais.* — Travaux d'exploration. — Sondage. — Evaluation d'un gisement. — Tableau de reconnaissance des minerais. — Méthodes d'exploitation. — Soutènement. — Aérage. — Eclairage. — Circulation du personnel. — Exhaure. — Chantiers. — Galeries. — Plans inclinés. — Puits. — Triage à la main. — Enrichissement mécanique. — Traitement mécanique. — Organisation générale. — Conclusion.

AJOUTER POUR FRAIS D'ENVOI : FRANCE, 15 % ; ÉTRANGER, 20 %.

MANUEL
DE TÉLÉGRAPHIE SANS FIL

Par M. LECLERC
Ingénieur-constructeur.

1 vol. in-18 de 260 pages avec 214 figures, cartonné........ 12 fr.

Rappel de notions d'électricité. — Les oscillations électriques. — Télégraphie sans fil par ondes amorties. — Les lampes à trois électrodes. — Télégraphie sans fil par ondes entretenues. — Téléphonie sans fil. — Les matériaux employés dans la construction des postes. — Construction des éléments des postes récepteurs. — Lampe à trois électrodes et accessoires. — L'antenne. — Montages de réception. — Les postes émetteurs. — Les ondes courtes. — Les mesures en T. S. F. — Emploi des courants industriels avec les lampes à trois électrodes. — Super-réaction. — Renseignements divers sur l'exploitation des grands postes. — Code Morse et signaux horaires.

MANUEL DE TÉLÉGRAPHIE
ET DE TÉLÉPHONIE

Par M. LECLERC
Ingénieur-constructeur.

1 vol. in-18 de 317 pages avec 248 figures, cartonné........ 14 fr.

Notions d'électricité. — Le courant. — Applications de la loi d'Ohm. — Condensateurs et capacité. — Magnétisme. — Induction. — Propriétés des courants véritables alternatifs ou vibrés. — Séparation des courants. — Les sources de courant. — Piles. — Accumulateurs. — Dynamos et alternateurs. — Notions d'acoustique. — Éléments de construction. — Les matériaux employés en électrotechnique. — Les conducteurs. — Les isolants. — Fils en câbles. — Bobines.

Télégraphie. — Principes. — Télégraphe Morse. — Appareillage. — Accessoires. — Installation des postes. — Translation. — Augmentation du rendement des lignes. — Appareils imprimeurs.

Téléphone. — Principe. — Construction des postes. — Différents modèles de postes de réseaux et leur montage. — Tableaux commutateurs. — Standards et multiples. — Réseau à batterie centrale intégrale. — Téléphonie militaire. — Augmentation du rendement des lignes. — Postes pour installations privées. — Lignes télégraphiques et téléphoniques.

MANUEL des CHEMINS de FER

I

ÉTUDE ET CONSTRUCTION

Par M. BOURDE

Ingénieur des Travaux publics de l'État.

1 vol. in-18 de 444 pages avec 286 figures et planches.
Cartonné .... 16 **fr.**

Levé de plan. — Nivellement. — Notions générales. — Jalonnage. — Chaînage. — Goniomètre. — Méthodes de levé. — Niveau. — Les mires. — Méthodes de nivellement. — Représentation du terrain. Dispositions générales. — Des fonctions générales des diverses parties. — Voie. — Ballast. — Banquettes. — Fossés. — Talus. — Profil général d'un chemin de fer. — *Conditions générales des tracés.* — *Études définitives.* — *Rédaction des projets.* Construction des chemins de fer. — Infrastructure. — Terrassements. — Organisation des chantiers. — *Ouvrages d'art.* — *Fondations.* — Classification de terrains. — Précautions à prendre dans les terrains affouillables. — *Maçonnerie.* — Matériaux. — Composition des mortiers et bétons. — *Bois et métaux.* — *Superstructure.* — Éléments de la voie. — Disposition des éléments de la voie. — Pose de la voie en courbes ; — de la voie des tramways sur les accotements des routes. — *Voies diverses.* — *Bâtiments.* — *Dépenses de constructions.*

MANUEL des CHEMINS de FER

II

TRACTION, MATÉRIEL, EXPLOITATION, LÉGISLATION

Par M. BOURDE

1 vol. in-18 de 460 pages avec 75 figures, cartonné.......... 18 fr.

Notions sur les machines à vapeur. — Propriétés de la vapeur d'eau. — Emploi de la vapeur comme moteur. — La locomotive. — Traction et matériel de transport. — Traction. — Calcul de la locomotive. — Types des locomotives. — Installations nécessaires pour le service de la traction. — Les freins. — Éclairage et chauffage. — *Exploitation technique.* — Organisation des gares. — Exploitation des gares et stations. — Appareils destinés à garantir la sécurité. — Télégraphes et téléphones. — Mouvement. — Étude de la marche des trains. — Entretien des voies. — *Exploitation commerciale.* — Transport des voyageurs. — Transport des marchandises. — Utilisation du matériel de petite vitesse. — Transports militaires. — Législation.

AJOUTER POUR FRAIS D'ENVOI : FRANCE, 15 % ; ÉTRANGER, 20 %.

Manuel
du Mécanicien Automobiliste
CONSTRUCTION — RÉPARATION
Par M. DUBŒUF
Ingénieur A. et M.

1 vol. in-18 de 317 pages avec 310 figures, cartonné.........   14 fr.

Construction du châssis.

Rôle, fonctionnement et description des différents organes du châssis. — Moteur. — Cylindres. — Piston, bielles, vilebrequin. — Carburateur, magnéto, bougies, etc. — Graissage. — Refroidissement. — Radiateur. — Lancement électrique, embrayage. — Boîte de vitesse, cardan. — Pont arrière. — Différentiel. — Essieu arrière. — Suspension arrière. — Roues amovibles. — Essieu. — Direction. — Pneumatiques. — Eclairage.

Construction. Montage. Réglage. — Moteur. — Carter. — Palier — Cylindres. — Usinage. — Différents montages. — Segments. — Bielle. — Montage des vilebrequins. — Usinage des soupapes, rodage, collecteur d'admission. — Volant. — Usinage des différentes pièces. — Réglage du moteur. — Vérification du volume de la chambre de compression. — Réglage de la distribution. — Rodage du moteur. — Etablissement du pignon de la magnéto de l'arbre à cames. — Moteur à 4, 6 et 8 cylindres. — Pignon de commande de l'arbre à cames. — Embrayage. — Boîte de vitesse. — Carter. — Montage de la boîte. — Montage des essieux. — Usinage des fusées. — Direction. — Vérification. — Ressorts. — Etablissement des dimensions du ressort, tige de lames. — Châssis. — Emboutis, etc.

MANUEL de l'AUTOMOBILISTE
TYPES — CONDUITE — ENTRETIEN
Par M. LECERF
Ingénieur A. et M.

1 vol. in-18 de 428 pages avec 207 figures, cartonné.........   16 fr.

Achat d'une voiture automobile. — Formalités administratives. Descriptions générales des véhicules automobiles.

Quelques types de véhicules automobiles à quatre roues. — a. La voiture de ville ; la 10 HP Citroen ; la 10 HP Renault. — b. La voiture de tourisme ; la 16 HP S. S. Panhard ; la 30 HP 6 cylindres Rochet-Schneider. — c. Les camions ; Camion 1 tonne Rochet-Schneider ; Camion 3 tonnes Renault ; Camion 5 tonnes Berliet. — d. Les tracteurs ; Tracteur Renault (à chenilles) ; Tracteur Kegresse ; Hinstin (dits) ; Tracteur Latil (à 4 roues motrices et directrices) ; *Les carburants.*

Conduite de la voiture. — Voyages en automobile. — Entretien de la voiture. — Les pannes. — Les réglages. — Pertes de puissance dans les moteurs. — Eclairage et démarrage électrique. — Pannes irréparables sur la route. — Réparations diverses.

AJOUTER POUR FRAIS D'ENVOI : FRANCE, 15 % ; ÉTRANGER, 20 %.

MANUEL DU FORGERON

Par M. LAGARDELLE
Chef d'atelier à l'École Nationale d'Arts et Métiers de Châlons.

1 vol. in-18 de 420 pages avec 253 figures, cartonné.........,...   14 fr.

La forge. — Bâti de forge métallique. — Différentes sortes de tuyères. — Soufflets. — Ventilateurs. — Aspirateurs de fumée. — Accessoires de la forge. — Allumage, conduite et entretien du feu. — Position de la pièce à chauffer dans le feu. — Appréciation des différentes températures. — Nature et qualités des combustibles à employer à la forge. — Forges portatives.

Le forgeage (*généralités*). — Matières premières employées à la forge : Fer et ses dérivés. — Règles de forgeage du fer et des aciers au carbone. — Recuit des pièces forgées. — Trempe. — Revenu après la trempe. — Exemples de trempe. — Cémentation. — Différents genres de travaux demandés au forgeron.

L'outillage. — Outillage mobile. — Outillage fixe. — Outillage de vérification.

Principales opérations de forgeage. — Étirage. — Chassage. — Mandrinage. — Perçage. — Coudes et épaulements. — Torsion. — Rivetage. — Emboutissage. — Soudures. — Brasage et soudures diverses.

Application des principes de forgeage. — *Fabrication des différentes pièces : Prisme à base carrée de 25 × 25 × 200.* — *Cubes :* Clavettes, tournevis, écrous. — Boulons. — Pitons. — Rivetage, emboutissage. — Modification des formes par refroidissement, etc.

Organisation de l'atelier.

MANUEL DE FORGEAGE MÉCANIQUE

Par G. LAGARDELLE
Chef de l'atelier des Forges à l'École Nationale d'Arts et Métiers de Châlons-sur-Marne.

1 vol. in-18 de 356 pages avec 263 figures, cartonné.........   14 fr.

Essais mécaniques. — Essais de traction. — Striction. — Essai de dureté. — Relation entre le chiffre de Brinell et le chiffre de traction. — Appareils « Guillery ». — Recherche de la limite élastique en dehors de l'essai de traction. — Aciers spéciaux. — Influence de la composition des aciers sur leurs propriétés. — Classification des aciers spéciaux.

Marteaux-pilons à vapeur. — Marteaux-pilons à vapeur à simple effet. — Marche d'un marteau-pilon à simple effet. — Marteaux-pilons à vapeur à double effet. — Marteaux-pilons à air comprimé. — Marteaux pneumatique ; — atmosphériques ; — à ressort ; — à planche. — Moutons.

Presses. — Classification des presses. — Combinaisons de presses. — Machines à forger. — Bulldozer. — Laminoir de forge. — Machine à fraiser et à scier à chaud. — Machine à couder. — Machine à refouler. — Machine à cintrer ou à rouler.

Principales opérations de la forge mécanique. — Appareils de chauffage et de réchauffage. — Classification des fours. — Comparaison entre le chauffage au gaz et le chauffage aux huiles lourdes. — Fours utilisant la houille. — Fours utilisant le coke. — Fours chauffés aux huiles lourdes.

AJOUTER POUR FRAIS D'ENVOI : FRANCE, 15 % ; ÉTRANGER, 20 %.

MANUEL DE MAÇONNERIE
Par M. CABIAC
Ingénieur des Arts et Métiers.

1 vol. in-18 de 268 pages avec 221 figures, cartonné........ 14 fr.

Notions de géométrie.

Matériaux entrant dans la construction. — Pierres. — Matériaux céramiques. — Sable. — Graviers et cailloux. — Plâtre. — Chaux. — Ciment. — Mortiers. — Bétons. — Pisé de mâchefer. — Produits comprimés. — Carreaux en ciment. — Pavés.

Outillage. — Fondations.

Maçonneries diverses. — Pierres de taille. — Moellons. — Meulière. — Maçonnerie de briques. — Béton et pisé. — Maçonneries mixtes. — Maçonneries incongelables.

Caves.

Bâtiments en élévation. — Murs de façade et de refend. — Portes et fenêtres. — Décoration des façades et des baies. — Conduites de fumée. — Cloisons intérieures. — Planchers en fer. — Balcons. — Lucarnes. — Chaînage.

Escalier en pierre. — Ravalement. — Étaiement. — Échafaudage. — Résistance des matériaux. — Métré.

MANUEL DE LA
COUPE DES PIERRES
Par M. MUGNIER
Entrepreneur de Travaux Publics, Contremaître de Stéréotomie à l'École Pratique de Commerce et d'Industrie de Béziers.

1 vol. in-18 de 268 pages avec 169 figures, cartonné......... 16 fr.

Éléments de géométrie pratique. — Propriété et classification des pierres.

Murs divers. — *Plates-bandes et berceaux.* — Mur droit. — Mur en talus. — Mur rampant. — Mur cylindrique ou en tour ronde. — Mur conique. — Appareil à la rencontre des murs. — Pose et ravalement des murs. — Plates-bandes ; — épure ; — taille des claveaux ; — pose d'une plate-bande. — Appareils des berceaux : épure. — Porte droite dans les murs divers : tracé de l'épure. — Développement de l'intrados et des joints. — Exécution d'un voussoir. — Porte plein cintre dans un mur en tour ronde. — Porte droite dans un mur biais. — Porte en talus. — Effet perspectif des voussoirs. — Berceaux en descente.

Portes à voussures et trompes. — Tracé de l'épure. — Élévation de face. — Perspective des voussoirs. — Taille des voussoirs. — Arrière-voussure de Marseille. — Arrière-voussure de Montpellier. — Arrière-voussure de Saint-Antoine. — Des trompes : trompe cylindrique ; — trompe conique sur l'angle.

Des voûtes et pénétrations. — Voûte canonnière. — Voûte sphérique. — Niche sphérique. — Pénétration des voûtes ; — balcon à encorbellement ; — voûte en arc de cloître ; — voûte d'arête en tour ronde ; — lunettes.

Des escaliers. — Tracé des escaliers. — Escalier à perron. — Escaliers suspendus. — Escaliers à noyau. — Escaliers en vis à jour avec limon — Vis Saint-Gilles.

Pont biais. — Corne de vache à intrados gauche du biais passé. — Appareil hélicoïdal.

Manuel de la fabrication des
BRIQUES, TUILES
et Produits réfractaires

Par A. CORNILLE
Ingénieur A. E. M.

Un vol. in-18 de 400 pages avec figures, cartonné.........

Principes de chimie. — Propriétés des silicates, de l'argile. — Combustion.

Matières premières. — Préparation. — Fabrication. — Fabrication des briques. — Briques de campagne, mécaniques, vitrifiées, émaillées, spéciales, de laitiers, silico-calcaires, de ciment et agglomérés.

Fabrication des tuiles. — Matières premières. — Tuiles plates et dérivées, mécaniques, cuisson. — Tuiles diverses.

Tuyaux, de grès, de terre cuite.

Essais des briques et des tuiles. — Produits réfractaires, argileux. Produits extra-réfractaires siliceux. — Produits basiques, carbonés, neutres, terres rares.

Manuel d'exploitation
des
CARRIÈRES, PLATRIÈRES, ARDOISIÈRES
PAR

J. CAHEN
Ingénieur civil des Mines
(E. M. P.).

et

E. BRUAY
Ingénieur diplômé.
Licencié ès sciences.

Un vol. in-18 de 400 pages avec figures, cartonné.........

Carrières. — Les minéraux des carrières. — Caractères des différents terrains. — Couches, filons, amas. — Carte géologique. — Essais des roches. — Exploitation des carrières. — Manutention et transport dans les carrières. — Sciage, débitage, concassage, broyage. — Organisation du travail. — Salaires. — Législation.

Platrières. — La pierre à plâtre et le plâtre. — L'exploitation des carrières de Gypse. — La fabrication du plâtre. — Usine à plâtre.

Ardoisières. — Ardoises. — Gisements. — Qualités. — Caractères. — Exploitation.

AJOUTER POUR FRAIS D'ENVOI : FRANCE, 15 % ; ÉTRANGER, 20 %.

MANUEL
DE LA
CONSTRUCTION EN CIMENT
ET EN
CIMENT ARMÉ

Par M. Marcel CHANSOU
Ingénieur des Arts et Manufactures.

1 vol. in-18 de 424 pages, avec 338 figures. Cartonné............ **17 fr.**

I. — *Théorie sommaire.* Construction raisonnée des éléments en béton armé. Lecture d'un dessin.

II. — *Matières premières et préparation des matériaux.* Echafaudages, coffrages. Aciers. Armatures. Ciment, sable, mortiers et bétons. Décoffrage.

III. — *Travaux de cimentage.* Dallages. Pierres artificielles. Enduits. Dosages et procédés d'exécution.

IV. — *Détails d'exécution d'éléments en béton armé.* Semelles. Poteaux. Poutres. Dalles. Cloisons. Arcs. Chaînages.

V. — *Ouvrages divers.* Radiers. Planchers creux. Terrasses. Citernes. Fosses d'aisance. Escaliers.

MANUEL DU FAIENCIER

Par Maurice DAGOT

1 vol. in-18 de 350 pages, avec figures. Cartonné.

Matières premières pour la composition des pâtes. Essais des argiles. Analyse chimique. Matières non plastiques et dégraissantes. Matières siliceuses. Matières fusibles. Préparation des pâtes à faiences. Malaxage. Mise en masse. Composition des pâtes, faiences tendres stannifères. Façonnage. Tournassage. Modelage et confection des moules. Moulage mécanique en creux, en bosse, à la croûte, etc.

AJOUTER POUR FRAIS D'ENVOI : FRANCE, 15 % ; ÉTRANGER, 20 %.

MANUEL DE SERRURERIE
ET DE FER FORGÉ
Par M. MOUTARDIER
Professeur technique à l'École Diderot.

1 vol. in-18 de 380 pages avec 440 figures, cartonné........ 17 fr.

Généralités sur le travail des métaux. — *Maniement de la lime, du marteau, du burin et du bédane.* — Perçage et poinçonnage. Affûtage des forêts. — *Dressage et dégauchissage des fers.* — Fers plats, méplats et carrés. — Feuillards et larges plats. — Fer T et cornières. — Fer I.

Exercices progressifs d'ajustage et de façonnage des fers. — Ajustement. — Assemblage. — Taraudage. — Brasage.

Assemblage des fers rainés. — Assemblage des fers T.

Assemblage et cintrage des fers, moulures à vitrages. — Patte en T. — Petit bois fer-moulure à vitrage. — Assemblage d'angles et raccordement d'un arc de cercle. — Raccordement de deux arcs de cercle sur une partie droite. — Ogives. — Fers à moulure et demi-moulure à vitrage.

Exercice de montage et d'ajustage.

Serrurerie. — *Réparation des serrures.* — Becs de cane. — Serrure à bouton. — Serrure de sûreté à triage.

Pièces de petite forge. — Taillage d'une clé à chiffre, dans un panneton plein. — Ajustage d'une clé de sûreté à six gorges. — Ajustage d'une clé à garniture.

Réparation des clés. — Remplacements divers. — Ajustage et brassage d'un museau. — Finition d'une clé et empreintes de clés.

La forge. — *Confection de petit outillage.* — *Soudage et étirage des* ers.

Pièces de petite forge. — Soudage et encollage des fers. — Assemblage et perçage à chaud. — Construction et ferrage des grilles et portes en fer. — Forgeage des noyaux simples et à plusieurs départs. — Volutes et serrurerie ornementale.

MANUEL DU BRONZE D'ART
CISELURE et GRAVURE
Par G. HAMM
Directeur de l'Ecole départementale d'Art appliqué de la Gironde.

1 vol. in-18 de 276 pages avec 162 figures, cartonné........ 14 fr

L'art du bronze à travers les âges. — Le dessin, la composition et le modelage. — Etudes des styles. — La réparure ou retouche du modèle en plâtre préparé pour la fonte en bronze et l'exécution des modèles en terre ou en bois. — La technologie du métier. — La fonte des bronzes d'art, la terre et la cire à modeler, les patines, les creux en bronze. — Fabrication du bronze d'art. — Technique et matières premières (décapage). — La ciselure. — Les outils. — Les limes et rifloirs : la taille, retaille et trempe. — Les ciselets, outils dits de chics. — Le finissage des pièces. — Les ciments, les boulets. — Ciselure. — Lever des fonds. — Objets ciselés, repoussés et gravés. — Exemples de travaux repoussés et ciselés. — Le travail de l'étain, du plomb et des métaux précieux. — Gravure sur métaux, outillage du graveur et quelques exemples de travaux. — Des différents genres de gravures à l'échoppe, burin, eau-forte, taille-douce.

AJOUTER POUR FRAIS D'ENVOI : FRANCE, 15 % ; ÉTRANGER, 20 %.

Manuel de l'Arpenteur - Métreur

Par M. J. RABATÉ
Ingénieur A.-et-M. et E. S. E.

1 vol. in-18 de 366 pages avec 250 figures, cartonné......... 16 fr.

Notions de géométrie. — **Topographie ou arpentage.** — Notions préliminaires. — Appareils employés. — Le mètre. — Les jalons. — Chaîne d'arpenteur. — Règles divisées. — Lunette stadimétrique. — Mire à voyant. — Mire parlante. — Pied à translation. — Tachéomètres auto-réducteurs. — Mesures des distances verticales. — Niveau d'eau. — Niveau à bulle d'air. — Niveau à bulle à pinnules. — Niveau à collimateur. — Niveau à lunette. — Niveau d'Egault. — Niveau de Bruner. — Niveau de Gravet, etc.

Nivellement. — Procédés du nivellement. — Nivellement composé ou par cheminement. — Nivellement par rayonnement, en long, en travers. — Nivellement général de la France. — Nivellement trigonométrique. — Opérations tachéométriques. — Courbes de niveau. — Lectures des plans et des cartes topographiques.

Métrage et vérification. — Vérification. — Fers et fontes. — Epuisements et autres travaux exécutés en régie. — Mesure des principaux solides rencontrés dans la construction. — Mode d'évaluation des ouvrages. — Règlement du cube des terrassements. — Maçonneries. — Rapport des livres, méthodes graphiques. — Orientation des plans. — Aciers. — Métrage et application des prix des ouvrages en fonte, fer, acier, etc. — Peintures, etc. — Considérations particulières et générales. — Devis d'un pavillon.

MANUEL DES

PAVAGES, CARRELAGES, MOSAÏQUES

Par G. DAUBRAY
Ingénieur des Arts et Métiers, Directeur d'Usine Céramique.

1 vol. in-18 de 373 pages avec 146 figures, cartonné......... 16 fr.

Historique et généralités. — Pavages de chaussées et trottoirs. — Carrelages, dallages et mosaïques. — Revêtement.

Matières premières et outillage. — Matières premières naturelles. — Matières premières préparées et produits chimiques. — Appareils de manutention. — Machines de broyage. — Appareils de préparation. — Moulage et compression. — Séchage. — Fours. — Combustible et appareils de contrôle. — Conduites des fours.

Fabrication et préparation. — Préparation des pavés. — Fabrication des briques. — Fabrication des carreaux en terre cuite. — Fabrication des carreaux de céramique à laitier. — Grès-cérames unis et à dessins. — Fabrication des carreaux émaillés. — Carreaux de ciment. — Fabrication de pavés d'asphalte et préparations diverses.

Applications, pose, entretien. — Essais, résistance, usure, porosité, usages. — Revêtement des chaussées. — Pose des divers carreaux. — Confection des dallages sans joints. — Les Mosaïques. — Pose des revêtements. — Efflorescences. — Moyens préventifs. — Traitement.

Manuel de l'Ouvrier Fumiste en Bâtiment

Par A. BELLONI
Professeur en chef de l'École pratique d'application de la Chambre syndicale de la Fumisterie.

1 vol. in-18 de 432 pages avec 231 figures, cartonné......... **16 fr.**

Éléments. — Outillage.
Matériel. — **Matériaux.** — Briques. — Les boisseaux. — Les poteries. — Les wagons. — Carreaux de terre cuite. — Carreaux de faïence. — La terre à four. — Le coulis réfractaire. — La chaux. — Le plâtre. — Les fers.
Objets fabriqués. — Les montants de tuyaux. — Objets fabriqués pour cheminées. — Appareils caloriques. — Rétrécissements en faïence. — Rétrécissements en fonte. — Trappes. — Bouches de chaleur. — Objets fabriqués pour poêles. — Fourneaux de cuisine portatifs. — Hottes. — Ventilation.
Travaux manuels. — Ramonage.
Réparations de petit entretien. — Pose et installation de cheminées portatives. — Scellements en plâtre et en ciment. — Raccords. — Ouvrages en briques. — Conduits de chaleur et de fumée. — Cheminées d'appartement. — Fourneaux de cuisine.

MANUEL DE
L'INDUSTRIE DU GAZ
APPAREILLAGE

Par M. QUERET
Ingénieur A. et M.

1 vol. in-18 de 322 pages avec 123 figures, cartonné......... **14 fr.**

La fabrication du gaz. — Les charbons. — Les chauffages des fours. — Les fours de distillation. — Le gaz à l'eau. — Le contrôle de la marche.
Les traitements du gaz. — Première condensation du gaz. — Extraction du gaz. — Deuxième condensation et lavage. — Épuration chimique. — Mesurage et emmagasinage du gaz. — Le départ du gaz de l'usine.
Le réseau. — La canalisation. — Le branchement.
Les sous-produits et fabrications annexes. — Le coke. — Le goudron et l'eau ammoniacale. — Le benzol.
Les applications du gaz. — L'éclairage au gaz. — Le chauffage au gaz. — Les moteurs à gaz.

AJOUTER POUR FRAIS D'ENVOI : FRANCE, 15 % ; ÉTRANGER, 20 %.

MANUEL DU CHAUDRONNIER

PAR

E. ADAM
Contremaitre de Chaudronnerie
à l'École pratique de Cherbourg.

VENTRILLON
Agent technique de la Marine, diplomé
de l'École technique supérieure de la
Marine.

1 vol. in-18 de 412 pages avec 324 figures, cartonné........ 16 fr.

Divers genres de chaudronnerie. — Notions de géométrie et de calcul. — Métaux employés en chaudronnerie. — Les soudures. — Les acides. — Désoxydants. — Combustibles. — Chaudronnerie proprement dite. — L'outillage. — Les foyers. — Dressage des tôles. — Objets non développables. — Pièces de révolution.

Mise en forme. — Emboutissage et restreinte. — Tracé des pièces formé

Solides développables.

Modes de jonction et d'assemblage. — Soudure. — Brasage. — Agrafage. — Rivetage. — Boulonnage. — Jonctions et assemblages convenant à divers métaux. — Soudures. — Brasage. — Rivetage. — Boulonnage.

Etamage au bain.

Tuyautages. — Mandrinage et dudgeonnage. — Renseignements concernant l'exécution d'un tuyautage. — Joints divers.

Grosse chaudronnerie. — Appareils de chauffage et de distillation. — Chaudières. — La tôle, la cornière et les profilés. — Les soudures. — Découpage au chalumeau. — Outillage. — L'atelier. — La mise en forme. — Montage, rivetage, matage. — Essai d'une installation.

Chaudronnerie mécanique. — Le polissage. — Le rayonnement.

Chaudronnerie décorative et chaudronnerie d'art.

MANUEL de FERBLANTERIE-ZINGUERIE

CUIVRERIE ET TÔLERIE

Par H. CUINAT
Ingénieur des Arts et Métiers.

1 vol. in-18 de 295 pages avec 259 figures, cartonné........ 14 fr.

Arithmétique et algèbre. — Eléments de géométrie. — Dessin industriel. — Matières premières employées dans la tôlerie, la ferblanterie et la zinguerie. — Outils du ferblantier, du tôlier et du zingueur. — Machines à main pour le travail des métaux en feuilles. — Machines au moteur pour le travail des métaux en feuilles. — Soudure autogène. — Outils se montant sur les balanciers à main et sur les presses ou balanciers au moteur.

Travail à la main du fer-blanc, du zinc, du cuivre et de la tôle. — Traçage. — Modèle de coupe. — Coupe et perçage. — Ferblanterie polie. — Montage. — Emboutissage. — Soudage au charbon de bois. — Brasage. — Rivetage. — Récurage. — Confection d'un entonnoir en fer-blanc. — Confection d'un seau en fer-blanc. — Confection d'un arrosoir en zinc. — Confection d'un allume-feu en tôle.

Fabrication mécanique des articles en fer-blanc, en zinc et en tôle. — Agence générale de la fabrication. — Ateliers. — Dispositions d'ensemble de la fabrique.

AJOUTER POUR FRAIS D'ENVOI : FRANCE, 15 % ; ÉTRANGER, 20 %.

Manuel du Peintre en Décors

FILAGE — LETTRES

Par Paul GUILVERT
Professeur à l'École Française pratique et professionnelle de Peinture décorative de Melun.

1 vol. in-18 de 232 pages avec 105 figures, cartonné......... **14 fr.**

De l'outillage. — Des couleurs.

Etude des bois (bois à l'huile). — Noyer. — Loupe de noyer. — Cèdre. — Sapin. — Pitchpin. — Bois de violette. — Bois de rose. — Noyer frisé. — Palissandre (ciré ton naturel). — Palissandre (verni ou poli). — Courbary. — Amarante. — Grisard. — Platane. — Peuplier, etc. — Acajou lisse ou femelle. — Acajou moiré ou gerbé. — Acajou moucheté ; — satiné. — Thuya. — Erable jaune ou doré, etc.

Etude des marbres. — Marbre blanc ou blanc veiné. — Bleu fleuri. — Brèche grise. — Portor. — Grand antique. — Petit antique. — Vert de mer. — Vert de Gênes. — Sainte-Anne. — Griotte. — Vert d'Egypte. — Levanto. — Cerfontaine. — Languedoc. — Rouge royal. — Rance. — Vert vert. — Vert campan. — Bazalte vert. — Granit de Bretagne, etc.

Bronzes. — Ecaille et divers. — De l'enseigne. — Filage. — Décoration.

MANUEL DU
PEINTRE ET VITRIER

en bâtiments

Par M. Albert LE PETIT
Entrepreneur de peinture et vitrerie.

1 vol. in-18 de 272 pages avec 52 figures, cartonné......... **14 fr.**

Notions pour peintre et vitrier. — Notions pour peinture et vitrerie. — Technologie de la profession. — Couleurs et matériaux divers. — Couleurs pour teinter et couleurs fines. — Les liquides ou véhicules. — Les vernis. — Les siccatifs. — Les encaustiques. — Outillage. — Matériel. — Exemple de travail pratique (intérieur). — Exemple de travail pratique (extérieur). — Cas particuliers, procédés divers. — Vitrerie. — Catégories et genre de verres. — Dorure de bâtiment ou dorure à l'huile. — Outillage. — Marouflage. — Papiers peints. — Avenir et situation pour un ouvrier. — Conseils à l'apprenti et à l'ouvrier.

MANUEL DU PEINTRE

I

COULEURS ET VERNIS

Par Ch. COFFIGNIER
Ingénieur-chimiste E. P. C. P.

1 vol. in-18 de 350 pages avec 31 figures, cartonné.......... 12 fr.

Couleurs. — *Laques.* — *Charges.* — Blanc de baryte ; — de Meudon; — de silice; — minéral. — Kaolin. — Talc. — *Couleurs blanches.* — *Couleurs bleues.* — *Couleurs brunes.* — *Couleurs jaunes.* — *Couleurs naturelles.* — Minium d'aluminium ; — de fer. — Ocres : *jaunes, rouges,* etc. — *Couleurs noires.* — *Couleurs rouges.* — *Couleurs vertes.* — *Couleurs violettes.* — *Bronzes-couleurs.* — *Couleurs par mélanges.* — Nuances bleues ; — grises ; — jaunes ; — vertes ; — violettes. — *Commerce des couleurs.*

Vernis. — *Généralités.* — *Gommes et vernis.* — *Résines.* — *Asphaltes et colorants.* — *Résinates et linoléates.* — *Huiles.* — *Dissolvants.* — *Siccativation des huiles.* — *Fabrication des vernis gras.* — *Propriétés des vernis gras.* — *Fabrication des vernis à l'essence.* — *Différents vernis à l'essence.* — *Fabrication des vernis à l'alcool.* — *Vernis à dissolvants mélangés.* — *Recettes.* — *Vernis divers.* — *Vernis mixtes.* — *Laques.* — *Linoléum et toile cirée.* — *Commerce des vernis.*

MANUEL DU PEINTRE

II

PEINTURES, ENDUITS, MASTICS ET DIVERS

Par Ch. COFFIGNIER
Ingénieur-chimiste E. P. C. P.

Nouveau tirage. 1 vol. in-18 de 276 pages avec 32 figures, cart.. 12 fr.

Peintures. — Broyage à l'huile. — Broyage à l'essence. — Couleurs industrielles ; — diverses ; — artistiques. — Broyage à l'eau. — Aquarelle. — Gouache. — Peintures à l'huile. — Peintures vernissées. — Peintures à l'eau. — Peintures spéciales.

Enduits et mastics. — Enduits. — Mastics ; — vitrier ; — à reboucher ; — pour joints ; — divers ; — résineux (pour verres et métaux). — au vernis ; — résistant à l'humidité. — Recettes diverses.

Divers. — Alcali. — Amiante. — Aventurine. — Bronzages. — Brou de noix. — Cires. — Colles. — Cordages. — Décapants. — Emeri. — Encaustique. — Eponges. — Filling-up. — Graphite — Humidité des murs. — Imperméabilisation des toiles. — Inscriptions sur verre. — Or en coquille. — Pastel. — Pâte à gesso. — Plombagine. — Ponce. — Potasse. — Produits de nettoyage — Sanguine. — Stuc. — Siccatifs solides. — Teintures. — Tripoli. — Wood-filler.

MANUEL DE
L'INDUSTRIE DU LIÈGE
Par E. MICHOTTE
Ingénieur civil.

1 vol. in-18 de 334 pages avec 23 figures, cartonné......... 14 fr.

Les chênes. — Noms du chêne-liège. — Insectes parasites.

Production. — Régions de croissance. — Limite de culture actuelle, superficie et production mondiale. — Superficie des forêts de chênes-lièges en Algérie. — Frais de récolte. — Exploitation actuelle, vente du liège, prix du liège, variation des prix du liège.

Culture, création d'une plantation. — Soins culturaux, rendement, conservation des glands pour la reproduction. — Incendies des forêts.

Exploitation, mise en valeur. — Démasclage et lavage, époque, opération. — Conduite d'une récolte. — Composition d'un chantier en règle. — Préparation des lièges, bouillage, raclage. — Industrie : bouchons, matière première, préparation, traitement à l'acide sulfureux, collage, mise à l'air, fabrication à la main.

Fabrication mécanique. — Machines. — Meules. — Tournage mécanique. — Fabrication des bouchons.

Objets en plaques. — Semelles. — Objets divers.

Utilisation des déchets. — Trituration du liège. — Linoléum. — Papier de liège, sculpture, engins de sauvetage, pavage. — Agglomérés.

MANUEL DE VANNERIE

(TECHNOLOGIE VANNIÈRE)

PAR

Eug. LEROUX
Ingénieur-agronome, directeur,

R. DUCHESNE
Chef de fabrication, professeur,

à l'École nationale d'Osiériculture et de Vannerie de Fayl-Billot.

1 vol. in-18 de 376 pages avec 271 figures, cartonné........ 14 fr.

Notions générales. — Outillage. — Matières premières employées en vannerie.

Grosse vannerie. — Travail en plein. — Les fonds. — Les montants. — Les torches. — Les cordons. — Torche sur le bout dans un panier rectangulaire en travail piqué. — La clôture. — Bordures. — Les emboîtages. — Pied d'osier. — Epluchage du panier. — Les anses. — Les couvercles et leurs attaches. — Les fermetures.

Travail à jour de grosse vannerie. — Panier à jour simple. — Le croisé simple. — Le croisé double. — Travail à jour renforcé.

Vannerie rustique. — Vannerie à monture de chêne. — Garnitures accessoires. — Les emballages. — Articles de grosse vannerie non compris dans les emballages.

Vannerie fine. — Travail de l'osier rond ; — du rotin filé ; — d'osier rond et d'éclisses.

Articles de vannerie fine. — Articles de provision ; — de pêche ; — de voyage ; — de table ; — de bureau ; — divers.

La vannerie de luxe. — La chaise. — Le fauteuil. — Le canapé. — Les tables. — Tabouret de pied. — Chaise-longue. — La sellette ou piédestal. — Corbeille sur pied. — Meubles suisses. — Mesures de fauteuil pour enfants.

MANUEL DE TOURNAGE SUR BOIS

Par H. GASCHET
Directeur de l'École pratique de Commerce de Marmande.

1 vol. in-18 de 248 pages avec 301 figures, cartonné......... **14 fr.**

Dessins et tracés. — Instruments de dessin. — Instruments de traçage.

Tracés géométriques. — Raccordements et moulures. — Corps ronds. — Étude des bois. — Classification des bois. — Les outils pour le tournage du bois. — Outils auxiliaires. — Assemblages courants. — Appareils à meuler et à affûter les outils. — Préparation des bois de tournage. — Description de quelques tours et organes de tours. — Procédés de montage et d'entraînement. — Mandrins. — Lunettes. — Procédés d'exécution. — Polissage. — Mise en couleur. — Vernissage. — Encaustique. — Tours spéciaux et tours automatiques. — Finition mécanique.

Exercices gradués de tournage. — Exécution d'un cylindre; — de cannelures triangulaires; — de gorges circulaires; — d'un cylindre avec tores en relief; — d'un sabot; — de deux pieds de meuble semblables; — de quatre manches d'outils de tours à bois; — d'une paire de tourillons de scie à chantourner; — d'un jeu de quilles; — d'un pilon de cuisine; — d'un maillet, etc.

MANUEL DE SCULPTURE SUR BOIS

Par H. GASCHET
Directeur de l'École Pratique de Commerce de Marmande.

1 vol. in-18 de 208 pages avec 275 figures, cartonné......... **10 fr.**

Sculpture sur bois. — Différents genres de sculpture.

Les sources d'inspiration. — Tracés géométriques. — Tracé des moulures. — Moulures. — Ornementation des moulures. — Ornementation des surfaces planes et courbes. — Étude des bois. — Classification des bois. — Outils servant à fixer et procédés de fixation. — Outillage de sculpteur sur bois. — Procédés de sculpture sur bois. — Machines à sculpter.

Les styles. — Epoque romane. — Style gothique. — La Renaissance. — Style Louis XIII. — Style Louis XIV. — XVIIIe siècle. — Style Régence ou Rocaille. — Style Louis XV ou Pompadour. — Style Louis XVI. — Style Empire. — Les styles après le premier Empire.

MANUEL DE MENUISERIE
PARQUETAGE - TREILLAGE
Par M. GODEAU

Directeur des cours professionnels et municipaux de Chartres.

3e édition. 1 vol. in-18 de 324 pages avec 385 figures, cartonné.   14 fr.

Bois employés en menuiserie. — Développement et structure des bois. — Propriétés des bois. — Débit des bois. — Conservation des bois. — Classification des bois industriels.

L'outillage. — Outillage à main. — Outillage mécanique.

Premières notions sur l'assemblage. — Principales conventions du dessin de menuiserie. — Choix des bois. — Débit. — Corroyage. Son importance. — Assemblages. — Petits travaux simples de menuiserie. — Moulures.

Menuiserie du bâtiment. — *Construction.* — *Pose.* — Menuiserie pleine à bois debout. — Menuiserie à châssis. — Parquetages. — Corniches et frontons.

Menuiserie à fausses coupes. — Notions géométriques. — **Arêtiers.** — Auges. — Pétrins. — Trémies. — Marchepieds, etc.

Escaliers. — **Arêtiers.** — Voussures diverses.

Notions sur les styles en menuiserie. — Construction et pose des treillages.

MANUEL DU MODELEUR
Construction des modèles de fonderie et de dispositions de moulage.
Par M. VINCENT

Ingénieur des Arts et Métiers, chef des travaux à l'École Pratique de Commerce et d'Industrie d'Agen.

1 vol. in-18 de 334 pages avec 416 figures, cartonné........   16 fr.

Moulage sur modèles. — *Méthodes employées pour faciliter le dégagement du modèle.* — *Bois à employer en modèlerie.* — *Les outils du modeleur.* — *Généralités sur la construction des modèles.* — *Noyaux et portées.* — *Détails de construction des modèles simples.* — *Boîtes à noyaux de forme simple.*

Modèles démontables. — Partie verticale de grande hauteur qui sortirait difficilement du sable. — Partie de modèle ne dépouillant pas et retirée du moule dans l'évidement créé par le dégagement du corps du modèle. — Modes de fixation des parties démontables. — Exemples. — Modèles de section variable dont le moulage nécessite une ou plusieurs chapes; — 1° assemblage par emboîtement; — 2° montage au moyen de vis; — 3° montage au moyen de goujons. — Parties démontables dans les boîtes à noyaux.

Disposition de modèles simplifiant le travail de fonderie. — Modèles en bois. — Supports de modèles. — Demi-modèles sur marbre. — Plaques-modèles.

Simplification des modèles. — *Détermination du prix de revient d'un travail de modèlerie.*

Moulage au trousseau. — *Trousseau sur tours à noyaux.* — *Trousseaux d'axe vertical.* — Appareils : — 1° méthode générale de troussage; — 2° moulage au trousseau en deux parties de châssis. — Modifications à apporter aux planches pour le troussage des parties fragiles. — Moulage au trousseau en trois parties de châssis. — Emploi de parties de modèles dans le tour modèle et dans le noyau.

MANUEL DU TISSAGE
MATIÈRES TEXTILES. TISSUS SIMPLES.
Par M. LABRIFFE
Professeur à l'École des Arts industriels de Tourcoing.

1 vol. in-18 de 416 pages avec 168 figures, cartonné......... 18 fr.

Les textiles. — *La soie, la shappe, la bourrette.* — Soie tussah. — Soies de Londres. — Soies de Lyon. — La shappe. — La bourrette. — *La laine.* — *Le coton.* — *Le lin, le chanvre, le jute.* — *Matières diverses:* — *Matières de corderie et sparterie.* — Phormium. — Aloès. — Coco. — Alfa. — Sparte ou esparto. — Rafia. — Agave. — Luc-Binh. — *Matières riches pour brocarts et passementerie.* — Ramie. — Ortie sauvage. — Soie artificielle. — Amiante ou asbeste. — Cellulose de bois. — Fils de papier. — Kapok. — Soie d'araignée. — Soie marine. — *Moyens de reconnaître les divers filés.*

Le tissage. — *Agencement du métier à tisser. Disposition de la pièce et marche générale.* — Bobinage. — Ourdissage. — Combinaisons. — Parage et encollage. — Pliage ou dressage. — Rentrage. — Etude des rentrages. — Passage au rot. — Piquage en peigne. — Tordage, broyage ou rappondage. — Canetage. — Préparation du métier à tisser.

Théorie des armures. — Tracé d'exécution d'un tissu. — Armures fondamentales. — Armures dérivées. — Lisières.

MANUEL DU TISSAGE
TISSUS COMPLEXES

Par M. LABRIFFE

1 vol. in-18 de 306 pages avec 445 figures, cartonné.......... 17 fr.

Tissus double face. — Trames à proportions diverses, étoffes à trois trames et une chaîne. — Tissus doubles : sacs et tuniques sans couture. — Etoffes multiples. — Analyse des tissus et calculs de fabrication. — Tissus à effets spéciaux par procédés de tissage. — Tissus piqués. — Matelassés: tissus à plis, tissu éponge, systèmes à bielle, à poitrinière, etc., les faux bouclés, etc. — Les velours : velours coupé, ciselé, moquette. — Astrakan. — Peluche. — Velours tissé en double pièce uni. — Gaze anglaise.

MANUEL DU FILATEUR

Par F. RUBIGNY
Ingénieur I. E. L.

1 vol. in-18 de 366 pages avec 173 figures, cartonné......... 14 fr.

Généralités. — Des fibres utilisées en filature.
Principes généraux de filature. — *Etirage.* — *Doublage.* — Mélanges. — Torsion. — *Conditionnement.* — Appareils à conditionner. — *Du numérotage et du titrage des fils.* — Bases du titrage ; Numérotage de la soie. — Numérotage des fils de coton. — Numérotage du lin, jute, chanvre, ramie, phormium, titrage français. — Numérotage de la laine cardée. — Numérotage de la laine peignée. — Détermination des numéros des fils. — *Vérifications et essais des fils.* — Renseignements au sujet des fils retors.

Le lin. — **Le jute.** — Le chanvre. — **La ramie.**

Le phormium. — **Le coton.** — *Déchets de la filature du coton.* — *Fabrication des fils à coudre.*

La laine. — Fils d'animaux divers : Poils de chèvre. — Poils de lapin. — Poils de chameau. — Crins de cheval. — Cheveux humains.

La soie. — *Pays producteurs.* — *Shappe ou déchets de soie.* — *Soie végétale.* — *Soie artificielle.* — *Fils de papier.* — *Amiante.* — *Renseignements pratiques.*

MANUEL DE RUBANERIE, PASSEMENTERIE ET LACET

Par H. BARET
Inspecteur du travail à Saint-Etienne.

1 vol. in-18 de 357 pages avec 326 figures, cartonné......... 16 fr.

Matières textiles. — Soie artificielle. — Conditionnement des textiles. — *Les étapes des métiers à tisser.* — Organisation de la fabrique Stéphanoise. — Passementerie. — Lacet. — *Le tissage du ruban.* — Armures fondamentales. — Armures du premier genre. — Armures dérivées, etc. — Lisières de corde. — Satin tubulaire. — Armures velours.

Principes de mise en fabrique. — *Passementerie.* — Principes et règles de la mise en carte. — Principes de tissage. — *Métiers à tisser le ruban.* — Le dévidage. — L'ourdissage. — Peignes. — Navettes. — Cames.

Métiers modernes. — Métrage. — Métier basse lisse. — Métier tambour. — Enroulement du tissu. — Montage et réglage. — Métiers velours. — Mécanique Jacquard. — Battants brocheurs. — Le dévidage. — Métrage. — Principe du métier à lacet. — Les fuseaux. — Commandes métiers. — Tresses façonnées, etc.

MANUEL de BLANCHIMENT-TEINTURE

I

CHIMIE TINCTORIALE

Par Ch. LIENART-FIEVET

Ingénieur expert chimiste,
Préparateur à l'École Nationale supérieure des Arts et Industries
textiles de Roubaix,
Professeur à l'École de Commerce et de l'Industrie de Tourcoing.

1 vol. in-18 de 383 pages avec 56 figures, cartonné......... **18 fr.**

Les produits chimiques. — Des produits anorganiques et organiques. — Chlorures décolorants. — Composé hydrogéné du soufre. — Composés oxygénés du soufre. — Des alcalis proprement dits. — Sels, mordants d'alumine. — Chrome, constitution des sels. — Sels d'étain; — de cuivre ; — d'antimoine ; — d'arsenic ; — de plomb ; — Produits de vannage. — Des savons. — Produits ou mordants gras. — Tétracarnit. — Colorants acides et colorants mordant facilement. — *L'eau dans l'industrie tinctoriale.* — *Des combustibles.*

Etudes spéciales des fibres végétales. — *La laine.* — Le lavage de la laine. — L'épaillage. — Formes commerciales de la laine. — Réaction de la laine sur les matières colorantes. — *La soie.* — Bourre de soie provenant de la partie interne des cocons. — Sortes commerciales de soies grèges. — Soie cuite. — Réaction de la soie sur les matières colorantes. — Préparation de la soie pour la teinture. — *Le coton.* — Action du coton sur les matières colorantes. — Formes commerciales du coton. — Préparation du coton pour la teinture. — Analyse des tissus mixtes. — Papiers.

MANUEL de BLANCHIMENT-TEINTURE

II

TEINTURE ET APPRÊTS

Par Ch. LIENARD-FIEVET

Ingénieur expert chimiste,
Préparateur à l'École Nationale supérieure des Arts et Industries
textiles de Roubaix,
Professeur à l'École de Commerce et de l'Industrie de Tourcoing.

1 vol. in-18 de 400 pages avec figures, cartonné............

Apprêts épurants. — *La laine.* — Différentes phases de la fabrication des tissus de laine. — Savons pour le dégraissage de la laine. — Préparation de la laine en bourre, de la laine filée, de la laine en pièces. — Blanchiment de la laine. — Laine Renaissance. — *Le coton.* — Préparation du coton en bourre, en écheveaux, en pièces. — *La soie.* — Décreusage de la soie. — Blanchiment de la soie. — *Opérations de la teinture et du mordançage au point de vue mécanique.* — *Des apprêts colorés.* — De l'échantillonnage. — Décomposition des couleurs. — Conditions de bonne teinture. — Conservation et dissolution des matières colorantes. — Propriétés des matières colorantes artificielles. — *Des couleurs minérales.* — *Couleurs naturelles.* — Bois et fruits. — Matières colorantes végétales autres que les bois. Matières colorantes d'origine animale.

MANUEL DE FABRICATION DES ÉPINGLES

DES AIGUILLES, AGRAFES, DES PLUMES MÉTALLIQUES, HAMEÇONS, ETC., ET L'EMPLOI DES MACHINES-OUTILS SERVANT A CETTE FABRICATION

Par M. DEMOUY

Président de la Société des Élèves et anciens Élèves du Conservatoire National des Arts et Métiers.

1 vol. in-18 de 264 pages avec 68 figures, cartonné............ 14 fr.

Les épingles. — Historique. — Fabrication des épingles métalliques avant l'usage des machines. — Fabrication des épingles métalliques avec l'aide des machines. — Machines à faire les épingles. — Nature des métaux employés et machines à découper le laiton. — Dimensions des épingles et vente. — Epingles à chapeaux et épingles de fantaisie. — Epingles de sûreté. — Epingles à cheveux.

Aiguilles. — Fabrication des aiguilles métalliques avant l'usage des machines. — Fabrication des aiguilles à la machine. — Description des différentes sortes d'aiguilles.

Agrafes, portes, boucles, etc. — Boutons métalliques et boutons-pression. — Œillets et crochets à chaussure. — Les plumes métalliques. — Fabrication. — Machines automatiques. — Les hameçons. — Tréfilage et décapage. — Jauges.

MANUEL DE COUPE

Par Mᵐᵉ GUERRE-LAVIGNE

Professeur de coupe,
Professeur honoraire des Écoles de la Ville de Paris.

1 vol. in-18 de 294 pages avec 230 figures, cartonné......... 14 fr.

Des différentes manières de couper les vêtements. — La coupe par mesures. — Ordre des mesures simples. — Formes classiques du patron. — Les corsages. — Le kimono. — Les manches de formes classiques. — Pose du patron et coupe. — Les jupes. — Dessin et correction des lignes. — Conseils pour prendre les mesures. — Les tenues irrégulières. — Importance des mesures d'emmanchures. — Les déplacements de coutures. — Les corsages. — Les blouses. — Les gilets ou intérieurs de jaquettes. — Les robes d'intérieur, peignoirs, etc. — Les manteaux. — Les capes, collets, pèlerines, étoles.

AJOUTER POUR FRAIS D'ENVOI : FRANCE, 15 % ; ÉTRANGER, 20 %.

MANUEL DE
L'INDUSTRIE du CAOUTCHOUC

Par M. CHAPLET

1 vol. in-18 de 247 pages, avec 38 figures, cartonné.......... 12 fr.

Généralités. Plantes à caoutchouc. Récolte et coagulation des latex. Composition et propriétés du caoutchouc. Les plantes à caoutchouc. — La récolte du caoutchouc. — Méthodes pour la coagulation du latex à caoutchouc. — Propriétés du caoutchouc. — Les succédanés du caoutchouc : factices, régénérés, raffinés, gommes de synthèses. — Lincrusta. — Caoutchoucs régénérés. — Adjuvants aux gommes, Charges en colorants. Vulcanisation et accélération. — Abrasifs. — Isolants. Pigments. Diluants. Les vulcanisants. — Purification des caoutchoucs bruts, feuilles, dissolution, mélanges, vulcanisation. — Spécialités diverses de caoutchouterie. — Articles de chirurgie. — Ballons. — Chaussures. — Dentiers. — Ebonite. — Fabrication des feuilles. — Jouets. — Peignes. — Pneumatiques. — Poires. — Semelles. — Stylographes. — Timbres et clichés. Essais. — Travail du caoutchouc.

Manuel du fabricant de Boutons et Peignes

Articles en celluloïd et en Galalithe

Par M. SCHMITT
Ingénieur-chimiste E. P. C. P.

1 vol. in-18 de 274 pages, avec 277 figures, cartonné,........ 14 fr.

Matières premières, origines, fabrication et propriétés. — Blanchiment de l'ivoire, des os, etc. — Collage de l'ivoire. — Teinture.

Travail de la corne. — Teintures. — Corne imitant l'écaille. — Fabrication du peigne en corne à la main.

Fabrication du celluloïd. — Fabrication des bâtons, des tubes en celluloïd. — Etablissement des usines de celluloïd. — Galalithe.

Industrie du peigne. — Peigne pour parure. — Barrettes. — Epingles. — Peigne à coiffer.

Industrie du bouton. — Teinture en rose du corozo. — Fabrication des boutons en corozo et de ses succédanés. — Celluloïd et galalithe. — Bouton de nacre. — Boutons en métal. — Boutons formés de deux matières accolées. — Coloration de la surface des métaux. — Boutons d'uniforme. — Boutons à pression.

Porte-plume à réservoir. — Lorgnons et face à main. — Colliers. — Paillettes. — Manches de couteau. — Vaporisations de couleurs. — Manches de canne et de parapluie. — Fleurs artificielles. — Ballons. — Moulage du celluloïd. — Enduits pour plans d'avions.

MANUEL DU TANNEUR
du MÉGISSIER et CORROYEUR

Par M. HUC
Professeur de l'Enseignement technique à Mazamet.

1 vol. in-18 de 402 pages avec 162 figures, cartonné......... 16 fr.

La chimie du tanneur.

Technologie de la tannerie et de la mégisserie. Corroyage. — Structure de la peau. — Conservation des peaux. — Défauts des peaux. — Diverses parties d'une peau et considérations pratiques. — Le travail de rivière. — Tannage végétal; — minéral. — Corroyage. — Cuirs battus. — Travail des fourrures. — Utilisation des peaux de lapin. — Courroies. — Mégissage des peaux de lapins et sauvagines.

Travaux pratiques. — Estimation des tanins. — Essai d'une chaux. — Comment reconnaître le cuir chromé. — Reconnaître si un cuir a été chromé à un ou deux bains. — Essai de prétannage à la quinone. — Démontage (peau tannée au végétal). — Eclaircissement des cuirs (tannés au végétal). — Blanchiment des cuirs (tannés au végétal). — Genèse des couleurs.

MANUEL DU CORDONNIER

Par A. LIÉGEART
Directeur de l'École pratique et des Cours professionnels de Romans.

1 vol. in-18 de 298 pages avec 246 figures, cartonné........ 16 fr.

Applications du patron et notions technologiques relatives à la constitution du pied et à la chaussure. — Le pied. — Morphologie. — Mesures. — Forme. — Matières premières employées dans la fabrication de la chaussure. — Vernis. — Lacets. — Doublures. — Claques, etc... — Mesures des peaux. — Le tissu. — Chaussures sur mesure; — fabriquées mécaniquement. — Différents types de chaussures, etc.

Patronage. — Tracé. — Ajustage. — Le patron. — Plan. — Procédés de dressage; — pour habillage de la forme. — Tracés et greffage de la tige sur le patron plan. — Le patron de doublure, et les claques. — Bouts rapportés. — Plan de coupes, etc. — Les quartiers. — Souliers bas et brodequins. — Applications de règle du patronage.

La coupe. — Coupe et débit des cuirs. — Différentes peaux. — Le cousu main. — Montage. — Couture. — Talon. — Finissage. — La fabrication mécanique. — Patronage et coupe des tiges.

Exécution de la chaussure cousue main et travail mécanique. — Applications diverses. — Programme d'apprentissage.

L'ORGANISATION COMMERCIALE MODERNE

Par Albert NAVARRE
Directeur de la Revue du Bureau,
Secrétaire général de la Chambre syndicale
d'organisation commerciale,

Un volume in-18 de 350 pages, cartonné..................... 14 fr.

Organisation moderne : Principes. Types. Méthodes rationnelles. Conception américaine. Organisation d'une affaire. Entreprise nouvelle. Services commerciaux. Division du travail. Taylorisme. Contrôle. Publicité. Enseignement, etc.

Les services d'une entreprise : Le matériel. Economie. Outillage. Services des achats, de vente, etc.

Le rôle du personnel dans l'administration moderne : Direction. Qualités. Choix. Education. L'art du vendeur. Formation des voyageurs, etc.

La comptabilité dans l'administration moderne.

Le petit commerce et les entreprises moyennes : Le grand magasin supprimera-t-il le détaillant ? Les coopératives. L'étalage. L'aménagement, etc.

L'organisation de quelques types d'entreprise : Automobiles, vins, petite mécanique, meunerie, chaussure, etc.

L'organisation des très grandes entreprises.

MANUEL DU FABRICANT DE JOUETS

Par M. BROQUELET
Inspecteur de l'Enseignement technique.

Avant-propos par M. LÉPINE, ancien préfet de police, membre de l'Institut.

1 vol. in-18 de 298 pages avec 183 figures, cartonné........ 14 fr.

L'art appliqué à la fabrication des jouets. — Modelage. — Le moulage. — Moulage en plusieurs pièces. — Outillage utilisé pour la fabrication des jouets. — Outils pour le découpage du bois. — Collés employées. — Métaux employés. — Bois employés. — Peaux les plus employées dans l'industrie du jouet. — Moule. — La poupée. — Décoration des têtes de poupées en porcelaine. — Jouets en carton moulé. — Jouets en pâte de carton compressée. — Fabrication des animaux en tissus. — Tambour. — Le Diable. — Evolution du jouet en métal. — Jouets en fer-blanc. — Coffre-fort. — Fabrication des jouets en fer-blanc marchant mécaniquement. — L'hélice. — Le ballon dirigeable. — Fabrication des bêtes à bon Dieu, scarabées, souris, tortues et autres jouets en métal décoré. — Décoration des jouets au moyen du chromographe. — Jouets électriques. — Fabrication des jouets fonctionnant au moyen de l'électricité. — Petites machines-outils. — Le canon de 75. — Genium. — La terre développée. — Presse lithographique. — Locomotive Compound à 4 cylindres du type « Baltic ». — Jouets automatiques. — La décoration au pochoir. — Le cheval de bois. — Brouettes et charrettes.

AJOUTER POUR FRAIS D'ENVOI : FRANCE, 15 % ; ÉTRANGER, 20 %.

MANUEL DE PARFUMERIE

Par M. LAZENNEC

Préparateur à l'Institut de Chimie appliquée de la Faculté des Sciences.

1 vol. in-18 de 281 pages avec 83 figures, cartonné......... 12 fr.

Les matières premières. — Matières premières employés en parfumerie. — Les parfums d'origine végétale. — Extraction des essences. — du parfum par macération; — du parfum par enfleurage; — par les dissolvants; — par expression. — Etude des principales essences; — Parfums d'origine animale. — Parfums artificiels et synthétiques.

Préparation des parfums. — Eaux aromatiques, infusions et teintures. — Extraits composés. — Eaux de toilette; — de Cologne. — Vinaigres de toilette. — Eaux de toilette ou lotions. — Eau de Cologne. — Les dentifrices. — Crèmes pour le visage. — Huiles. — Poudres de riz. — Les fards. — Teintures pour les cheveux. — Epilatoire. — Parfums d'appartement. — Liquides fumigatoires. — Papier d'Orient. — Savons.

MANUEL DU COIFFEUR

Par A. SPALE

1 vol. in-18 de 386 pages avec 264 figures, cartonné .... 16 fr

Le coiffeur pour hommes — Le salon. — Antisepsie. — Outillage. — La barbe et le coup de peigne. — Frictions. — La taille de cheveux. — Divers modèles. — Frisures. — La teinture.

La coiffure de dames. — Démêlage. — Essorage. — Séchage. — L'éther de pétrole. — Le brûlage. — Coiffure simple. — Ondulation à l'épingle. — Coiffures. — Pose des postiches. — Du filet front. — Adaptation du postiche avec art. — Coiffures. — Modèles divers. — L'ondulation indéfrisable. — Coiffures de style.

Le postiche. — Le postiche. — La tresse. — Confection d'une branche. — La natte. — Croquignoles et frisure forcée. — L'implanté. — Postiches pour dames. — La monture. — Le bandeau. — La perruque. — Coiffage du postiche.

La teinture. — Grimages. — Bustes. — Maladies. — Tableaux en cheveux. — Manucures. — Le massage facial.

MANUEL DU FABRICANT D'ENCRES, CIRAGES, COLLES

Par M. de KEGHEL
Ingénieur chimiste E. P. C. P.

1 vol. in-18 de 384 pages avec 47 figures, cartonné.......... 14 fr.

Les encres et leur fabrication. — Les différentes espèces d'encres. — Chimisme des encres noires. — Dispositif et installations pour la fabrication des encres. — La formation des encres gallo-tanniques; — ferro-galliques; — au tanin; — à l'acide gallique; — à bases d'extraits tinctoriaux; — d'alizarine; — colorées; — d'aniline; — à copier; — sympathiques; — de sûreté; — solides et encres en poudre; — hectographiques; — pour stylographes.

Les cirages et crèmes pour cuirs et leur fabrication moderne. — Les matières premières pour cirages. — Les cirages et leur fabrication. — Les crèmes et pâtes pour chaussures. — Encaustiques et produits à polir.

Les colles et adhésifs et leur fabrication moderne. — Les matières premières (la colle forte ou colle de peau, colle d'os ou colle gélatine, colle de poisson, gomme). — Préparation des colles. — Enduits adhésifs et mastics. — Mastics.

MANUEL DE BRASSERIE

PAR MM.

PICOUX et **WERQUIN**
Professeur à l'École de Douai. *Directeur de Brasserie.*

1 vol. in-18 de 350 pages, avec figures. Cartonné.

Définition. — Législation. — Sucres. — Tenue des comptes des sucres. — Technologie. — Composition de l'eau. — Malt. — Succédanés du malt. — Matières diverses. — Microbes nuisibles. — Brassage et traitement des moûts. — Hydrateurs. — Cuve matière. — Pompe à moûts. — Macérateurs. — Pratique du brassage. — Houblonnage. — Fermentation. — Maladies des bières. — Embouteillage. — Comptabilité.

AJOUTER POUR FRAIS D'ENVOI : FRANCE, 15 % ; ÉTRANGER. 20 %.

MANUEL DE L'ÉPICIER

PAR

M. MARCHADIER
Directeur du
Laboratoire Municipal du Mans.

A. GOUJON
Chimiste
du Laboratoire Municipal du Mans.

1 vol. in-18 de 356 pages, avec 100 figures, cartonné....... **14 fr.**

Généralités. — L'épicier dans ses relations avec le public. — Le matériel de l'épicerie. — L'épicier et le Code de commerce. — Drogues et produits dont la vente est permise aux épiciers.

Les assaisonnements. — Les condiments. — Les assaisonnements d'origine indigène.

Les stimulants. — Le cacao et son dérivé le chocolat : — 1º le cacao — 2º le chocolat en poudre. — Le café ; — café vert ; — café torréfié, préparation ; — cafés spéciaux. — La chicorée.

Les matières sucrées. — Le sucre. — Sucres artificiels. — Les sirops — Les confitures. — Les confiseries. — Bonbons, etc. — Le miel. — Parfums et colorants.

Huiles, graisses, comestibles et fromages.

Farines, fécules et dérivés. — Les farines. — Potages concentrés, etc. — Pâtes alimentaires. — Tapioca. — Commerce. — Gâteaux et biscuits ; — pâtisserie fraîche, sèche ; — conservation.

Les conserves et denrées conservées. — Morue. — Sardines. — Hareng — Olives, etc. — Cornichons, etc. — Fumage. — Dessiccation ; — fruits ; — légumes conservés ; — riz ; — dattes ; — pruneaux, etc. — Concentration ; — extraits de viande ; — lait condensé. — Saucissons. — Conserves en boîtes par le procédé Apert. — Boîtes de conserves.

Les boissons.

Les produits du ménage. — Produit de nettoyage ou entretien. — Produits d'éclairage et chauffage ; — essences ; — pétroles ; — alcools. — Distillation.

MANUEL DE BOUCHERIE

Par M. GOULET

Professeur à l'École pratique de Commerce et d'Industrie de Boulogne-sur-Mer.

1 vol. in-18 de 264 pages avec 110 figures, cartonné....... **14 fr.**

Étude zoologique des animaux de boucherie, races, élevage, engraissement, le cheptel français. — Classification. — Études des différentes races bovines et ovines. — Principales races de boucherie. — Le troupeau français, élevage. — Du producteur au détaillant. — Approvisionnement de la boucherie. — Abatage des bestiaux. Travail de l'abattoir. — Vente à la cheville, de l'échaudoir à l'étal. — Les halles. — Chez le boucher détaillant, l'étal d'autrefois et l'étal d'aujourd'hui. — Coupe de la viande, catégories, distinction des différentes viandes. — Valeur alimentaire. — Consommation. — Contrôle sanitaire de la viande. — Jurisprudence relative à la vente des animaux malades et des viandes interdites. — Utilisation des issues. Conserves de viandes. — Dangers de la profession de boucher.

AJOUTER POUR FRAIS D'ENVOI : FRANCE, 15 % ; ÉTRANGER, 20 %.

MANUEL DE SUCRERIE
TECHNOLOGIE SUCRIÈRE
Par M. ROUBERTY
Ancien chimiste aux raffineries Say et Lebaudy, Professeur de Chimie industrielle aux laboratoires Bourbouze.

1 vol. in-18 de 296 pages avec 41 figures, cartonné......... 14 fr.

Le sucre de betterave. — Culture de la betterave à sucre. — Fabrication du sucre de betterave.

Le sucre de canne. — Chimie des sucres. — Combinaisons. — Culture. — Extraction. — Fabrication.

Le raffinage. — Travail des sucres bruts. — Filtration. — Décoloration. — Epuration. — Blanchiment. — Etuvage.

La mélasse. — Contrôle chimique de la fabrication du sucre. — Analyses de sucrerie.

Le contrôle chimique dans les sucreries de cannes. — Canne. — Bagasse. — Jus de première et de deuxième pression. — Jus vert. — Sirop. — Tourteaux de filtres-presses. — Masses cuites de premier et deuxième jet. — Mélasse. — Sucre de premier jet. — Bas produit.

Acidimétrie. — Alcalimétrie. — Liqueurs titrées. — Essai des matières premières.

MANUEL DU DISTILLATEUR
Par M. MARILLER
Ingénieur chimiste.

1 vol. in-18 de 305 pages avec 58 figures, cartonné.......... 14 fr.

L'alcool. — Les matières premières de la distillerie. — Alcoométrie. — Classification des matières premières. — La saccharification. — La fermentation.

La distillation et rectification. — La condensation fractionnée. — La distillation continue. — Appareil de distillation. — Rectification discontinue. — Rectification continue.

Préparation des liquides alcooliques et appareillage. — Distillation des vins et cidres. — Distillation des fruits. — Fruits sucrés. — Marcs. — Eaux-de-vie naturelles. — Cognac, eaux-de-vie de marc. — Travail des mélasses de betteraves et de cannes. — Travail des substances végétales sucrées. — Distillation. — Travail des topinambours. — Travail des pommes et poires. — Travail des caroubes. — Travail des asphodèles. — Travail de la canne à sucre. — Travail des matières amylacées. — Préparation du lait de malt.

Conduite des appareils de distillation.

Les liqueurs. — Laboratoire du liquoriste. — Formules de divers esprits simples. — Esprits composés. — Diverses formules de teintures. — Alcoolatures; — les sucs; — eaux distillées; — couleur diverses. — Les sirops. — Liqueurs artificielles; — absinthes; spiritueux divers. — Vins aromatisés. — Les amers.

MANUEL du MÉCANICIEN FRIGORISTE

Par L. VAUCLIN
Directeur,

et A. LONG
chef mécanicien des Frigorifiques et l'Alimentation Havraise.

1 vol. in-18 de 276 pages avec 33 figures, cartonné........ 12 fr.

Notions générales de physique.
Machines à froid. Classification. — Machines à absorption ou à affinité; — à vaporisation par le vide; — à compression.
Applications. — Applications des isolants; — du froid industriel. — Fabrication de la glace. — La conservation de la viande et les frigorifiques d'abattoirs. — La conservation du poisson et les frigorifiques de pêche. — Conservation du lait. — Fabrication du beurre — Chaleurs spécifiques des denrées alimentaires. — Transports. Wagons et trains frigorifiques. — Conservation des œufs; — de: fruits; — d'étoffes, tentures, fourrures. — Le froid dans les indus: tries de fermentation. — Applications diverses; — du froid en chimie- — du froid en physique.   ;

MANUEL du LAITIER CRÉMIER

Par A. CORVEZ
Ingénieur-frigoriste.

1 vol. in-18 de 307 pages avec 114 figures; cartonné........ 14 fr.

Le lait.
Le commerce du lait. — Provenance du lait. — Transport du lait de la ferme au dépôt. — Richesse en crème. — Acidité du lait. — Détermination de la richesse du lait. — Altérations du lait. — Conservation du lait. — Boissons fermentées obtenues avec le lait. — Variations des prix du lait. — Prix de revient du lait.

Le beurre. — Le commerce du beurre. — Sous-produits d'écrémage, — Industries qui s'y rattachent. — Prix de revient du beurre. — Variation du prix de vente. — Stabilisation des cours.

Le fromage. — Le commerce du fromage.

Organisation et installation d'une laiterie. — Organisation du service. — Installation mécanique. — Disposition des locaux. — Agencement des appareils.

Pays importateurs et exportateurs en produits de laiterie. — Débouchés pour les produits de provenance française. — Notions de commerce et d'administration. — Notions théoriques sommaires de microbiologie. — Commerce de fruits, des légumes et des œufs.

MANUEL DE TONNELLERIE

Par Raymond BRUNET,
Professeur à l'Ecole supérieure de Commerce,
Ingénieur-agronome.

1 vol. in-18 de 284 pages avec 99 figures, cartonné............ 14 fr.

Notions de géométrie. Les courbes usitées en tonnellerie. — Calcul des volumes. — La construction théorique des futailles. — Les matières premières de la tonnellerie. Les bois merrains. Les cercles de bois. Le vime ou osier. Les feuillards. — La fabrication à la main. Les outils de la tonnellerie. La préparation du bois. Le montage de la coque. Le fonçage de la futaille. Le cerclage de la futaille. — Les futailles. Les caractéristiques des futailles. Le jaugeage d'une futaille, etc.

MANUEL

des Vins, Cidres, Poirés, Eaux Gazeuses

Par M. RAY
Professeur à l'École nationale d'Agriculture de Rennes.

1 vol. in-18 de 406 pages, avec 139 figures, cartonné....... 14 fr.

Vins. — Importance de la production des vins de France. — Mise en état du matériel vinaire. — Vendange. — Organisation générale des celliers. — Vinification. — Amélioration et correction des moûts. — Vinification en rouge. — Vinification en blanc. — Travail des caves. — Vieillissement des vins. — Appréciation des vins. — Vins spéciaux. — Vins mousseux.

Cidres et poirés. — La pomme. — Mélanges de variétés de pommes. — Extraction du moût. — Épuration du moût. — Fermentation. — Travail des caves. — Appréciation des cidres. — Cidres spéciaux. — Poiré.

Eaux gazeuses. — L'eau. — Le gaz carbonique. — Fabrication des eaux gazeuses. — Anciennes installations avec producteurs de gaz carbonique. — Installations modernes. — Embouteillage de l'eau gazeuse. — Eau de Seltz. — Limonades. — Sodas. — Gazéification des eaux minérales. — Gazéification des vins et des cidres.

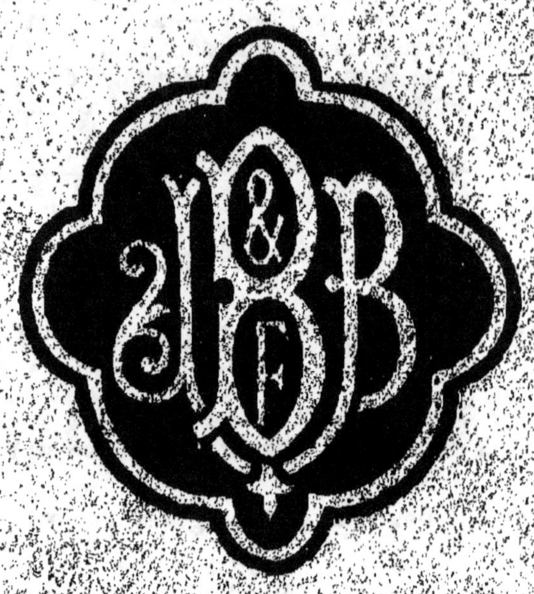